本土管理实践与创新论坛
China Management Practice
And Innovation Forum

正在发生的转型升级·实践

The Ongoing Process Of Transformation,
Upgrading And Practice

本土管理实践与创新论坛 ◎ 著

企业管理出版社
ENTERPRISE MANAGEMENT PUBLISHING HOUSE

图书在版编目（CIP）数据

正在发生的转型升级、实践/本土管理实践与创新论坛著. —北京：企业管理出版社，2017.1
ISBN 978-7-5164-1386-9

Ⅰ.①正… Ⅱ.①本… Ⅲ.①中国经济－转型经济－研究 Ⅳ.①F12

中国版本图书馆 CIP 数据核字（2016）第 266970 号

书　　名：	正在发生的转型升级·实践
作　　者：	本土管理实践与创新论坛
责任编辑：	程静涵
书　　号：	ISBN 978-7-5164-1386-9
出版发行：	企业管理出版社
地　　址：	北京市海淀区紫竹院南路 17 号　邮编：100048
网　　址：	http://www.emph.cn
电　　话：	总编室（010）68701719　发行部（010）68701816
	编辑部（010）68701638
电子信箱：	qyglcbs@emph.cn
印　　刷：	北京旭丰源印刷技术有限公司
经　　销：	新华书店
规　　格：	170 毫米×240 毫米　16 开本　20.5 印张　301 千字
版　　次：	2017 年 1 月第 1 版　　2017 年 1 月第 1 次印刷
定　　价：	98.00 元

版权所有　翻印必究·印装有误　负责调换

总序

长期以来，中国企业在学习西方管理、本土化实践中不断进步。东西方企业与管理有共性，也有个性。本土管理领域正在产生自己独特的理论、模式与专家。尤其在移动互联时代，中国的情况与西方更加不同，有很多新课题需要本土管理专家们一起总结、研究。

2015 年，百余位深入企业实践、积极思考的本土管理专家作者与博瑞森图书一起发起成立"本土管理实践与创新论坛"！论坛的宗旨是：**孵化思想**——加速本土管理思想的孕育诞生；促进实践——促进本土管理创新成果，更好地服务企业、贡献社会；**交流协作**——加强本土管理界业内交流、协作。

"本土管理实践与创新论坛"构建了一个交流平台，让本土实践与思想的交流定期化、常态化。在此平台上，各位专家作者把自己最新的观察感悟、思考成果、疑问困惑拿出来，或分享交流、或碰撞切磋、或合作攻关，一起走出本土管理的大未来！

"本土管理实践与创新论坛"不以盈利为目的。每年集中精力办好两件大事：**出一本书**，汇聚大家一年的思考和实践，把最原创、最前沿、最实战的想法贡献出来，集结成册，贡献读者；**办一次会**，作为本土管理专家一年一度的盛会，大家汇聚一堂，碰撞思想、交流切磋、回馈社会。

2015 年 11 月 20 日，"本土管理实践与创新论坛"在北京召开首届年会，出版了《互联网+"变"与"不变"》。2016 年 11 月 20 日，"本土管理实践与创新论坛"在深圳召开第二届年会,出版了《正在发生的转型升级·实践》。

希望"本土管理实践与创新论坛"在大家的共同努力下,为推进本土管理实践深化、理论创新贡献一份力量,不辜负时代给予每个人的机遇和挑战!

目录

方向·思路·模式

转型升级大方向

不确定时代的自组织管理　施　炜 / 004

重建营销系统，势在必行，刻不容缓　刘春雄 / 010

用精益哲学升级中国企业管理　刘承元 / 015

AMT对产业互联网的十个实践洞察：
　　从"企业家"到"产业家"　王玉荣　葛新红 / 020

价值牵引是传统企业转型之门　郭　晓 / 025

经营者思路升级

科技企业掌门人的六项修炼　郭富才 / 030

中国企业从重构到重生的六大挑战　杨永华 / 034

未来已死的5种企业　李政权 / 039

中小企业在当前的市场形势下
　　如何取得经营突破　程绍珊　吴　凯 / 043

关于创新的8个诀窍　宋新宇 / 047

转型，不是一件着急的事　韩　旭 / 050

企业与个人的"转型·实践"　周荣辉 / 054

创业成功企业持续上台阶的9个难点　贺兵一 / 059

坚持还是转型　黄中强 / 064

商业模式升级

中国大时代：结构性的战略机遇期　王庆云 / 070

四个维度看互联网商业模式　柏　巍 / 074
企业转型的三大顶层设计　高继中 / 079
互联网时代企业的变与不变　朱仁健 / 083

案例·行业·专业

案例

在二次元的世界里卖油——"坚小果"上市记　余　盛 / 090
两个建材经销商的转型实践　黄润霖 / 095
一家地产企业的绩效管理实践　张　伟 / 101
工业品企业怎样摆脱困境　张东利 / 105
被竞争对手转型的龙头企业　张　进 / 108
不是转型，而是服务模式升级　罗宏文 / 116
一家智能锁企业的转型案例　梁小平 / 120

快消品·酒业·家电

线上蚕食、线下乏力：2016快消品企业怎么办　方　刚 / 126
中国白酒2016年及未来发展趋势9大思考　朱志明 / 131
从供给侧改革谈酒业的未来趋势　张学军 / 137
中国啤酒业被"困"在哪里　蒋　军 / 142
公务接待禁酒：白酒行业还有没有未来　唐江华 / 146
转型时代下快消品企业如何破局　伯建新 / 150
家电企业如何转型　张百舸 / 155

工业品

机会成就能力，体系兑现活力　叶敦明 / 162
要转型，先升级——工业品营销转型
　　之"痛"与"策"　李洪道 / 166
绝地重生——中小微工业品企业转型升级

实践启示录　杜　忠 / 170

医药
　　构建突破医药企业成长极限的三大体系　段继东 / 176
　　以专业托起健康产业未来　范月明 / 180
　　OTC产品滞销的"天灾人祸"　鄢圣安 / 184

餐饮·零售·微商
　　新常态下餐饮企业经营策略的战略思考　吴　坚 / 188
　　零售企业的历史性成长机遇——
　　　　策动零售产业供给侧改革　丁　昀 / 192
　　野蛮生长过后，微商该如何转型　罗晓慧 / 196
　　微电商、微商转型，选品环节你必须知道的7个坑　伏泓霖 / 200

流程
　　企业转型中的组织与流程变革　王春强 / 206
　　未来10年，流程管理发展的趋势和挑战　金国华 / 210
　　企业管理必须从能人主导向体系主导转型
　　　　——公司化运作的理论与实践　张国祥 / 214

HR和企业文化
　　浅谈培训的响应性与便捷性　陈　锐 / 220
　　企业家要会讲故事　高可为 / 224
　　以文化战略推动企业战略实施　王明胤 / 228

品牌
　　2016，中国已全面进入品牌营销时代　刘祖轲 / 234
　　互联网时代，用户更需要品牌　吴　之 / 238

产品
　　中小企业新品上市的六个忠告　贾同领　遥　远 / 244
　　每个成功的企业都有超级单品——
　　　　打造超级单品的四大方法　侯军伟 / 248

紧紧抓住产品价值的根　王　超 / 255

数字化

企业大数据战略规划　葛新红 / 260

中国企业数字化转型的若干难题及建议　戴　勇 / 264

趋势观察

小米可能的战略：移动入口布局　刘红明 / 270

从动销原点看"消费升级"时代的历史性商机　余晓雷 / 276

解决业绩问题新范式——用手机经营企业　谭长春 / 281

虚拟直播如何让现实埋单　熊亚柱 / 286

经销商如何引爆产品话题　秦国伟 / 290

京东我将要离开你　陆和平 / 294

从传统渠道到全渠道的转型　耿鸿武 / 297

颠覆互联网思维的人　仲昭川 / 302

方向·思路·模式

转型升级大方向

不确定时代的自组织管理

施 炜

近来,在互联网的大潮下,自组织管理成为人们关注的热点话题。尤其是海尔内部创客式的组织变革,体现了自组织的理念,更使这一组织形态,以及基于它的管理理念、方法有了强烈的实践和借鉴意义。

一、"自组织"的五个特征

"自组织"可以是名词,比如我们说"这个企业是一个自组织";也可以是动词,比如"海尔公司正在自组织内部的结构";甚至可以是形容词,比如"这家企业很'自组织'"。它的基本含义是:一个系统——可以是自然的,也可以是社会的,通过系统中低层次单元或元素的局部互动和协同,在不存在外部特定干预和内部统一控制的条件下,从无序变得有序(或从有序变得更加有序),即形成新的结构及功能有序模式。

上述定义,不少朋友可能(平时对复杂系统理论不太熟悉的)还是难以理解。具体来说,自组织具有以下特征。

(1)自组织具有"1+1+1>3"的系统效应,即人们常说的"整体大于部分之和"。这种效应，系统理论称为"涌现"（过去常称为"突现"）。公式中的"1"，是组织中的个体或局部群落，相对于组织整体，它们是"较低层级的"。通过某种纽带和机制将它们联结起来并使之相互作用和协同，就能产生个体无法企及的整体、系统功能。这是合作的奇迹，是一种非零和、共赢的局面。但"1＋1＋1"为何能大于"3"？当组织属于灰色和混沌系统时，机理是不清楚的，过程也难以分解和还原。这正是组织的魅力和奥妙所在，也是管控难题的渊源。

（2）自组织就控制方式而言，不是集中控制的，而是分布式控制的。"分布式"一词用途很广泛，比如"分布式能源"、大数据中的"分布式计算"等。分布式控制，不同于传统科层组织通过一个控制中心控制组织的方向、运行过程及功能实现，它是去中心的、分散的，甚至是多中心的控制。此时，组织中的次级或局部单元作为一个相对独立的主体自我控制、自主应对变化、自主修复和生长。需要指出的是，分散式、多中心并不意味着组织内部相互离散和割裂，不是"土豆式"集成和诸侯格局，而是彼此联系和相互作用的。这种联系表现为复杂、多向、立体的网络状态。

（3）自组织的变化来自于低层、局部和边缘。由于分布式控制，因此组织的变化不是源于中心和上层，而是起始于小环节、小变量、低层级单元及主体结构的边缘。不仅如此，局部小的变化有可能引发组织的整体性、根本性（颠覆性）的变化。当组织"自组织"地演化到临界值（"从量变到质变"的边界）时，某一个小变量极微的增量就有可能导致系统剧变。

（4）自组织演变的轨迹通常是非线性和突变的。所谓"非线性"，主要是指因果关系不清晰、自变量因变量之间的变动比例不对等、事物之间的联系复杂多维。而"突变"则是变化在时间、地点、方向、范围、程度上具有不确定性。也就是说，我们不知道或不太知道变化何时发生、何地发生、因何发生、后果如何等问题。非线性关系和突变，与分布式控制、多中心有关，同时源于复杂系统立体、网络化的传感、传导和传输机制，它是局部变化引发整体变化的重要机理。

（5）自组织具有自我修复和自我演化的属性。一个组织，当能量耗散殆尽、陷入死寂状态时，只要是开放的状态，与外部发生能量、信息的交换，就有可能起死回生、重新恢复结构和功能。组织内部的运行、成长逻辑（密码和机制）在一定条件下总是能让组织轮回再现并进化成长。尤其是有机生命体，如带有基因的一粒种子，只要有合适的土壤和气候条件，就有可能生根、开花、结果，并衍生出草地、森林、动物，直至演化出整个生态。近年来，随着杭州西湖周边环境改善，苏堤边居然有了野猪的踪迹。人们不知道它们从哪里来，这是大自然自组织（造化）的小小奇迹。

二、"自组织"化是企业战略的必由之路

"自组织"管理目前之所以引人注目，是因为企业所处的环境发生了重大、深刻的变化。和以往相比，互联网时代信息传递的范围、效率不知扩大、提升了多少倍，社会、产业和市场的不确定性增加，颠覆性创新呈爆炸状出现和扩散。在此背景下，企业必须成为自组织，或者说必须具有自组织属性和机制。只有这样，才能适应变化、动态成长。

第一，以分布式创新应对技术、需求的多元格局。既然未来充满不确定，路径分叉多向，那就不能完全依赖组织的一个大脑来思考，不能完全依靠一个指挥中心来统一指挥、计划和控制。企业必须搭建一个创新的平台，在其之上形成多个自主、自为的主体，它们自下而上地选择创新方向、确定项目、组合人员、整合资源，以小团队形态探索试错、突围突破。这样做，有点"东方不亮西方亮"的味道，对冲了企业内部的创新风险，以弹性与灵活性应对不确定性。从企业整体看，构建了一个创新的生态。这样，分布式创新将分散于组织内部及外部（可以和外部人力资源及其他资源合作共同创业）的智慧挖掘出来并加以利用，使组织有了开放、

流动、弹性的无边界特征。

第二，以边缘性变革推动企业的转型。很多企业，主体业务的结构及利益格局已相对固化，整体变革过程复杂、路径漫长、风险巨大，稍有不慎，便入万劫不复之境。因此，局部、边缘性的试验、试错及迭代式变革推进，就变得很有意义了——正如中国的改革开放起始于深圳等特区一样。边缘性创新代价小、方式灵活，即便不成功也无碍大局。一旦试验成功，可以通过中心控制方式在企业内部学习、推广，也可以通过自组织方式引发组织的整体变化。

第三，通过机制设计触动组织自发、自为地演进成长。前面谈道：自组织内部具有非线性关系，自组织变化往往呈现出突变性。在此情境下，加之环境的不确定，企业的成长路径很难事先清晰地规划。但我们可以设计一些机制，赋予自组织"第一推动力"。这些机制包括权力责任对称机制（分权授权机制）、利益分配分享机制、自律机制、对标机制、PDCA管理循环机制、制衡机制等。它们使组织内部产生势能和张力，与自组织相结合，会强化、放大组织的运动和变化，激发组织能量增长和功能实现。我们可以通过调节这些机制，影响自组织运行的方向和过程。

三、"自组织"管理的四大核心理念

第一，自组织管理是分权型管理和自主型管理。分布式、去中心意味着结构扁平，组织中的小单元（个人及团队）在一定的权责边界内相对独立地朝着目标自主运行。这一点容易理解，不需多解释。

第二，自组织管理是平台型管理。在多点驱动、内部创业、无边界组合的组织形态下，管理的重心需放在平台打造上。所谓平台，既是供个体表现的舞台，也是价值创造活动的支撑和基础。平台也是多形态的，包括共享的资源平台、共同遵守的规则（制度）平台——前面提到的机制往往包含在制度中，以及作为协同纽带的信息平台。需要特别强调的是，规则平台是自组织得以成立和运行的前提和保证。没有指挥中心的鸟群，在空中组成多种有序的图形，原因在于每只鸟儿都遵循共同的规则，如"不能相撞""向中心靠拢""保持视线"等。

第三，自组织管理是整合型管理。分布式、去中心、多点驱动、边缘创新并不意味着组织四分五裂，它们都是产生系统效能（涌现）和组织功能的机制和途径。甚至可以说，这一切是为了组织更加健康，更具适应性，更好地进化。

（1）整合型管理要整合分散控制和统一控制的关系，明确在何种情境下、运用何种手段实现统一控制（前面提到的打造平台即是统一控制的一种途径）。通过控制方式的整合，实现局部目标和整体目标、灵活性和协同性的统一。

（2）要整合分散的资源和信息，将它们集中起来并加以利用，"云结构"则是这种整合的结果。

（3）在一个大任务分解为众多小任务时，要整合各细分封闭模块（将小任务封闭起来模块化完成，可以简化流程和管理），通过较高层级的流程和时空节点管理，使其组合、匹配、对接，从而实现总体目标。

（4）在组织可能突变的情况下，整合风险防控阀门和手段，采用隔离、切割、应急机制启动、设定红线、价值观内化等方式，在一定程度上化解不利突变的冲击。

第四，自组织管理是文化型管理。对自组织而言，企业文化及价值观管理具有独特而重要的意义。一方面，在不确定的环境中，具体的策略、行为都需动态化、弹性化，但为保证组织使命的达成及根本性安全，必须信守核心价值观和基本规则。在混沌的环境里，唯一能使企业不迷失的是基石般的价值理念。处理复杂多变的内部、外部关系时，相机行事（权变）固然重要，但最终能消除与化解不安、焦虑和恐惧的，恰恰是一些基本原则。另一方面，在分布式、多中心的情形下，价值观是组织控制最重要的手段，有时甚至是唯一的选择。自组织的协同也有赖于价值观的一致性，后者已成为前者的必要条件。

需要指出的是，有些企业划小核算单位、实行内部承包，和自组织有些沾边，但是还不能完全说是一种自组织的机制。任何小生产式的组织架构和运行模式都和自组织毫无关系。

参考文献：

［1］颜泽贤，范冬萍，张华夏. 系统科学导论——复杂性探索［M］. 北京：人民出版社，2008：148.

［2］范冬萍. 复杂系统突现论——复杂性科学与哲学的视野［M］. 北京：人民出版社，2011.

施炜，管理学博士。先后毕业于中国人民大学国民经济计划专业（本科）、劳动经济专业（硕士）、华中科技大学管理科学与工程专业（博士）。现任北京可思企业管理顾问有限公司董事长，兼任北京华夏基石管理咨询集团领衔专家，中国人民大学金融与证券研究所研究员。长期从事管理咨询和管理学研究工作。

著有《重生——中国企业的战略转型》《企业战略思维——竞争中的取胜之道》（专著）《"时代的管理"：人的一场革命》（合著）等。

重建营销系统，势在必行，刻不容缓

刘春雄

先讲一个先知先觉的故事：2009年，现统一大陆区总经理刚负责统一方便面业务时，做了三件事：一是大家熟知的力推老坛酸菜面；二是多数人不知道的砍掉了大约5亿元的毛利低于盈亏平衡点的产品（占总销售额超过20%）；三是同期慢慢培育汤达人等换挡产品。

过去，我们只看到了老坛酸菜面的成功，很少有人看到另两个方面。实际上，统一提前做了大家应该做的事。所以，我们看到2016年半年报，统一与主要竞品相比，销量不到竞品的一半，利润却比竞品高。

在营销目标上，我觉得统一与其他快消品企业相比，多数企业的目标相对单一，就是"增量目标"，而统一有两个目标——"增量和结构"。目标不同，决定了企业营销系统的驱动力不一样。可以这么说，统一比多数快消品企业更早地重建了营销系统。

这是营销目标和方向的改变，这是营销方法和管理方式的调整，这需要一系列的改变，甚至是一代营销人的调整。总的来说，需要重建营销系统。

一、中国市场在成熟，营销方向在变化

如果对中国目前的市场变化做一个简单的结论，我认为，中国市场正在从"以增量为主的成长性市场"向"以结构为主的成熟性市场"转变。

从营销目标和方向变迁角度讲，我把中国营销分为三个阶段。

2013年及之前，营销的目标是销量增长，有时甚至20%的销量增长都只能算低增长。

2014年~2016年，营销的目标是保存量。2014年~2015年，快消品行业龙头的销量都在下滑，2016年部分企业恢复增长。此时，企业的目标自然变为保存量。保存量只是过渡阶段的工作。

2017年之后，营销的新目标：抢占新主流价格带（调结构）。多数行业会停止下滑，保存量结束，但是，由于主流换挡、产品结构调整，企业的目标是调整产品结构、确保利润增长。

二、营销系统的变迁

从营销目标上讲，在增量阶段主要是增量，结果考核也是增量。相应的营销方法，如深度分销、铺货、促销推广，都是以增量为目标的营销方法。这些营销方法相应的指标系统也变成了企业的过程考核目标。

到了近两年的保存量阶段，企业基本放弃了深度分销、铺货、终端推广等方法，改之以促销、占仓等应急方法，营销目标与方法也是对应的。

那么，如果现在的目标是主流换挡、结构调整，那么，上述营销系统还适应吗？我认为，企业的整个营销系统都需要重建，否则仅仅改变目标是没有用的。

三、重建营销系统

在新的营销系统中，我认为将会有两个模块：一是老主流产品低成本保存量的模块；二是推广主流换挡新品的模块。

1. 老主流产品低成本保存量的营销系统

这个系统有两个前提：一是客情关系熟悉；二是产品不需要推荐。因为销量增长困难，所以需要低成本的完成保存量。

需要提醒注意的是，即使是老主流产品保存量，传统的营销方法——人海战术肯定不适用了。应该利用现在的互联网工具，利用互联网工具所产生的后台系统，精准地完成渠道管理。具体来说，包括以下方法。

（1）从车销到访销，再到自主下单。

车销是在人力费用很低的情况下产生的，从车销到访销（不管是 SaaS 访单系统还是 B 端电商的下单系统，均可视为访销系统）是一次效率提升和成本降低，然后到终端自主下单，又是一次费用降低。

（2）利用第三方统仓统配系统降低配送成本。

配送系统第三方化，这是必然趋势，不可阻挡。至少可以降低一半以上的配送成本，当没有增量的时候，降低成本就成为必须思考的方向。

（3）利用 B 端后台系统实现精准渠道管理。

所有下单互联网化，后台系统的大数据就成为渠道管理的关键，比起现在渠道管理的无目的拜访、高密度拜访，后台系统提供的大数据将用较少的人员实现精准渠道管理，效果比现在的深度分销更好。

2. 新主流产品的互联网化推广系统

首先谈谈什么是新主流。主流换挡的概念提出来后，不少人以为主流换挡就是做中高端或者做高端细分产品。我认为有两个标准：第一，产品肯定要升级；第二，要成为下一阶段的主流。所谓主流，就是行业销量最大的产品，一定不是细分产品。

以瓶装水为例，现在的主流是 2 元/瓶，新主流应该是 3 元~4 元/瓶，如果是 5 元以上的价位，就不是新主流了。

新主流产品就意味着现在还不是主流，还不能全渠道销售。最近，一些企业推广新主流，还是采用原来的推广方法，搞全渠道铺货，然后是促销推广，然而市场根本不买账，铺货之后就是大面积收货。这可能不是产品的失败，而是推广方式的失败。

新主流产品的推广系统有以下四个关键点。

（1）推广人员大大精简，不再打人海战术。

（2）不再采取全渠道推广和大面积派送方式，而是精选终端（有新品推广能力的终端）和 KOL（关键意见领袖），采取点穴式的推广方式。

（3）充分利用互联网传播手段。互联网对营销最大的影响不是电商，而是营销传播。借助于互联网传播，以精选终端和 KOL 为传播原点，从而实现精准传播。

（4）新主流产品推广，抢占新价格带是关键。过去的主流产品是"双低产品"，价格带没有拉开。从新主流开始，一定会拉开价格带。但是，价格带是逐步向上提升的，谁率先占领了新价格带，谁就在这个价格带有发言权。可以说，老主流的产品在新价格带的影响力并不大。

从上面设想的新营销系统里，传统的深度分销、铺货、促销、占仓等工作基本上没有位置了。

重建营销系统从人员结构、组织架构、主要营销方法、销售目标、考核手段等方面都会发生巨大变化，在这个过程中自然会融入互联网的元素。

可以说，主流换挡与互联网基本无关。但是，主流换挡过程中的营销系统重建，必然吸纳互联网作为基本工具。

四、营销以变应变

营销的特点是适应，适者生存。所谓适应，主要是适应环境的变化。中国营销最大的变化有三点。

（1）中国从成长性市场进入成熟性市场。这个与互联网基本没有关系，是中国经济发展到一定阶段的必然结果。

（2）互联网无论作为工具还是作为思想方法，对营销都产生了重大影响。营销是基于信息不对称，并且加剧了信息不对称。而互联网最大的影响是传播，必然对营销产生影响。

（3）中国人力资源偏紧，人力成本上升，90后入职对营销体系产生影响。中国以前的营销方法，很多是以人海战术为基本前提的。

上述因素的影响，决定了中国原来的营销系统很难适应现在的营销环境。重建营销系统，势在必行，刻不容缓。

刘春雄，硕士，现任职郑州大学管理工程学院硕士生导师、郑州大学副教授，曾任"双汇发展"副总经理，《销售与市场》杂志社副总编。主要研究方向营销管理、营销企划。

著有《解读本土标杆企业》《老板总是最后知道坏消息》《营销创新》《营销前沿》《为中国经销商咨询》《销量为王》《中国式营销》《让增长改变命运》《让平凡的人做出不平凡的业绩》《持续增长》《诊断一线营销》《营销红皮书》《营销人生存手册》等。

用精益哲学升级中国企业管理

刘承元

中国企业必须走精益之路,有这样几个精益管理和改善哲学思想,值得广大企业管理者学习和活用。

一、与短期绩效相比,员工成长更重要

精益崇尚"以人为本"的思想,强调"对人的尊重""重视人的作用"及"追求自主管理"。

真正优秀的制造型企业主张把员工成长放在第一位,把追求短期绩效提升放在相对次要的位置上。在具体管理实践中,他们对那种基于"精准数字"的绩效考核和奖惩制度不以为然,把绩效考核的重点放在向员工提示改善方向、促进员工努力向上。而我国企业曾经比较热衷"绩效考核",并热切期望通过考核快速提升管理绩效,主要原因在于这种"美式管理"看上去见效快、简单易行、管理者感觉轻松。而以员工意识能力提升为中心的员工成长战略和人力资源开发,比单纯以考核为中心的管理模式要艰

难得多。它要求企业管理者有尊重人、关怀人的博大胸怀，企业上下是一个共同体的认知和境界，以及"传道、授业、解惑"的素养和能力。企业还要为员工"意识和能力"不断提升创造良好的组织条件（晋级制度）和施展舞台（各类改善成果发表机制），引导他们自主学习、自发行动和自我超越。

帮助员工成长应该从三个方面着手。一是通过"教育"升级员工的态度、人格和心智；二是通过"培训"丰富员工的知识、工具和方法；三是通过"训练"增进员工的经验、意识和能力。而引导员工积极参与精益改善，可以同时收获教育、培训和训练的多重价值，是帮助员工成长的最佳路径。

二、与事后管理相比，预防管理更有效

再有效的事后管理，都比不上事前的预防管理。

预防管理需要从两个方向上予以正确理解。

一方面，越是在发生问题的源头进行管理或改善，失败成本越小、管理效果越好。比如产品质量问题，在市场上被客户投诉所造成的质量损失最为惨重，在产品出货或生产过程中发现问题质量损失会小一些，在原材料供应商处发现问题其质量损失会更小，如果能在设计环节采取有效对策（防错设计），那就根本不会产生不良损失。

另一方面，小问题解决或改善得越多，越是能防范大问题的发生。有一个著名的海恩法则：300个小问题不及时解决，会成长出29个事故隐患，29个事故隐患不及时消除，终究会发生一次大的事故。比如设备停机故障的发生往往都不是偶然的，是诸如震动、锈蚀、发热、松弛、灰尘等微小缺陷（小问题）不断累积而成的。要消除设备停机故障，唯有从消除各类微小缺陷开始。

精益管理主张全员参与，目的就在于发动全体员工从解决自己身边的小问题、消除身边的小缺陷开始做起，预防为主、持续改善并最终达成不断提升企业管理水平的宏大目标。

三、与显性之恶相比，库存的隐性之恶更恶

对企业经营来说，库存是万恶之源，可以从显性和隐性两个层次进行理解。

首先，库存的显性之恶有四个方面的内容。一是库存不能给企业带来利润。如果库存产品不能销售出去，就不能给企业带来销售收入，就不能产生企业运转必要的现金流，更不能为企业带来利润……二是库存的产品还存在贬损或丢失的潜在风险。库存的商品不仅因为市场变化及设计变更等存在贬值的可能性，还可能因为管理的失误等存在损坏或者遗失的可能性。三是库存产品消耗了企业的经营资源，特别是耗用了企业如血液般重要的现金流。库存占用了企业的仓储空间、存储货架，库存增加了仓储员工的劳动，增加了大量的搬运成本，库存耗用了企业的资金，使企业的大量现金固化在库存产品上。四是库存使企业失去了投资及发展的机会。由于库存产品占用了企业的仓库、空间、资金、劳力等企业资源，如果没有库存，企业本可以将这些资源用在其他方面，为企业创造更好的收益。

其次，库存的隐性之恶有两个方面的内容。一是库存让管理变得复杂。因为库存的存在，除了增加保管及搬运工作量外，还会使库存数据的管理变得复杂，增加了工作量和工作难度。因为库存的存在，还会给采购、生产计划及调度工作增加难度。库存的存在，还会增加解决问题中原因分析的难度。二是库存的存在会助长相关部门的工作惰性、失去紧迫感，进而全面消损企业内各系统的快速反应能力。遇到供应商交货拖延，采购部门会以为问题不大，仓库里应该还有库存。遇到设备或产线停机、

停线，设备管理部门可以不慌不忙，他们知道通道上有很多库存可以应急等。这种库存的缓冲作用甚至可以影响到人事等间接部门的工作态度。

四、以穷人思维，实现富人循环

精益主张消除一切浪费，这显然是一种穷人思维。当然，只有穷人思维是不够的，必须巧妙地实现富人循环，以便促进企业可持续发展。

某条生产线按设计 100 人每天工作 8 小时可完成 100 台的生产任务。多数"聪明"的管理者会考虑投入 80 人每天工作不少于 10 小时（每天加班 2 小时以上）来完成 100 台的生产任务，以为这样效率最高，而事实却走向反面。因为在这种超负荷规划的情况下，如果出现设备停机、不良、物料延迟等异常情况时，生产节奏将被彻底打乱，或者需要安排更多的加班应对产品交付，或者直接拖延产品交付，造成各种无法预料的损失。

拥有精益"智慧"的管理者会按标准投入 100 人来完成 100 台的生产任务，把其中的 90 人配置到生产线上，把 10 人作为"富余"投入到精益改善。在这种情况下，即便出现各种异常，只要追加 1 小时~2 小时加班，就可保障生产任务的完成。与此同时，投入改善的 10 人每天研究产线效率改善方法，一段时间后，80 人即可完成从前 90 人的产出，此时可省出 10 人。又过了一段时间，70 人即可完成从前 80 人的产出，此时又可省出 10 人……如此这般富人循环下去，以更少的人员就可以轻松完成约定的生产任务。

刘承元，合众资源（3A 企管）董事长。作为国内著名的工厂管理专家，刘承元被媒体誉为"管理赢家"。他以深厚的管理理论功底和丰富的经营管理经验，服务于一个高水平的客户群体。入厂指导过的企业有富士施乐、广州本田、美的集团、创维集团、江钻股份、航天集团等，他的课程和现场辅导深受企业欢迎。

著有《比日本工厂更高效》《企业卓越经营品质》《新TPM活动》《专家博士的5S经》《卓越经营与自主管理》等。

AMT 对产业互联网的十个实践洞察：
从"企业家"到"产业家"

王玉荣　葛新红

什么是产业互联网？AMT 认为，产业互联网是数字时代各垂直产业的基础设施，由产业中的骨干企业牵头建设，以共享经济的方式提供给行业广大的（小 B）从业者使用，从而降低整个产业的运营成本，提高整个产业的运营质量与效率，并通过新的产业生态为客户创造新的体验和社会价值。

产业互联网是数字时代各垂直产业的基础设施（资料来源：AMT 研究院）

AMT 通过"赋能平台 + 开放共享的事业合伙人机制"正在打造传统咨询产业的互联网，同时 AMT 通过服务一个个行业骨干企业，帮其打造各垂直领域的产业互联网，如鲜易已经成功打造冷链产业互联网、洛可可正打造工业设计领域的产业互联网、源来鲜打造生鲜产业互联网……

AMT 认为，未来在每一个市场份额分散、行业参与者众多、无寡头垄断、无法律特许经营的传统产业领域都会出现产业平台型企业，通过产业链资源整合，推动产业模式升级。"BAT"、华为、电信运营商等，它们是属于互联网时代的一级基础设施，而这些产业中的平台型企业将通过为产业中的从业者提供云服务而成为产业的二级基础设施，形成新的产业价值创造网络。

对于产业互联网的发展，AMT 基于咨询实践，总结其规律性和可复制的内容，形成对产业互联网的十个洞察观点。

（1）产业是由骨干企业和众多小微企业组成的。

以前是竞争关系，未来骨干企业向平台型组织转化、小微企业向产业合伙人转化，是连接关系。

（2）产业升级不是一场颠覆，而是新模式下的产业价值网络连接。

是骨干企业与众多小微企业基于"产业互联网模式"建立"平台＋合伙人"的连接，逐步地协同地完成产业的升级切换。

（3）单一的"技术创新"不能驱动产业升级。

靠单一的技术创新不能实现产业平台对合伙人的连接，"机制创新"即平台给合伙人带来的实实在在的新价值更重要，如通过平台获取更多的生意机会、合伙人参与股权众筹等。"技术创新"在"机制创新"的驱动下才能发挥作用，必须通过综合红利驱动产业升级。

（4）产业合伙人用众筹方式参与产业互联网将成为典型现象。

产业合伙人带着生意来认购股权，从而为产业互联网的新模式公司的股权退出增加了一个广阔途径。

（5）平台型企业要提供"ITO＋BPO"。

平台型企业凭什么来连接产业合伙人呢？需要的不仅是 IT 云应用连接，更是服务连接，如货物验证、质量把关等。单一的云应用，技术太先进不会用，技术缺服务不愿用。平台型企业需要了解众多合伙人有哪些工作需要支撑、哪些岗位可以外包，通过规范化、集约化的共享服务中心提供专业服务，降低产业合伙人的运营成本。

（6）基于产业核心交易的核心云应用才有黏性。

黏性依托于核心交易、机制创新下的利益连接，只有技术创新不能带来足够的黏性。和核心交易不紧密相关的云应用，容易被同质化的低价或免费服务替代。

（7）商会/产业协会是传统企业的集结地，是新模式产业互联网的发起地。

商会/产业协会中骨干企业用实力和信用发起新模式，其他商会/产业协会的企业参与发起、众筹、在近关系下完成商业模式的初期实验验证，继而规模化扩展并证券化，早期发起与参与的企业从而获得享有天使投资收益。

（8）产业互联网是一个系统工程，需要"互联网+"综合专业服务。

产业互联网发展涉及商业模式创新、机制创新、管理规范化、IT互联网化的系统工程，具有"互联网+"综合服务能力的专业机构将发挥重大作用，并收获产业升级中的各种收益。

（9）产业互联网在中短期不会寡头垄断，"细分市场整合"就意味着新模式公司的市值。

产业体量巨大、to B 市场和 to C 市场的模式不同，to B 的复杂使得难以快速形成寡头垄断。围绕部分客户、部分区域、部分产品能够实现互联网模式下的整合和迁移，就富有价值，为进一步的产业整合、跨界创新、参股并购等提供标的，产业往往能容纳多家上市公司。

（10）企业家需要转型自身成为"产业家"，站在产业高度，整合产业大数据，打造新型产业生态圈。

通过产业平台实现产业大数据的集结，并将大数据分析应用转化为平台的增值服务，从而提升平台黏性及对整个生态圈的掌控力。

作为传统产业中的骨干企业如何向平台型企业转型，AMT进一步提出以下四个关键举措。

（1）业务组件化：组件化实际是一个对企业内外业务进行解构和重构的过程，会带来多个利润中心的生成，每个利润中心的自足能力提高，是能够按照需求变化进行动态组织的、成本最优化、最能激发创新的优质资源单位。

（2）平台服务化：平台要为合伙人提供丰富的增值服务和赋能，才能使平台具有持续的生命力，如AMT平台为事业合伙人提供包括品牌、销售线索、IT系统、后台服务、知识库等16项赋能和服务。

（3）平台开放化：将平台服务开放给所有产业中的从业者，并通过平台进行跨界资源整合，为多边资源创造价值。

（4）平台社群化：随着平台的发展，平台不可能掌握所有的运作过程，这时候需要在平台上逐步形成自主、自治的社群化运作和民主机制，如专业/地区自治委员会等。

AMT不仅通过咨询行业整合打造"互联网＋"综合服务能力，而且在"产业互联网＋"领域不断实践创新，帮助行业骨干企业和产业家做产业互联网的规划者和运营者。

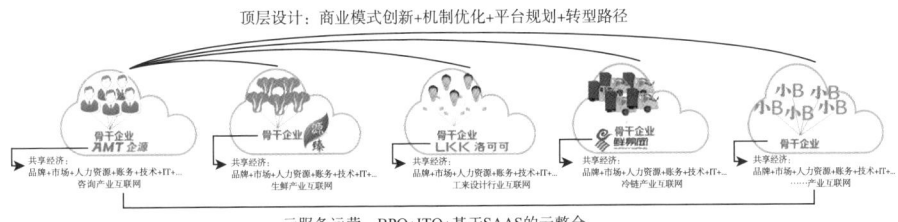

AMT—产业互联网的顶层设计规划者与运营商

王玉荣，AMT集团共同创始人，高级副总裁，被称为"中国流程管理第一人"，曾获得由国际管理学会颁发的"中国卓越管理专家"称号。

著有《低效会议怎么改：每年节省一半会议成本的秘密》《流程管理》（第1版、第2版、第3版、第4版）《流程管理实战案例》《瓶颈管理》《CRM行动手册》等。

葛新红，AMT研究院院长、AMT大学执行校长。带领AMT各专业研究团队，长期致力于企业转型升级和战略落地的前沿理论和最佳实践研究与培训推广。

著有《低效会议怎么改：每年节省一半会议成本的秘密》《跟我们做知识管理》《流程革命2.0：让战略落地的流程管理》《用数据决策：构建企业经营分析体系》等。

价值牵引是传统企业转型之门

郭 晓

创新和转型是中国经济升级和企业发展的必由之路，恰恰又是一条充满挑战且不确定性很高的路。无疑科技创新是最有生命力的，但科技创新需要组织的技术和文化积累。喊一句"万众创新"，一哄而上，便想诞生新的"BAT"，真是门都没有。

对于传统企业，一方面，经济增速放缓使得经营压力倍增；另一方面，创新能力的积累有限感到无从下手，使得转型的话题特别沉重。博瑞森图书每年"一会一书"，在去年的《互联网+"变"与"不变"》中，我谈了《去中介化下的渠道价值》。创造客户价值依然是企业的使命，由此，我就传统企业转型谈谈以下几点看法。

传统企业的优点是风险意识强，缺点是对互联网技术带来的冲击看不清楚。只要看清了变化的趋势，以企业家特有的意志力和创造力，必将大有作为。从商业的角度，我们最关心两个问题。

第一，最大的发展空间在哪里？

未来最大的市场在精神消费，而纯物质消费可以看作为一个存量市场，而且传统的物质消费也注入了越来越多的精神元素。从消费者的角度看，精神消费引导物质消费成为主流。

第二，互联网技术给我们带来了什么？

一个字，快。速度可以扭曲空间，也可以改变商业世界的生态。信息不对称和垄断是实现商业价值的基本逻辑。信息不对称体现在两个方面：一是信息的渠道控制，二是信息的处理能力。互联网使得实现信息不对称的手段从依靠信息的渠道控制变为提高信息的处理能力。垄断方式也从物理性的静态垄断演变为寻求创新的速度优势上。

对于一个非互联网、非科技创新型企业，如何面对这两大趋势，最重要的当然就是连接目标人群和了解、引导他们的精神世界，以及提高资源整合的速度、规模和质量。资源整合的重点在于价值空间的发现和创造，没有价值的牵引，资源无法整合。下面举几个例子，希望对读者理解如何以价值创造牵引企业转型有所启示。

牵引一：实现个性价值，经营顾客，多要素组合创造商机。

有钱有闲的老年人是发展旅游业最好的目标群，但老人有老人的顾虑，他们的情况差别很大，因此如何开发这项业务一直是一个难题。这不是旅行社线路多不多、服务好不好、风景美不美的问题，根本原因在于对老人不够了解和组织的方式过于粗糙。在这方面，"幸福九号"孝老平台做得更深入一些。他们利用已有的200多万老人客户资源，与旅行社合作，进行商业模式创新。他们对老人比较了解，已经将老人需求和能力进行了分类，然后找到资源和能力匹配的旅行社合作。在流程上，先派出人员对线路进行踩点，把自然环境和活动内容拍摄下来，再整理成有针对性的多版本的视频宣传片子。这样商业推广就有了针对性，不同的老人就对上号了，老人们可以在旅行社、景区、线路、活动内容上进行选择，经过组合就形成了各式各样的旅行团，有游轮的、有养生主题的、有野趣的，名目繁多。旅行过程中有人跟拍，在旅行完之后，还为老人制作个性化视频，并将需要传播的内容放进去。老人们自然会把视频发给熟人，这样品牌传播的目标也达到了。品牌传播、产品销售、消费者体验就很好地结合在一起，现在经营得非常好。

牵引二：传递共同价值，建立企业与顾客的链接，走进"消费生产者"时代。

所谓"消费生产者"，就是消费者决定和参与产品和服务的提供过程。部落生活是互联网的4.0时代，它使生产者与消费者很好的联结在一起，通过互动产生创意，形成品牌文化。广东芬尼科技公司，核心理念是节能环保，应用空气能技术进行产品创新，首创组织裂变机制进行组织创新，使业务从商业应用领域延伸到家庭消费市场，发展很快，不但领头人宗毅先生成了网红，而且形成了芬尼科技的部落生活。走进芬尼创业园会看到很多员工涂鸦，既释放员工的情绪，也发挥他们的想象力，营造了创意氛围。他们在营销过程中，把经销商发动起来，采集整理用户的感受，为品牌传播提供最好的营养。不断组织各种各样的主题活动，如打通南北通电桩、电动车环球旅行，以及宗毅先生大量的演讲等活动，形成了一个很好的部落圈，越做越大。

牵引三：发现高维价值，把握时机，合作共赢。

传统企业面临着产业升级压力，产业升级的方向在哪里？一是高端化，如产品高端化、客户高端化；二是平台化，形成创新平台、协同平台、融资平台等。但这些都必须有一个前提，就是做好信息化。因此，传统企业升级需要与互联网企业合作。合作的方式是成立新公司，以实现最优的要素组合，发挥传统企业的资金、市场、行业优势，借力互联网企业的技术、人才、管理优势。比如，京东原主管技术研发体系的高级副总裁李大学先生，领军磁云科技，在传统企业转型升级中饰演着重要角色。作为互联网科技企业，他们计划两年内选100个行业进行互联网整合，实现行业的O2O转型，其选择、合作的原则为：

（1）行业规模大、天花板高，有较大的发展空间，项目前景1 000亿元规模。

（2）行业的垄断格局还没有完成，处于散乱的恶性竞争阶段。

（3）渠道链过长，渠道不规范，顾客对产品和服务的标准没有认知。行业中的顾客、从业者、投资人的满意度都很低。

（4）在选定的行业中选择有优势的一家企业，进行排他性合作，只占股份不收费，将远期利益捆绑在一起。

转型不是改良，而是重生。

转型要在文化、战略、执行各个层面依次推进，交替进行；转型要根据行业特点和企业条件把握时机，积极进取；转型要在经营的每一个细节中落实。

郭晓，AMT高级合伙人、消费品行业线总监。拥有二十年快消品企业管理实践经验，在青岛啤酒营销系统工作十年，工作实践领域涉及一线业务人员的工作标准化和行为规范、区域业务组织的功能设置和业务流程优化、全国一体化营销中心的系统建设和运营效率提升。

著有《年初订计划，年尾有结果：战略落地七步成诗》。

经营者思路升级

科技企业掌门人的六项修炼

郭富才

企业做不长、做不大的根源当然很多，但核心根源却只有一个——缺乏一个能引领企业永续前进、具有真正商业领袖基因的企业掌门人。要做百年科技企业，中国企业掌门人必须要完成六项修炼。

（1）掌门人的第一项修炼：公司战略愿景与产品规划设计。

方向永远是企业最大的事情，掌门人应该把企业发展方向的制定放在万事之首。

如果掌门人陷于具体事务，往往会忽略公司发展方向的把握，也没有时间停下来思考公司的发展方向。

没有方向性的企业总是在打乱仗，资源总是不能聚焦，销售人员总是把发散的机会点传递到公司，研发体系总是不停地响应销售机会点。比如广东佛山的一家做家电控制器的企业，公司的业务活动完全由销售人员驱动，一百来个研发人员一年要做上千个项目，但这些项目的技术含量不高，不能获得超额价值，预期的市场成功率低于20%。

公司掌门人要为公司未来指明方向，这反映在企业的战略规划中。

中兴通讯、华为技术公司都具有相应的战略与Marketing部门，这些部门的职责是分析宏观市场、分析竞争对手、分析客户的潜在需求，制定初步的业务战略规划，接受掌门人的决策评审，通过评审，掌门人把自己的想法也灌输到这些规划中。

掌门人不光是对新进入的业务战略规划进行评审，还会周期性评审已进入领域的业务战略规划，可能是月度，也可能是季度。另外，中秋节做年度计划，春节做3~5年战略规划。

公司有了方向，就可以聚焦，就可以围绕一个城墙缺口进行进攻，就可以提前进行技术和产品预研，为将来的市场做打算。

（2）掌门人的第二项修炼：管理体系建设（IPD，集成产品开发，就是企业重要的产品经营管理体系）。

经营和管理永远是双胞胎，舍不离，分不开，没有经营，找不着北，脱离管理，不能高效地到达目的地。

凡是行业中一流的企业，经营和管理都不是偏废的，都是两个轮子一起发展的。

这几年蒸蒸日上的OPPO和VIVO，都是段永平步步高公司旗下的品牌，步步高的发展愿景就是"做健康长久的企业，做世界一流的产品"。为了实现这个愿景，他们在管理上也舍得投入，2008年左右就引入IPD咨询项目，对产品创新管理体系进行变革。

在20世纪90年代末，任正非为了寻求管理体系，作为华为掌门人，寻遍西方行业内的标杆企业，直到找到了IBM的IPD管理体系，找到了曙光。1998年的某一天，他静心地在IBM总部听了一天并立即拍板：华为公司就用这套体系经营产品，在此后的十多年里花费几十亿元聘请IBM老师。

管理体系建设是一把手工程，没有一把手的支持，任何管理体系都难于在企业落地。因为任何变革都会受到一些员工的软、硬抵制，没有掌门人的坚定决心、没有掌门人的严格要求，变革就会半途而废，甚至失败。任正非在IPD引入时，强调不换脑袋就换人。中山欧帝尔公司赵伟总经理在咨询时提出九条要求，其中一条：凡是反对IPD管理体系的员工，不管职位高低，一律走人。

（3）掌门人的第三项修炼：里程碑决策评审。

掌门人的第三项修炼就是关注里程碑，在企业管理里程碑点进行评审，关注目标实现。

在北京给一家企业做咨询时，这家企业是做医疗诊断试剂的，有一天老总问我："我看着员工在计算机面前敲键盘，为什么不到实验室做实验，看着就着急，怎么办？"

我回答："员工今天是做实验还是敲键盘，那是员工自己的事情，你只需要在里程碑处评审团队目标完成情况，并结合绩效管理措施对目标完成情况进行奖罚。"

里程碑目标管理是现代管理学提倡的管理方法，特别是针对学历高、素质高的研发职员，更要采用目标管理方法。

（4）掌门人的第四项修炼：关注人（搭班子、合适人放合适位置）。

掌门人是公司最高管理者，管理者第一要务是管人，所以柳传志老先生总结出"搭班子、定战略、带队伍"。

作为掌门人，关注高层管理团队建设，关注将合适的人放在合适的位置上，将不合适的人从位置上拿下。

掌门人关注人的建设，公司的人员就会有压力，因为掌门人时刻在关注着你，关注你的团队绩效，关注你是否有管理思路，关注你是否有整体思考观念，关注你是否能带领团队完成团队目标。

太多的中国企业的掌门人过分关注具体事情，失去了对打造高绩效团队的关注。

（5）掌门人的第五项修炼：建立企业文化。

企业文化、企业价值观也是一把手工程，企业的价值观是一把手长期做事方式的沉淀。

掌门人怎么说、怎么做，最后就慢慢地沉淀下来形成企业的价值观。所以，企业建立文化价值观时，不管你如何请咨询顾问公司如何提炼、如何抽象，员工日常行为表现出来的文化价值观还是和掌门人的长期言行表现出来的价值观是一致的。

我曾经去过的600多家企业中，印象最深的有两家：一家是段永平的步步高集团，企业文化的前两个字是"本分"；另一家企业是方太公司，它的"三品合一"文化：人品、产品、司品三统一。这两家企业员工表现出来的行为和价值观完全一致，而不是像其他个别企业墙上写一套，员工行一套。

（6）掌门人的第六项修炼：管理例外事件（尽量将例外事件例行化）。

掌门人的另一项修炼就是管理例外事情，例外事情就是公司的现有流程制度没有规定如何做的事情。

任何一套流程制度能把80%的常见业务活动管理起来，就是一套了不起的管理体系。剩下例外的20%业务活动怎么管理，因为是例外的事件，就需要各级管理者出面协调、定规矩了。

2015年，任正非在与福布斯英文网"中国企业的国际愿景"专栏栏主杨林的谈话中说："人家问我你怎么一天到晚游手好闲？我说我是管长江的堤坝的，长江不发洪水就没有我的事，长江发洪水不太大也没有我的事。"管堤坝就是建立这种管理体系，让企业的正常业务流在堤坝中运行，发了洪水，就代表靠堤坝管不住了，到了一定级别的洪水，掌门人会亲自应对的。

郭富才，中国大陆主持实施IPD咨询项目数量最多、成功比例最高的咨询专家，深圳市汉捷研发管理咨询公司的副总经理、董事、资深顾问、资深讲师。

著有《新产品开发管理，就用IPD》等。

中国企业从重构到重生的六大挑战

杨永华

重构是计算机术语,意思是系统重装、程序再编。但是互联网时代来了,移动互联网将互联网变成了传统行业,过去很多行之有效的方法、成功经验很可能成为未来失败的根源。因此,我们推出重构系列文章,就是在互联网的大背景下告诉企业家如何做到"万变不离其宗"。

过去修补式的创新或者系统再造都可以让企业幸福一阵子,未来企业重生必须深刻认知以下六大重构的挑战。

一、品牌挑战

互联网时代就是去中心化。去中心化就意味着品牌力衰弱,品牌不再是企业的核心竞争力。未来顾客不会再接受"王婆式"的品牌理念推销,只会接受"体验式"的品牌营销。

如何重构品牌战略是企业面临的第一个挑战。可喜的是,小米、劲酒、劲霸服装、伊利等企业明白了品牌重构的道理,他们放弃了假大空的广告,开始领着消费者一起"玩"。因为他们明白了,未来是"得顾客得天下"。品牌必须为顾客而重生。

二、经营战略挑战

从经营战略的角度看，中国的企业历经了很多次挑战。

一是做大做强的挑战。我们曾经非常热衷于做大，因为做大就意味着竞争力的提升。但当大而不强的残酷现实教育了我们之后，中国企业发出一种声音，先做强再做大。

二是专一化与多元化。2000年左右，中国企业开始思考专一化和多元化的企业发展命题。很多企业认为多元化是误区，主业做不大就不要盲目多元化。

事实证明，中国企业专注主业发展，当主业遭遇瓶颈无法突破的时候，突然发现国外企业，包括在中国的外资企业，通过多元化取得了很好的发展。

我们的解读是：中国的做主业是"大树战略"，寻求在某一个行业内成为老大。外国的企业，包括在中国投资发展的外资企业，多元化，是"大森林战略"。他们通过快速抓住中国快速增长的消费市场，均在很多行业内获取前五名的行业地位，并且这些行业可以形成互补。中国的企业才突然明白，"大森林战略"就是产业链战略，布局产业链形成产业价值链。

最值得反思的是，当波特的竞争理论中国企业牢记于心之后，中国的企业现在又在思考一本书——《小的也是美好的》。

三、产品开发的挑战

中国企业惯用的价格战屡遭诟病，低价成为中国很长一段时间的核心竞争力，甚至包括现在，低价为王仍然是一部分企业的经营理念。

而面对中国消费者去日本购买"马桶盖"，面对进口食品在中国市场每年复合 40% 以上的增长率，面对中国消费者出国游（每年 1 亿多人次的出国旅游购物），难道中国的消费者真的不缺钱吗？

任何一个国家、任何一个市场，都会面临因为价格高买不起的消费者，也会面临因为产品差、价格低而不愿意买的消费者。这要求企业重构角度、重新思考要服务哪一类顾客，不可能满足所有顾客的需求。

但是，我们可以斗胆说，互联网时代就是顾客为王的时代，就是产品为王的时代，企业重生的唯一出路就是研发令顾客尖叫的产品，而且不用担心价格。

四、组织与团队的挑战

我曾经在一个企业家年会上说过最得罪人的一句话："中国的大部分企业不是死在创业者手里，就是死在创业团队的手里。"

这句话的真正含义是组织创新的问题。很多企业在完成创业之后，创业团队就开始躺在功劳簿上睡大觉，满足于有吃有喝。无论创业者如何搞激励、奖励，都无法调动创业团队的积极性，甚至出现收益分配不均不公而引起内部矛盾。

我们的企业家会发现，凡是历经 30 年以上的中国企业，都是组织重构的结果。比如娃哈哈，宗庆后在最近 5 年里只管团队建设和企业投资，具体事均由年轻人主导。柳传志是中国教父式的企业家，之所以联想还在快速发展、神州专车还在井喷，就得益于柳传志已经完成了四次组织和团队重构。

五、营销挑战

我曾经在很多场所公开讲过，凡是认为价格高卖不动的营销人员，企业都需要把这些人辞退掉，因为这类营销人员过时了。当然，这里我也从品牌的角度，调侃一下营销人员。营销人员经常说我们的品牌知名度不行，所以我们的产品不畅销。早在2000年我们就提出一个理念：不做品牌做销量，不是品牌也畅销。因为销量是品牌的前提而不是结果，品牌是销量的自然累计。品牌不是畅销的前提，而是畅销的结果。

我提出，传统营销的使命就是"方便买"和"乐得买"。营销基本动作分解就是铺货率和终端生动化。其实，这都是基于渠道和市场占有的认知。在顾客为王的认知下，占有渠道和市场已经无法占有消费份额了。我曾经反问过很多企业，为什么市场铺货率那么高，终端生动化投入那么大，做得那么好，市场还是做不起来呢？企业给出的答案非常直接：不动销。我再次反问为什么不动销呢？企业答不上来。我说很简单，就是有人卖，没人买。

未来的营销就是顾客体验，说到位一些，就是"撬开嘴，喂一口"。所以，深度分销之后，是推广时代的到来。

六、市场选择的挑战

市场挑战就是市场再选择的市场体系重构的挑战。企业总是认为，一线市场投入大，不敢碰。事实上，这是企业市场战略方面的一个致命的错误。

市场投入大一定意味着购买力强、需求量大。我们为企业咨询10年就发现一个规律：凡是产品非常好的，市场没有好，绝大多数都是因为市场选择在农村市场，以农村包围城市的市场战略开展营销工作。坚持农村包围城市的企业，没有发现随着城镇化、农村人口减少、购买力急剧下降。儿童有消费需求，也被父母带到城里了。

我们为企业咨询服务，大多数情况下建议企业先从市场选择的角度跳出"井底之蛙"的误区，大胆选择需求量大、具有购买力的发达市场。因为只有多卖才能多赚，只有多赚才能多花。

杨永华，著名企业重构专家，上海观峰企业管理咨询有限公司董事长。潜心专注快消品市场营销实践及研究18年，完成了"从能量到销量"和"支点营销"理论的创建研究与应用。

著有《变局下的白酒企业重构》《变局下的快消品营销实战策略》《快消品经销商如何快速做大》。

未来已死的 5 种企业

李政权

我们之中的许多企业是没有未来的,它们的未来注定已死!
具体来讲有这么几种企业:

一、习惯用过去的经验判断与指导未来的企业

大凡一个成功的企业,总会养成对之前成功路径的依赖。

一个还谈不上成功的企业,却又总会对过去的教训过于耿耿于怀。

这些都是过去的经验。这些过去的经验,一旦从之前相对稳定的商业生态及经营环境,投身于一个不能以过去的常识去判断的,以及处处透露出创新和颠覆的巨变式商业环境之下,它还能帮助我们判断和指导未来吗?

不能,它们都是负资产!

不幸的是,这正是许多企业正在干的事和正在犯的错。不信?利用一次会议的机会,好好听听我们的 BOSS 们、中高管们在会议室中喋喋不休的争论吧。

二、缺乏战略远见的企业

看不见未来的企业就没有未来！

不能基于战略远见制定面向未来战略的企业，同样没有未来！

而越是置身不确定性的未来，富有远见的战略就显得愈发的重要！

说到这里，不禁想起大家耳熟能详的柯达，这个曾经的"黄色巨人"早在1975年就发明了世界上第一台数码相机，早在1998年就身受传统胶卷业务萎缩之痛，但它的决策者们却因为担心胶卷销量受到影响，而迟迟未敢大力发展数字业务……后来的结果，我们都知道了，它破产了。

说到这里，我不禁想起几个与此相关的客户。其中一个是汤臣倍健。这家企业之所以能在膳食营养补充剂市场一骑绝尘，领先于行业二三名N个身段，拥有远见战略能力当记首功。你知道吗？它2010年之后每一年的销售业绩数字，都在当初"五年战略规划"的正常设定值之中。如果你在未来的某一天发现，人保健领域的钙片等膳食营养补充剂产品的价格竟然只有几年前的"一半"，寻常百姓竟然都在大把大把地吃，千万不要觉得奇怪，因为这同样也在汤臣倍健的战略预期及努力当中。

我们有好好地推演过行业及消费市场的未来吗？我们有基于对未来商业趋势的洞见制定面向未来的远见型战略吗？

三、畏难于所谓互联网基因止步不前的企业

未来每一家能够存活的企业都是互联网化企业。

记得2015年年初，我在重庆和一家大型上市企业的七八个高管有过如下的一段场景。

他们有一个汽车后市场的实体商业地产项目，他们知道在现实的市场环境之下，用老一套的玩法玩不转了，他们接受和想做"互联网+"。可是问题来了，一些人开始质疑"我们有互联网的基因吗""别说大数据，我们现在连小数据都没有"……同时也在通过一个很小的点尝试性切入还是从一个更大的基本面切入上争论不休、摇摆不定。

我相信这样的场景具有很大的普遍性，大家都知道现在的"天"变了，"道"也要跟着变，但因为缺乏所谓的"互联网基因"等摇摆不定、止步不前。

可是大家知道吗？阿里巴巴的马云之前的职业是教书育人的老师，京东老板刘强东是开实体店倒买倒卖光驱、刻录机的——互联网基因不是我们生来就有的禀赋，而是需要我们学习、创新的技能。

四、对商业技术缺乏敏感的企业

层出不穷的新兴商业技术，正在对商业及营销行为产生远超我们预期想象的影响。

20年前，我们能想到座机、传真机会基本成了摆设吗？

10年前，我们能想到今时中国的六七亿网民中，许多人的衣食住行、吃喝拉撒都是通过互联网或移动互联网搞定的吗？

5年前，我们能想到自己会在一个叫"微信"的玩意上和一群认识或不认识、天南地北的朋友聚众交流和做生意吗？

自从互联网开始普及与深入渗透之后，人类及商业社会就像装上了动力无比的超速发动机，进入了类激进式革新的崭新时代。这些革新，有不少甚至会对我们产生有悖传统"三观"的颠覆式影响，其中的一些东西甚至就是我们在"脑洞大开"之下都未曾想过或者是想到过的。

我们需要做的就是对已经出现、将要出现的新兴商业技术，及其可能产生的影响保持敏感，否则一个3D打印工厂就可能让你投资数亿、数十亿的工厂变成一堆破铜烂铁。

五、对消费行为及消费力场转移变化缺乏关注的企业

如果说商业的本质就是满足与释放人性及其需求，那么商业的"根"就是我们最终的消费者及终端用户——他们就是商业及营销的源头活水，根与本。

我曾在新书《从趋势到行动：未来十年的商业新生态+传统企业转型与变革之路》的原稿中写道："小米、腾讯、京东、阿里巴巴等公司的成功，都受益于消费者及用户们的消费行为、消费力场从线下渠道向线上渠道的转移——这是属于这些公司的，可以帮助它们飞起来的台风口。"遗憾的是，别人家的"台风口"搞不好就成为自己家的"鬼门关"。

所以，很多商业地产招不到租，一家又一家的实体门店关门歇业；一个城市又一个城市的传统纸媒破产倒闭……一个又一个的出租车公司回去围堵滴滴、快的的大门。

让我们做一个"未来派"，做一家来自未来的企业吧！

我们不一定非要"向死而生"，但一定要面向未来！

李政权，营销管理专家，联纵智达（上海）营销与管理研究院院长、锐力营销（昆明）联合创始人，中国零供委专家组成员及相应零供规范参与制定者。中国工商联人才中心等职业资格认证、培训机构及相关院校特聘专家讲师。

著有《弱势品牌如何做营销》《从趋势到行动》等。

中小企业在当前的市场形势下如何取得经营突破

程绍珊　吴　凯

生存和发展是中小企业永恒的主题,结合迪智成咨询团队十几年来服务中小企业的实践体会,谈谈在当前经济形势下,中小企业如何实现经营突破的一些初步认识。

一、中小企业现实的生存状态

中国多数中小企业的发展是特有经济环境时代下的产物,总体来说,中小企业处于五种生存状态。

(1) 处于产业链的非利润区。多数行业的产业链利润区被大型企业占据,而中小企业只能存活于产业链的非利润区,特别是制造业。

(2) 生存在市场的夹缝中。很多中小企业由于资金、管理及其他必需的资源的限制,在干着那些大的企业不愿意干、没兴趣干、不值得干,而更小的企业又干不了、没实力干的事情,在市场的夹缝中生存。

(3) 寄生在大企业的羽翼下。还有不少中小企业是依托一些大企业而存在的，企业经营业绩的好坏完全取决于大企业的经营状况及与大企业的关系。

（4）游离在政策的边缘带。有不少中小企业所从事的业务是国家监管政策的模糊地带，企业可能因此而迅速壮大，也可能因为新政策出台而被迫转型。

（5）活跃在经济的景气期。多数中小企业的发展和壮大是和国家经济政策息息相关的，经济景气时企业发展壮大，经济低迷时则陷入低谷。

二、中小企业经营转型突破的优势

相比大中型企业的转型调整，中小企业的经营转型更具优势，主要表现在四个方面。

（1）对市场变化的适应性强，快、灵、准是特长。

中小企业由于人、财、物等资源相对有限，既无力经营多种产品以分散风险，也无法在某一产品的规模化生产上与大企业竞争，但这点恰恰也是中小企业的优势，发挥"小而专"和"小而活"的特点，根据市场的变化，及时调整策略，将有限的人力、物力和财力投向市场需要而大企业又无暇顾及的细分市场，从而快速发展。

（2）市场提升的余地大，有强势区域或细分市场就能有效地支撑经营。

多数中小企业由于前期市场操作和人员管理相对粗放，即使有好的市场策略也常常执行不到位，因此市场提升的调整空间余地大。同时，中小企业由于规模盘子不大，不需要贪大求全，只要做透一到两个区域市场或细分市场就可以有效支撑起企业的经营规模。

（3）历史包袱轻，市场策略调整见效快。

相对大企业，中小企业由于市场运作时间短、历史遗留问题少、包袱轻，有效的市场策略调整容易取得立竿见影的效果。

（4）管理简单直接，动作快，迭代纠偏快，转型风险可控。

中小企业人员规模小，通常是扁平化管理，只要老板下定决心，通常转型的动作会很快，效果反馈也会非常迅速，一发现问题可以迅速调整，试错成本低，因此转型带来的市场风险相对可控。

三、中小企业经营转型提升的具体方向建议

（1）精准定位，走差异化和聚焦的经营战略，不做第一，而做唯一。

中小企业一定要非常精准的定义自己的目标客户，以及能给客户带来的价值，明确自己的盈利模式，走差异化竞争路线。此外，受资源和能力制约，中小企业必须重点聚焦，合理配置资源，重点投向能快速见利见效的重点客户、区域市场或细分市场。

（2）加强技术创新，专注开发某一核心技术或工艺，打造特色产品。

中小企业可以根据自身特有的专有核心技术或核心工艺，形成差异化产品，提升自身的经营水平。如泰山啤酒有限公司，突破工艺创新，攻克国内原浆啤酒技术难关，推出了30天保鲜的620ml小原浆啤酒。新品小原浆啤酒定位中档产品，售价等同于市场上常见的600ml普通啤酒，无论从新鲜、营养还是口感上都远远优越于普通啤酒。泰山啤酒公司通过自身的技术和工艺创新，在竞争激烈的啤酒行业赢得了自己的一席之地。

（3）借助互联网的高效精准传播手段，打造专业细分领域的特色品牌，或通过老字号品牌的产品创新，结盟新消费者。

海底捞通过22年多的发展，已在国内38个城市拥有141家直营餐厅，并在消费者当中形成良好的产品品牌口碑。在此基础上，海底捞推出自有品牌的火锅底料，进入调味品行业独立市场运作，按照快消品的方式操作该产品，取得了非常大的成功。目前，海底捞经营火锅底料产品的公司已在港交所成功上市。

（4）聚焦强势区域，形成根据地市场支撑，发展和巩固忠诚客户群。

中小企业在市场运作初期，在人力、物力和财力都有限的情况下，可以重点夯实重点市场，打好基础后，再谋求下一步的市场扩张。养元食品刚开始的时候并没有贪大求快就急于启动全国市场，而是聚焦于河北、山东、河南三省，按深度营销的模式对市场进行精耕细作，并将三省打造成六个核桃的核心利基市场，在此基础上才开始向全国其他重点的一二级市场扩张。

（5）依托品牌，跨界合作，异业联盟，整合资源。

中小企业可以依托原有老字号品牌，整合产业链上下游资源，提升整体经营。恒源祥是一家老字号企业，诞生于1927年，原来一直只是一个商店的名称。1991年起，恒源祥常识性地启动了"恒源祥"品牌战略，以品牌资产在长三角地区建立了一个庞大的战略联盟体系，拥有100余家加盟工厂、500家加盟经销商及7 000个加盟销售网点，产品品类涉及服饰、家纺、内衣、服饰配件类等。恒源祥没有任何资本投资，完全通过自身的品牌整合社会资源就实现了上述经营奇迹。

（6）三分管理七分机制，共享共创，激发各级员工积极性，打造高效团队。

中小企业的组织平台搭建是至关重要的，构建合理的股权结构，打造核心领导权威，提升决策速度。同时要构建开明和公平的管理规则和共享激励机制，只要有实力，人人有机会，对有能力的人，既有充分的授权、合理的约束，又具有吸引力的增量激励机制，减少彼此间的猜疑，形成高效的经营团队，并吸引优秀的人才加入。

程绍珊，著名营销实战专家，华夏基石集团业务副总裁、高级合伙人，北京迪智成管理咨询有限公司董事长。他带领"迪智成创业深度营销管理咨询团队"专注于"深度营销"模式的研究和实践。

著有《变局下的营销模式升级》《升级你的营销组织》《深度营销观点》《营销模式研究》《深度营销战法》《精准营销》等。

关于创新的 8 个诀窍

宋新宇

一个老客户通过多年的专注和投入逐步成了照明行业一个细分领域的隐形冠军，每年有 4 亿元～5 亿元的收入。但老板还没有来得及庆祝自己的成功，一个新的烦恼产生了：虽然打败了同行业大部分对手，但越来越多从来没有听说过的小公司似乎通过电商平台开始蚕食自己的领地。如何应对这样的变化？要不要针锋相对地创新？如何才能增加创新成功的概率？

这不是一个个案，而是一个常态。我们生活的世界唯一不变的就是变化。对企业家来说，变化的速度似乎越来越快了，十年前只有互联网和高科技行业是在过"狗年"（狗的一年相当于正常人的七年），如今传统行业似乎也不能幸免"狗年"的节奏了。面对如此快速改变的世界，老板该怎么办？

（1）创新决定生死。

如果说创新难，创新是找死，我们也一定要选择创新，因为不创新是等死，找死比等死好。每个企业都必须不断在业务模式上、产品上、营销上、销售方式上、管理方式上尝试微创新和大创新，只有这样才能让企业立于不败之地。

（2）创新和年龄无关。

一个80岁的老人照样可以创新，就像褚时健给我们展示的那样。但创新应该尽量让年轻人上，应该给年轻人创新的机会，因为他们有精力，没有包袱；因为他们有闯劲，没有老本可吃。

（3）创新要坚持原则。

在创新上也要集中力量，找准焦点，寻求简单，重强避弱。不要用老经验、老模式、老思路把自己限制死，而是要大胆假设，小心试验。

（4）创新组织上要独立。

不要让一个有重要业务指标的老业务部门负责创新，而是独立出一个团队（或多个独立的创新团队）来做创新的事情。一方面，是一心不能二用；另一方面，是让创新团队没有退路。

（5）创新管理不能用传统的指标管理。

不要考核创新团队的收入，而要考核创新团队是否在大量、快速地做创新实验，是否帮助公司尽快找到了可以复制、通向未来的新路。创新团队的绩效激励也不能用老业务的方式做，而是要鼓励试验的次数、速度和效果。

（6）用师者王，用徒者亡。

谁来做创新试验很关键。如果有可能，请在创新领域有实践经验的老师在公司高层的直接管理下做，能够提高创新成功的概率和速度。

（7）创新贵在坚持。

创新贵在持续不断做试验，贵在快速做试验。重大创新的效果可能会有长达三年的滞后期，你能不能坚持三年不放弃，坚持三年不断试验、不断优化？这是易中合作伙伴，在德国市场上通过创新成为其领域市场第一的浩富集团总裁马库斯先生经常提醒我的一句话。

（8）创新贵在学习。

通过学习缩短自己摸索的时间，得到更多试验创意，提高试验成功率。要在内部组织针对性的学习，要自己出去系统学习，要派人到外面系统学习，要和创新上有心得的老板及专家交流。之前去京东拜访京东大学的马校长，他提到小米雷军的创新七字真言：专注，极致，口碑，快。我们可以这样或者那样评价雷军的做法，但这七字真言是有道理的。我们需要专注于选择的领域，把自己的事情做到极致，在客户群中建立口碑，哪怕是坏口碑。如果是坏口碑，我们在什么地方做得不好，客户不满意，就要快速改变它。坏口碑不可怕，可怕的是客户不再理你，可怕的是你不想办法快速把客户的坏口碑变成好口碑。

我们生活在最坏的时代，因为我们无法用过去的套路继续赚钱。我们也生活在最好的时代，因为我们有机会创造新的方式来服务客户，从而取得更大的利润。好坏的关键不在于外部环境，而在于我们自己的选择，我们是否选择创新、是否能够驾驭创新。

宋新宇，北京易中创业科技有限公司的创始人、董事长；德国科隆大学管理学硕士、经济学博士。曾创建欧洲最大的管理咨询公司罗兰·贝格中国区，并任董事总经理。"中国老板学"创始人，中国第一老板顾问，专注中国本土企业管理20余年。

著有《让管理回归简单》《让经营回归简单》《让用人回归简单》。

转型，不是一件着急的事

韩 旭

"穷则变，变则通"，谁都知道"变"永远是唯一不变的真理。但是怎么变才是关键。企业要的是"变"出未来、"变"出生路，而不是"变"成负担，这就要求企业的转型必须做到有的放矢，如果找不准方向、找不到方法，就不要轻易的尝试，尤其是在业绩和利润增长压力巨大的今天。

就转型的问题，笔者在为众多企业服务的过程中有以下几点体悟。

（1）转型的前提是"抓住本质，守好底线"。

转型的本质是为了更好的生存和发展，企业不能简单的看趋势、看未来，现实同样重要，不要因为互联网大势来了就一定要向互联网转型，关键是要弄清楚互联网之于自己的行业或企业会带来哪些变化和影响，能创造什么样的价值，弄清楚这些再去考虑转型的问题，就容易做到有的放矢。

什么是底线，底线就是企业的生命红线，这一点一定要守好。尽管说随着市场环境的变化，传统企业的经营模式正在面临一轮巨大的挑战，不仅是行业内部竞争的日益白热化，还有更多来自边缘者的挑战和颠覆，比如微信对通信行业的挑战、自媒体对传统媒体的挑战等，但是任何颠覆和挑战都不是无本之木、无源之水，它们需要基于一定的生态基础，比如电商的发展离不开制造业的基础，自媒体的成长的也脱离不了传统媒体的内容本质，颠覆和挑战带来的更多的是游戏规则的变化。

传统企业之所以能存活到今天，固然有它们的生存之道，产品能力也好，经营模式也好，这些过去赖以生存和发展的本领也不是一朝一夕就能被彻底颠覆和替代的。企业创新和转型固然重要，但是旧模式中可放大的、可挖掘的优势依然很多，进步空间也很大，比如传统的服装制造业，来自新渠道新模式的挑战也在所难免，但是旧模式中的"产业链协同效率""产品研发能力""渠道运作效率"等依然有巨大的提升空间，做好了依然能成为竞争优势，这也是企业要守好的底线。

传统企业最大的优势是它们有"本"有"源"，这是它们应对"颠覆"和"挑战"的最大的资源，面对环境的变化和挑战，传统企业应该在守好这些"本源"的同时，以更开放的心态，展开多种形式的外部合作，实现优势资源的聚合，才是转型成功的关键。如果离开自己的固有优势和资源能力去谈创新、尝试转型，就等同于"无本之木""无源之水"，成功的概率一定是极低的。

（2）转型的方向离不开"不断追求的专业化"。

工业化催生了专业分工，分工越来越细、专业程度越来越高，协作越来越紧密是不争的事实，企业要想守住自己的底线、守好自己的底线，就必须在专业化上下功夫。

华为是中国企业成功的典范，也是在这一轮的"转型"浪潮中表现最淡定的一个，为什么华为能够做到淡定从容，因为任正非说过：不确定性的时代一定要有确定的抓手。毫无疑问，华为的成功在于它有清晰而坚定的战略方向——在"确定的抓手"上不断提升自己的专业水平。对华为来讲，这个"确定的抓手"是什么？毫无疑问，是技术能力，这是华为提升产品力、提升解决方案能力的根本保障，所以华为才能从容应对新环境的变化。

对于传统企业来讲，无论是日本的"精细化生产"，还是欧美的"现代化管理",甚至是"品牌化营销",在这些方面,企业依然存在巨大的提升空间,任何一方面的提升都会带来效益的改进,成为企业竞争力的一部分。在这些方面,企业一是要在实践中不断地摸索和改进,不断地学习和提升;二是要积极的尝试引进更专业的人才或与更专业的外部组织合作,以此来提升自己的专业水平,提升自己的专业竞争能力。

(3) 任何转型都需要"下狠功夫"。

"浮躁"是当今社会的普遍现象,人人都想着一夜暴富,人人都想着一招制胜,人人都想着一劳永逸,但实际上根本不可能,尽管"一劳永逸"是人的本能追求。

"浮躁"会让人变得流于表面、浅尝辄止,没有了"踏实"也就没有了"深刻",没有了"深刻"也就难有更深的"专业追求"和"专业提升",也就难有"核心能力"的形成,如此很容易把企业带入万劫不复的"恶性循环"。

巴菲特有句名言:别人疯狂的时候我恐惧,别人恐惧的时候我疯狂。套用这句话的模式我想说:别人浮躁的时候我要学会踏实。踏实就是要找准方向,敢下狠功夫,不管是在技术能力还是在运作模式上。有了"九阳神功"护体,张无忌才能把平淡无奇的功夫发挥出巨大的威力。就像今天企业所热衷的商业模式、移动电商一样,很多人只看到了模式的精妙之处,没有看到模式背后的能力要求。滴滴的模式很新颖,没有强大的资源支撑推动,能做出今天的成绩吗?一定不能。很多企业在"转型"上的失败,更多不是模式本身有问题、不是方法有问题,而是自身能力有问题,少了"九阳神功"护体。如果看不到这一点就去否定"转型"的尝试,只能使得自己更迷茫。所以,企业要想成功,就一定要敢下狠功夫,别人做不到的你做到了,成功一定不会是别人的。

总之,面对经济环境的变化,无论是互联网+也好,模式创新也罢,新趋势和新概念总会带来"乱花渐欲迷人眼"的境况,重要的是企业要学会"慧眼识真伪"。对企业来讲,尽管转型是一个必需的课题,但是转型绝对不是一件着急的事，守好底线、找准方向、追求专业、敢下狠功夫才是最重要的前提。

韩旭，品牌农业孵化导师，中国品牌营销实战专家，正知正行（北京）品牌机构创始人。出身于市场一线，15年营销实战经验，专注于企业品牌竞争力研究，不断践行"在行动中思考、在思考中行动"的做事理念和准则，先后为山庄老酒、味道府、大名府酒等众多品牌提供咨询服务。

著有《中小农业企业品牌战法》等。

企业与个人的"转型·实践"

周荣辉

随着社会、科技、市场等的成长,人的需求也会随着转变。企业提供的产品和服务也需要随着转型才有机会实现可持续(Sustainable)经营和发展。

一、转型

笔者过去40年的经历,是从一名英国皇家注册会计师,随着个人的生命周期、环境和经济周期的发展而不断转型到不同的产业和地区,如下表所示:

笔者过去40年经历转型表

1977—1978	1978—1980	1979—1981	1982—1986	1986—1997	1997—现在	2007—现在	2013—现在	2016—现在
证券	证券	房地产	贸易	投资咨询	房地产	幼儿园	餐饮	作者、咨询
新加坡	香港	香港	新加坡	台北	上海	上海	上海	上海

根据这些不同产业和地区的经验和教训，笔者有以下观点想跟读者分享：

（1）有些人对"创新转型"有着巨大的误解，认为创新是一种突发奇想的事件，而没有意识到创新转型其实是一个系统性的进化过程。

（2）不同国籍和专业背景交流的重要性。

笔者察觉，有许多创新转型的企业都是从不同国籍和专业背景的企业家的交流和思考而来。例如，在寿险业的"万能保险"，是一款结合"寿险"和"理财"的产品。根据笔者的了解，此产品是由"证券业"构思而来的。又如阿里巴巴，是由学习"英语"专业的马云推出来的网络平台公司。

（3）观察和探索与本业无关的产业。

米其林餐厅就是一个很好的案例：1900年米其林轮胎的创办人出版了一本供旅客在旅途中选择餐厅的指南《米其林指南》。内容为旅游的行程规划、景点推荐、道路导引等，每年对餐馆评定星级。

所以，定期的阅读、参加异业研习会、异地或出国考察和搜集与本业无关的信息对转型是非常有帮助的。笔者转型到经营贸易、幼儿园和餐饮行业就是这样而来的。

（4）共创的威力（The Power of Co‐Creation）。

当今，许多先进国家的科创基地，都拥有国际不同专业和背景的参与者。这些基地都在创建一个建立人脉、学习技能、发展创新事业的平台。

在这无远弗届的网络时代更是如此，市场或客户都希望能有机会参与到他们使用的产品或服务的价值创造，希望能持续的与企业沟通有关他们的需求和期待。而对企业而言，客户不同凡响的"体验"，是他们创造价值、创新与拟定企业使命和愿景的源泉。所以当今的企业应该从以往只注重生产"给予"，转型到"共创性"的企业。

（5）逆向思考。

掌握"逆向思考"的能力对企业的"转型"也非常重要，因为当人们按照常规思考问题时，常常受到经验的支配，不能全面地、正确地分析事物。因此，如果能以逆向的方式来思考，以不同的背景和角度，采用全新的观点看事物，往往会有新的发现。

一般人都会倾向去经济比较发达的地区寻求发展机会，但是，笔者过去40年却是以逆向思考的模式，从较发达的新加坡，逐渐往经济相对较为落后的地区发展（1978年到香港，1986年到台北，最终于1997年落地上海），因此，能在每个经济较为落后的地区取得比较领先的竞争优势。

（6）企业家的生命周期与人生使命和愿景。

对每位民营企业家而言，能有清晰的人生使命和愿景对领导企业的转型尤为重要。可惜笔者察觉，有很多人对"使命和愿景"的定义还是一知半解！

人生使命，就是你觉得有意义而愿意投入精力的事业，是鞭策你奋斗的那股力量，是每天早上让你起床的原因，甚至是没有期待任何的回报。

人生愿景是一个透过"想象力"（visualization）而让你可以看到你未来的终极"图像"，是一个在宁静的晚上当你想起这图像时会让你感觉兴奋和微笑，而不是一个"感受"，如快乐、安全、幸福等。

一个很重要但时常被企业家所忽略的问题是：企业必须有意识的察觉自己所处的"生命周期"，从而决定是否应该对之前所拟定人生的使命和愿景做"转型"。因为个人会随着时间的推进而有所变化，如健康、兴趣、年龄、子女的成长、经济和环境等。

每个人的人生使命和愿景又会受个人的信念Beliefs所影响。然而，牵制个人信念的却是个人的自我价值和自我效能。

（7）想象力。

在拟定人生愿景时，必须发挥个人的"想象力"，在自己心中创造出相关的"图像"，并让它们像实际在发生一样。其中一个很有效的工具就是利用"思维导图"（Mind Mapping）来帮助你。

（8）六顶思考帽（6 Thinking Hats）。

另一个笔者强力推荐的思考工具是"六顶思考帽"。这是英国学者爱德华·德·博诺（Edward de Bono）博士开发的一个全面思考问题的模型，也是避免失败风险的手段。它提供了"平行思维"的工具，避免将时间浪费在互相争执上。强调的是"能够成为什么"，而非"本身是什么"，是寻求一条向前发展"转型"的路，而不是争论谁对谁错。

二、实践：转型的自我领导力

在实践上，企业家应该如何领导企业的转型？需要做哪些事情？它们怎样的优先顺序才能达到比较理想的效果呢？笔者认为一个比较务实的战略和过程应该是：

（1）**市场验证**。

这阶段是寻找愿意为你所提供的"精益产品或服务 Minimum Viable Product（MVP）"支付金钱的潜在客户。此潜在客户的数量应该足够让你进入基本的营运或生产阶段。

（2）**营运验证**。

这阶段是确保有效的提供有质量的产品或服务的营运模式，以解决或满足客户的需求，并调整产品或服务的内容以便能更进一步的开发新客源。

（3）**财务验证**。

建立系统以便面对扩张和提升适应市场变化的能力。同时，物色相应的团队成员来管理所建立的系统，提高效率。

（4）**可持续发展验证**。

建立能不断自我创新和创造的系统和文化，以便让企业能自我持续发展（Self–Sustainability）。

持续的研究发展，是笔者在年轻时所学习到的，即"今天的利润是从今天的业务而来，但是，明天的业务却是从今天的研发而来"。这是一个让企业能持续、务实转型的手段。以笔者投资的幼儿园为例，我们是从2004年开始研究幼教产业的可行性，而在2007才投资经营。

下图是一个有助于个人或企业的"转型自我领导流程"，供读者参考：

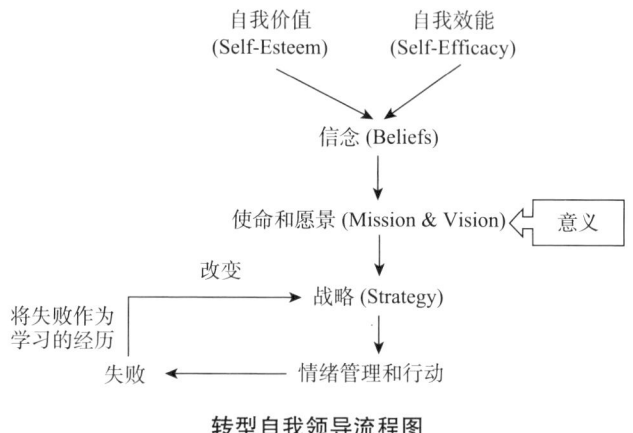

转型自我领导流程图

周荣辉，英国皇家资深注册会计师（FCCA），美国高尔夫教练联盟会员（USGTF），盛世香樟苑别墅执行董事，上海乐景运动幼儿园董事长，个人及家族企业财务顾问。现《华东科技》杂志战略合作，提供"创新创业"培训及辅导。邮箱：1922089354@qq.com。手机号码：13901896100。

著有《写给企业家的公司与家庭财务规划——从创业成功到富足退休》等。

创业成功企业持续上台阶的 9 个难点

贺兵一

根据有关调查研究显示,40%~60%的企业会在创业成功后的1~4年退出市场。为什么企业创业成功后,要进一步发展、上台阶会这么难呢?根据我们的分析、研究,认为有以下几方面的原因。

一、从老板的管理能力方面看

企业创业期,由于人数少、规模小、管理层级少,主要考虑的目标是如何获得业务、生存下去。企业能够创业成功,关键是老板抓住了"机会"。这些"机会"可能表现为老板在某些方面具有优势,如在技术方面、市场方面、人际关系方面等。管理方面的问题不突出,或者说对于老板的管理能力要求不高。老板的管理方式是"粗放式"的。

企业发展期,由于企业规模扩大、人数增加、管理层级增多,主要考虑的目标是企业如何上台阶,进一步稳定、持续发展。这就需要考虑更多、更深层的管理问题,如:

(1)分析企业:企业有什么优势、劣势?

（2）分析外部环境：外部环境对企业有什么机会，或者威胁？

（3）确定企业的愿景：企业到底要做成什么样？企业的努力方向在哪里？如何取得长期成功？

（4）老板自己的管理观念、能力是否满足公司进一步发展的要求？

（5）企业的治理结构、组织结构、流程是否满足企业进一步发展的需要？

（6）企业文化是否与企业的发展相一致？

（7）如何建立适合公司发展的、有效的管理系统？

（8）应该制定什么样的变革方案及如何推动、实施变革？等等。

由于增加了中高层管理人员，要求老板的管理方式不能像创业期那样还用"粗放式"，而是要用"专业式"的管理方式。这些都对老板的综合管理能力提出了更高的要求。

二、从做决策方式方面看

在创业期做决策，一般都是老板"凭感觉"，"感觉"可行，一拍脑袋，一个人说了算。没有经过严密的分析、论证。这种做决定的方式显得"粗糙""草率"，没有根据，不科学。因此，常常是做了决定后很快就改变了决定。

在企业发展期做决策，由于涉及的资金、利益、要考虑的因素较之创业期要大很多、复杂很多，这就要求老板做决策时，不能是拍脑袋就算了，而是要进行科学的分析、论证。

三、从企业的管理能力看

企业在创业期，由于企业小、人数少，可以说老板的管理能力就是企业的管理能力。什么事都是老板自己在管，没有中层管理者，或者说缺少中层管理者；也没有管理系统，或者说管理系统很粗糙、水平低。

企业在发展期，由于企业规模的扩大，就必须增加中高层管理人员。如果从原有的员工中提拔，他们一般都缺少中高层管理能力与经验；而从外部聘请中高层管理者，他们有一个熟悉企业、与企业配合的过程。不管怎样，都需要提升中高层管理者的管理能力，也就是要提高公司整体的管理能力。

四、从销售与服务方面看

在企业创业期，一般来说，销售与服务都是老板亲自在做，或者说亲自在管理。效率与质量都有保证。

在企业发展期，一般来说，销售与服务都是一线员工在做，通过中高层管理者来管理，老板监督。这对一线员工及中高层管理者在销售与服务方面提出了更高的要求。

五、从员工心理方面看

在企业创业期，由于企业小，员工跟老板朝夕相处，知道、了解老板创业的艰难，感受老板的努力、勤奋。因此，也能跟着老板努力、踏实地工作。

但当老板创业成功、赚钱了，员工，特别是骨干员工就会想：老板能有今天，赚了钱，也有我的功劳，看老板如何对待我。如果不能解决好这个问题，对创业成功后进一步发展会产生很大的问题。

六、从企业凝聚力方面看

在企业创业期，由于企业小，老板与员工的关系都比较好，大家目标一致，维持企业的凝聚力比较容易，企业的凝聚力强。

而在企业发展期，由于企业规模的扩大、人数的增加、管理层级的增加，再加上员工心理的变化等因素，使得维持企业的凝聚力要比创业期困难很多。这也对老板的能力提出了更高的要求。

七、从老板自己的心理看

企业创业期，由于创业艰难，老板总是在为如何生存下去奋斗、担心。老板总是将自己放在踏踏实实、勤勤恳恳的位置上，使得老板能够正确、客观地评估自己，评估自己的能力、所处的状态，能够听进不同的意见，从而做出正确的决策。

企业发展期，由于创业成功，此时老板很容易产生骄傲、浮躁情绪，不能够正确、客观地评估自己，正视自己的不足；听不进不同的意见，轻视企业进一步发展所面临的困难。这很有可能做出不符合实际的决策。同时，很容易将成功完全看成是自己个人努力的结果，忽视员工，特别是骨干员工的作用，等等。这些都有可能成为日后企业进一步发展的阻碍。

八、从创业期遗留问题看

企业创业期，由于主要目标就是如何生存下去。所以，很有可能采取了一些有效的权宜之计。如股权结构不合理，为了拉关系，让关系人的亲戚进公司等。

这些在创业期可能很有效的方法、权宜之计，在企业发展期如果不能很好地解决这些问题，这些问题可能就成为企业进一步发展的包袱，或者说是阻力。

九、从老板对企业上台阶、进一步发展的认识看

由于老板创业成功，而一般又不是靠管理来成功的，这使得老板对企业上台阶、进一步发展认识不清。表现如下。

（1）没有认识到发展期做企业与创业期做企业所需要能力、技能的不同，还认为用创业期做企业的那套方法去做也能够成功。

（2）没有认识到管理的重要性、专业性、门槛性。

（3）没有意识到企业上台阶、进一步发展的难度。

（4）对企业上台阶、进一步发展的潜在问题、风险、陷阱认识不清。

总之，企业创业成功后要上台阶，从时间上看，好像是顺势而为，继续顺势做企业；但从本质上看，是突破，是老板的自我突破，是企业的自我突破。否则，企业很容易将创业成功的红利消耗掉。这也是这么多企业在创业成功后就很快失败的原因所在。

贺兵一，在管理、销售方面具有丰富经验的复合型专家，精于管理改善，业绩提升。具有在外资跨国公司、国营企业、民营企业等不同类型企业担任管理工作的背景，以及从基层、中层、高层到总经理等不同管理职位的经历；对于不同的销售形态，如柜台销售等有丰富的实践经验及进行过深入的研究。

著有《向高层销售：与决策者有效打交道》等。

坚持还是转型

黄中强

3年前,因为孩子上学的原因,我们一家搬到了与中关村西区一路相隔的某小区居住。

对于中关村,我真是太熟悉了,20年前我就曾在一家中关村的公司上班。对于刚从国家部委出来的我来说,中关村是一个崭新的世界,这里满眼基本都是年轻人,人家脚步匆匆,目光坚定,大街上人来人往,商铺林立,感觉充满了活力和希望,街旁略显老旧的简易楼外树立的招牌上的公司名称也大都如雷贯耳。随后的十几年里,不少中关村的公司发展迅速,有些甚至进入了世界五百强的行业,就算没什么特色的小公司,利用地理位置和信息的优势,只要肯干,老板一年挣几十万元上百万元也不是难事。

最近几年,随着场地和人工费用的不断增长,在京东、淘宝等互联网企业的冲击下,大批在中关村做电子产品分销和零售的公司举步维艰,日子越来越难过,就连号称中关村一号的海龙大厦等几个IT产品大卖场也关门转型。在我搬过来后的这三年里,眼见着中关村街上物流公司等待收货的车逐渐减少,街旁边经营电子产品的门脸也慢慢被餐饮、服装、美发等其他行业占据,拥挤的街道变得畅通起来,中关村的IT产品销售行业真的是萧条了。

几年来同熟悉的中关村公司老板聊天，大部分人都在抱怨生意不好做，有人说目前经济下滑，购买力不行了，有人说电子产品网上价格太透明，传统门市挣不到钱。有人说销售费用太高、租金贵，人员工资增长太快，不少人表示如果明年还这样就洗手不干了。我忍不住问他们，既然网上销售对你们的冲击那么大，为什么不自己也上网销售？大部分人回答习惯了做门市生意，不愿意再改变了。

中国有句古话叫"三十不学艺"，意思是30岁时一个人就基本定型了，30岁以后就很难再接受新鲜事物了，真是这样吗？

我留意了一下那些网上做得很好的IT产品销售店铺，发现大部分业主是原先就在这个行业里做的公司，而且其中很多还是些名不见经传的小公司。大概穷则思变，船小好调头，有生存危机的小公司对于新的发展机会更加敏感，由于介入互联网销售比较早，很多小公司已经从偏安一隅的地区型小企业发展成做全国市场的大公司，规模甚至超过了原先那些著名品牌的总代、一级分销商等上游企业，所以我感觉买卖方式的变化并不是让整个IT营销行业没落了，而是一部分企业后来居上发展起来取代了原先那些故步自封不思变化的"著名"公司。

所以，坚持固然重要，但是随着外部环境的变化，转型才是获得生存发展的关键，下面就是我遇到的两个典型案例：

常勇是一个我认识十来年的老朋友了，起先他在中关村租了一个柜台，销售考勤机、监控设备等电子产品，当时生意还不错，但由于价格竞争激烈，也挣不了太多钱，就这样不温不火地维持了几年。后来他发现小区门禁改造这块市场比较大，利润也比单纯销售设备丰厚不少，于是他果断转型，主动出击，跑遍了北京市各大小区，与物业合作，采取免费安装设备，与物业分成销售门禁卡的形式承接了不少小区的门禁改造工程，此后公司规模迅速增长，年销售利润的增长也超过了十倍。现在面对同行挣不到钱生意难做的抱怨，他感慨地对我说："如果当初不转型，安于现状，没准现在我混得还不如那些同行呢。"

马文是我认识的另一个中关村经销商，他一直销售传真机。前些年生意好的时候挣了不少钱，不仅在中关村某著名大卖场买了一个精品间，还在北京买了好几套房产，公司员工也有三四十人，用他的话说："每年闭着眼睛都能挣大几百万。"后来传真机销售开始走下坡路，中国市场整体销量以每年30%的速度递减，而同行竞争却趋于激烈，单台销售利润直线下降，马文的公司开始面临生存危机，是继续死扛，还是尽快转型？

当时中关村卖场的IT产品销售业绩开始下滑，生意逐渐难做，马文的不少同行一边继续降价竞争，一边悲观地发表言论："在中关村继续卖传真机是等死，改行卖别的是找死。"马文在一番思考后发现，他代理的某著名品牌厂家不仅生产传真机，还生产空气净化器，而当时北京的PM2.5污染问题正炒的沸沸扬扬，口罩、空气净化器大卖。于是马文找到厂家，要求做该品牌空气净化器的北京代理，厂家也正好有这方面的需求，双方一拍即合。随后的几年，空气净化器非常畅销，产品经常供不应求，马文天天忙得四脚朝天，常常发愁的不是东西卖不出去，而是无货可卖，公司利润也就不用说了。此时他的那些只知道抱怨的同行呢？大部分已经销声匿迹、人去楼空了。年初我再次遇到马文时问他："如果过两年空气净化器卖不动了，你怎么办？"马文笑笑说："市场那么大，可做的产品太多了，活人总不能被尿憋死，我正在洽谈代理新的产品，再也不会吊死在一棵树上了。"

看来做事情坚持固然很重要，但到了山穷水尽时，转型才能够生存。放眼望去，现在中关村核心地区已不全是电子产品卖场，创业空间早就占领了半壁江山，所有说坚持固然不错，但并不代表必须等死，在外部环境不断变化的情况下，企业应该顺势而为，创新和转型才是发展的不二法门。

黄中强，1991年毕业于北京航空航天大学，于20世纪90年代中期开始创办自己的公司，二十年来基本只在一个行业上盈利：办公设备的销售及维修。总的来说，黄中强不太擅于交流，他写的比做的好，做的比说的好，为人比较保守。

著有《边干边学做老板》等。

商业模式升级

中国大时代：结构性的战略机遇期

王庆云

当清朝最优秀的三位舵手在东方开始励精图治时，已然开始了误我中华数百年的历史。原因很简单，与西方工业革命的精英们相比，我们的船长们一开始就选错了航道，之后再怎么迎风破浪，都注定了以悲剧收尾。

这样的危险正在向当下的中国企业界袭来。野蛮成长起来的本土企业刚刚放下粗粝的马鞭、叩响精细化的大门，然而此时播下的或许正是一枚灾难的种子。因为这个世界变了、游戏规则变了。在当下的中国商业生态中，运营性机会是小机会，结构性机会才是真正的千载难逢的战略性机遇。专注于运营效率提升的企业，或许赢得了一次战役，但却输掉了整场战争。在这个看似纠结的和不容乐观的中国经济新常态里，我们必须对其基本面有一个清醒的认识和判断，最大的机会一定在这个最大的基本面里，这个基本面可以从三个层面来看。

（1）宏观上：结构重组。

（2）中观上：产业整合。

（3）微观上：企业并购。

三个层面无一不是结构性的命题。从量变上看，新常态或许会让很多生意人不容乐观甚至情绪低迷，但从质变上来看，新机遇却足以让真正的企业大家、产业大家兴奋乃至亢奋，因为这才是他们渴望的大时代、纵横捭阖的大时代。

这种结构性机遇概括起来，可归结为八个方面。

（1）新生代崛起和消费升级带来的需求变革。

（2）移动互联网带来的人与人的重新链接。

（3）大数据跃然成为现实的、独立的、强势的生产力要素。

（4）供应端向柔性化身段转变。

（5）从个体竞争、产业链竞争走向生态竞争。

（6）产业和资源在国内和国际两个市场的再次变迁和重新配置。

（7）人的聚合与觉醒让内外部组织焕发出崭新的生命力。

（8）资本的力量强势催化所有可能。

这八个方面，无论是正推也好、倒逼也罢，顺之者昌，逆之者亡。

如果更本质一点，就结构性的原理做出描述，个人的观点是：人与人之间的重新链接、利益与利益之间的重新分配，基于此的自我和价值的重新定义。无论是从战略上、组织上、业务上无不如此。

（1）人与人之间的重新链接：包括我与客户之间的重新链接、我与员工之间的重新链接、我与合作伙伴之间的重新链接……我与一切利益相关者之间的重新链接，乃至相关利益者之间的重新链接，按照怎样的关系链接、怎样的形式链接、怎样的强度链接、怎样的黏度链接等。在这里，生产关系就是生产力。

（2）利益与利益之间的重新分配：与以往侧重于分工、协作相比，我们更应该学会如何分赃，好听一点就是发挥分享的力量。在此特别说明一点，未来的格局一方面会越来越清晰；另一方面也一定会越来越混乱，因为它注定了是一场没有边界的战争。不仅伙伴之中你中有我、我中有你，敌我之中也必定是我中有敌、敌中有我。发展到一定时期，甚至是左右手互博。以打促合、争夺筹码、合中有分、互为掩护，在竞合中将利益做大、将利益瓜分。

（3）自我和价值的重新定义：重新定义我是谁、我要面向谁、我要成为谁？重新定义我的价值何在、我的能力何在、我的"赢的道理"何在？重新定义我的血、肉、筋骨和魂魄。一方面，要不停地往前看；另一方面，也要时时回过头来看看历史开始的地方、望望自己的初心。有太多的人走路走久了，不自觉忘了当初为什么要走。

我们该如何抓住结构性调整的历史性机会呢？建议可以从以下五个方面去努力。

（1）牢固树立结构效率大于运营效率的正确理念，无论是社会结构、产业结构、组织结构，首先打量结构效率、结构痛点、结构变革大趋势。

（2）必须明确自身在结构性机遇面前自己要成为什么，该战略选择必须符合社会和产业变迁中结构性调整的大方向。要有高度，有高度才能形成位能、势能，才能从高处整合、从广度整合；也要有温度，因为拼到最后，本质上是文化博弈和价值观之战。

（3）充分发挥共享经济的力量，激发人的力量，让变革依靠的核心力量主动、积极地投身到这一变革中去。当然，这种共享不仅仅是物质方面，还有精神方面、自我达成方面。

（4）花更多的精力研究年轻人，即使你的客户是老年人。年轻人代表着社会的未来，也就代表着商业的未来。

（5）熟练资本运作的技术。驾驭得当，它就是你的赤兔马；驾驭不当，或许就会被它吞噬。但资本运作已经不是你可以选择做或选择不做的问题了，只是做好做差、玩资本或被资本玩的问题。业务运营和资本运作是优秀的企业操盘手必备的双重能力，缺一不可。

不谋全局者不足以谋一域，不谋长远者不足以谋一时，在这个宏大的历史背景下，越发的彰显其真理性。我们必须先从大处纵览发现结构机会、然后才是细节改善提升运营效率。因为这个时代，赛道比赛马重要，选择比努力重要（原来的时代，什么都能赚钱，只要干就行了，自然无所谓赛道和选择）。解构、重构，在结构性的战略机遇期中，一定会有人一举成为巨鳄，书写一段传奇佳话，也一定会有人黯然离场或者成为配角。大风起兮云飞扬，历史的大潮才刚刚开始。这是一个大时代：中国的大时代。

王庆云，建材家居营销与管理咨询顾问、培训讲师，渠道与终端运营管理专家，连锁运营体系构造师。服务项目：全友终端运营体系建设与样板市场打造；大自然营销咨询与样板市场打造；皇派终端运营管理提升与样板市场建设；东鹏终端运营诊断与管理提升；诺贝尔区域市场诊断与建议等。

著有《建材家居经销商实战42章经》等。

四个维度看互联网商业模式

柏龑

中互联网商业模式从门户网站发展到现在移动互联网时代,我们尝试从数据传输方式、用户心理需求和资源配置几个角度分析一下中国互联网商业模式发展的规律和未来的可能性。

一、从数据传输方式看

互联网商业模式可以分扇形传输、圆形传输和网形传输三个阶段。

扇形传输结构:用平台或者工具为用户提供点对点的数据传输,如门户网站新浪、搜索引擎百度、杀毒软件360、网站导航hao123、淘宝等。这些模式的显著特点就是流量的广告变现。这种模式并没有创造新的需求,只是把原来就有的东西互联网化了,让用户更方便而已。

圆形传输结构:以某一工具为连接点的多对多连接方式。这种传输方式就像是一个圆形,穿过圆心的直线可以有N条。圆心就是平台或者工具,圆周就是所有用户。现在的滴滴出行、微信、QQ等都是这种商业模式。这种商业模式的收入特点是主要来自于用户的增值服务。这种传输方式还有一个固定的连接点，并没有完全去中心化，数据还是有中心的。

网形传输结构：多个信息连接点的网状结构。这种模式要基于未来的技术创新，真正的去中心化，每个终端都是一个数据处理中心，是基于智能化的数据处理中心，具有学习能力，会更多的减少用户的使用难度。从科技未来的发展方向来看，应该更快、更智能。

二、从用户需求角度看

互联网用户群的需求完全符合马斯洛需求理论，在不同的阶段有着明显的阶段性需求变化。消费者在满足了基本的生理需求后，互联网的商业模式是从消费者的安全需求开始的。

安全需求：最直接的就是了解世界、了解社会，所以信息很重要。这个阶段的互联网更多的是媒体属性，三大门户网站、各种论坛等。基础的社交也是满足消费者的安全需求的一种形式，最早的社交也都是基于信息传递的，比如腾讯早期的功能。

社会需求：消费者社会化需求表现为精神生活的多样化。娱乐（爱奇艺、优酷）、购物（京东、阿里、淘宝、美丽说、唯品会），这些都是精神生活升级的结果。以滴滴出行为代表的各种O2O的模式也都是考虑用户的便利性。滴滴解决是出行难题，携程解决的是旅游难题，符合这类需求的商业模式更加多元化、收入来源也更细微化。这类商业模式关注共性的东西大于个性的东西，解决某一大类的痛点是商业模式能持续发展的前提。

自尊需求：自媒体、内容成为这个阶段互联网商业模式的重点。这个时候商业模式就是看谁能很好的把用户展现出来，个性化是这个阶段的重点。个人自尊需求也有一个发展的过程，最开始的时候是文字（博客、微博），然后是图片，现在是视频，满足这类需求的商业模式主要收益来自于单个个体的增值服务。这种商业模式不仅要满足某一大类别的特征，更需要了解个体的需求，在共性中展现出个性的东西。

自我实现需求：这个阶段的用户需求不只是展现自己，而是分享并产生价值，价值的体现是这个阶段的重点。对价值进行评估可能会成为一个重要的商业模式。其实，淘宝的评论及其他各大网站的打分是一种类似的评估系统，但是这个比较初级，评估的内容非常简单，且无法量化。

个人认为这种商业模式并不会从现在的信用评估和淘宝信誉中产生，这需要一个全新的思维模式，要能很好的解决虚拟和现实方面结合问题。也许到那个时候，每个人都像在游戏中一样，自带各种评估数据，可以随时进行交换。

三、从资源配置角度看

商业模式的变化是从解决产品过剩到综合成本降低，再到实现最优配置的过程。

富余分流：从最早的阿里巴巴、慧聪网等商业模式来看，主要为了解决生产商找不到客户的问题，也就是产品过剩的问题。而淘宝网在大量的大学毕业生就业率低、中国城市化进程快的前提下，大量的富余劳动力难以得到很好的安置，解决了富余资源分流的问题。这算是第一代的互联网商业模式。

成本最低：这里的成本最低并不是指直接的产品成本最低，而是指综合成本最低。这个综合成本包含直接的财务成本和与此相关的机会成本。这个时候 O2O 成为这个阶段的主流，滴滴、美团、饿了么都是这种商业模式的代表。财务成本有高有低，但是综合考虑机会成本，用户就划算多了。

最优配置：资源配置的第三个阶段是实现最优的配置结果。这个暂时不太容易实现，但是未来方向应该是这样的。从社会可持续发展的角度来看，最优的配置是零资源浪费。当然不太可能完全实现，但是在发现的过程中，通过运计算、大数据，我们的互联网商业模式和线下的商业模式将会完全融合，那时候并不会有线上线下的区别，多数资源都在一个大的数据库中根据个人的习惯需求进行分配，这样可以逐渐实现最优的资源配置。

四、从商业模式的生态看

我们所经历的互联网商业模式变化是大而全、小而美、生态共赢的过程。

第一代互联网商业生态模式的特点是大。比如当时几个门户网站的功能都差不多，什么都有，新闻、游戏、邮箱、论坛等，能有的互联网功能应有尽有。这时的模式要尽量把客户留在自己的地盘里，尽可能地把自己的圈子封闭起来，实现客户价值最大化。

第二代互联网商业生态模式的特点是小而美。这一阶段互联网商业模式主要是关注用户痛点，简单粗暴，单点突破，专注体验。这一阶段的代表是携程、爱奇艺、触宝电话、拍卖、众筹、互联网金融等，它们都是在某一个特定的领域深挖用户需求，找到客户痛点并做大做强。

第三代互联网商业生态模式是生态共赢。腾讯封闭时的市值是400亿元，而开放后却升到了2 000亿元。开放才是未来的出路，以后小规模的互联网公司都会聚集在一些平台企业中，形成一种商业生态，可以自我循环、自我修复、自我生长。

柏龑，专注于企业营销实战研究，在十余年的经历中，历任企业市场总监、营销总监及咨询公司项目经理、项目总监、合伙人等职务，服务过中小民企、国企及外资企业，涉及工业品、奢侈品、建材、家纺等行业，对快消品行业尤为熟悉。近些年重点研究茶行业，曾同时兼任两个茶企营销总监，积累了多个茶行业的战略、品牌、营销案例，在为企业服务其间，企业业绩及团队建设均取得了很好的发展。

著有《中国茶叶营销第一书》等。

企业转型的三大顶层设计

高继中

自从各行业竞争加剧，给企业带来前所未有的发展瓶颈和生存压力以来，企业的转型升级就成了一个常态化词语。近年来，随着企业经营环境的急剧变化，比如互联网的飞速发展，传播方式、服务方式的改变和颠覆，企业的转型已经从被动转向主动，许多目前活得还很好的企业也未雨绸缪地加入转型的行列，以便更好地适应竞争与自身发展的需要。

我们看到，近几年竞争环境的变化不是微调而是巨变，在这样的市场环境下企业如何成功实现转型变革呢？

企业最彻底、最本质、最系统的变革必须从战略层面开始，商业模式就是企业转型面对的首要战略问题。因此，企业转型前必须进行商业模式的顶层设计，以调整经营方向、转变发展方式、提升价值创造力、重塑竞争优势。

商业模式不能简单地解读为企业赚钱的方式，而是企业创造和实现核心价值的经营逻辑，本质是满足客户价值，核心是价值创造。完整的商业模式包括客户价值主张、盈利模式、关键资源配置和关键流程设计。

商业模式的设计是一个大课题，化繁为简，企业转型前夜在进行商业模式设计时有三大重要的顶层设计必须摆在优先思考的位置。

顶层设计一，产品或品类创新。

产品是满足客户价值的核心基因。企业的竞争压力和发展瓶颈来源于很多方面，其中很重要的原因是原来的产品领域已成为红海，或者在新科技的冲击下产品已不能满足消费者需求。在红海中保持生存已经是一件幸事，盈利更成为奢望，科技的革新发展更是摧枯拉朽。因此，跳出原来的产品领域，重新开辟蓝海并成为新领域的领导者是极为重要的战略转型。

产品设计的关键点是抓住行业趋势和创新品类，各行业的成败者都在印证这一观点。

巨人史玉柱是在产品领域转型的代表性人物。脑白金让史玉柱二次崛起后，史玉柱并没有因为感激脑白金而继续在保健品行业停留，史玉柱看到的是保健品行业的夕阳之光，于是将眼光转向了网络游戏领域，后来又控股民主银行，一直走在行业发展趋势的前端，活得潇潇洒洒。

行业领导者诺基亚和柯达胶卷的没落正是因为没有抓住行业发展趋势而导致的。诺基亚这个历史上销量最大的手机品牌，被苹果甚至被国产二线智能手机品牌轻松超越，最终退出市场。柯达胶卷也是因为没有抓住数码照相技术的发展趋势，一条道走进了死胡同。如果这些曾经的领导者能很好地洞察行业发展趋势，未雨绸缪主动转型，即便不能成为新科技领域的领头羊，位居前三甲还是可能的。可见，拥有了强势品牌并非一劳永逸，永葆品牌青春的法宝仍然是夯实品牌的根基——品类和产品。

顶层设计二，消费服务方式升级。

消费服务方式本质上也是满足客户价值的重要手段。互联网的加入改变的不仅仅是传播方式，还改变了消费者的购买习惯和生活方式，对零售业态也产生了极大地冲击。目前互联网已经不再是一种趋势而是一种现实，不能好好把握，代价很惨痛。如果企业还对互联网反应迟钝，在原模式下故步自封、不思进取，肯定会遭遇"温水煮青蛙"式的渐进式质变。

中国零售微博发布的《2016年中国购物者报告》指出，连续4年来，中国快消品电子商务市场的年增长率高达37%。这一数据显示中国消费者的购物方式、购买地点已发生巨大改变，如果企业不进行消费服务方式的升级改变，被消费者抛弃是迟早的事情。

互联网形态下，消费服务方式升级的关键点是满足消费者更加多元化的产品购买体验、更便捷的购买和支付方式，甚至是参与感。

苏宁电器从2009年打造"苏宁易购"开始，到2014年完成前台、后台、内部管理全面接轨互联网、O2O模式落地。2014年，苏宁云商营业总收入达到1 091.16亿元，全年实现盈利9.46亿元，同比大涨555.28%。在这一利好形势下，苏宁乘胜追击，2015年明确提出了全面对标互联网市场的服务方式转型方向，实现"极速发展、极致体验和极效协同"的"三极裂变"。在该目标指引下，苏宁运用开放、分享的互联网思维，面向用户搭建互动参与平台，加强与用户的黏性，让用户参与苏宁的体验优化、营销推广和产品设计；面向供应链搭建开放协同平台，建立互联网环境下响应用户需求的快速供应机制和畅销单品机制。

顶层设计三，竞争规则的变革。

有了好的产品和好的服务是企业或品牌立足市场的根基，企业的盈利能力才是企业能够发展壮大的直接保证。盈利模式通常与销售和运营相关，比如定价策略、交易方式、交易层级、交易成本等。企业一定要根据市场环境的变化敢于打破原有竞争规则并制定新规则。

当很多企业还在强调渠道扁平、通路精耕、区域深耕的时候，今年农夫山泉重新推行大客户制，通过减少劣质经销商数量、减少管理层级、减少助销人员、减少点对点物流配送成本等方式，从整体上降低了运营成本，更利于稳定市场价格秩序。当农夫山泉的品牌渗透率达到峰值，分销渠道润滑度高，这种打破原有竞争规则的变革能给企业带来更大的盈利。

海尔集团向平台型企业的转型堪称最为彻底的转型。通过海尔的平台，员工可以成为"创业者"，在海尔的大平台上自己寻找创业机会，人人都是CEO。海尔这种面向内部员工搭建自主发展平台的方式简化了内部管理，激活了员工的内在潜力。

企业的转型有拐点、有阵痛，做好、做对以上三大顶层设计才有可能化风险为机遇。

高继中，多家快消品企业营销战略咨询顾问，营销竞争战略专家、新品动销推广专家、中华（国）讲师网培训讲师。百亿级快消品知名企业18年以上品牌管理与新品上市推广经历。曾服务或正在服务的企业及项目：白象食品集团、阳煤集团顶吉食品、立白集团（洗涤化妆品）等。

著有《动销四维：全程辅导与新品上市》等。

commercial 商业模式升级

互联网时代企业的变与不变

朱仁健

科斯用交易成长理论告诉我们，当交易成本降低时，企业就不要自己去组织生产，直接通过市场购买。反之，交易成本升高，企业就自给自足，可以纵向一体化，向原料、零配件延伸，也可以向物流、客户端发展，反正是怎么划算怎么干。互联网给我们带来了什么，又改变了什么呢？

互联网的发展的重要效用是提高联结能力、增强沟通效率、减少信息的不对称性，从而降低了交易成本。原来需要在企业内部完成的工作现在可以市场化，因为从市场购买更经济，企业可以集中精力做自己的核心业务，将其他非核心业务虚拟化。人们可以通过互联网组建一个不用天天见面的组织，如美国的客户服务中心可以设在印度班加罗尔，也可以设在中国成都。潘石屹的 SOHO 应运而生，Small Office Home Office，家居办公就是适用这种组织方式的建筑体。当然，也将大型组织小型化或网络化。

互联网最大的功能是促进了信息流通，节省了交易费用。这种节省是同时发生在企业外部和企业内部的。企业外部也就是市场上，企业与客户之间、企业与供应商之间的交易费用降低了；企业内部，部门与部门之间、团队与团队之间、个人与个人之间，通过 e-mail、办公自动化软件、微信群等方式加强了沟通，交易费用也降低了。企业内外部的交易费用同时降低，互相抵消，整体产业组织方式相对维持不变。

互联网同时节省市场和企业内部的交易成本，但节省的程度可能不完全一样。市场起点低，与企业相比，相对更无组织一些，节省的程度相对会更大一些。原来必须放在企业内部的一些交易，现在也可能通过市场实现了。

从企业的"研产销"三大功能看，原来三者之间市场交易成本太高，所以，必须把它们一体化到一家公司屋檐下，才能顺畅运转，生产出有竞争力的产品。现在，市场上的交易费用降低了，行业的产业组织模式发生变化了，"研产销"模式之外，还有可能出现的形式是"研销+产"（如电子代工业）、"研+产销"（如新药研发）、"研产+销"（如汽车分销业），当然，还有"研+产+销"（如芯片业）。这些产业组织方式本身都不是新生事物，互联网只是带来一些微调，比如把一些原来只能用"研产销"方式组织的行业，也带到了市场交易的方向，整个行业一部分市场份额转由上述的四种较新的产业组织方式来组织。

四种较新的产业组织方式中，成为"研产+销"模式中的"销"，应该是一个比较稳妥的互联网创业方向，本质上是为传统行业增加一种新的分销渠道，蚕食甚至取代传统分销渠道。当小米大张旗鼓地宣称为消费者代言、定制、采购时，它没有"生产系统"的包袱，也根本不怕生产商不和它合作。

这种渠道的威力尤其明显，体现在容易标准化的产品上：从图书开始，然后是电器、电子，然后日杂用品、服装，然后是汽车、部分奢侈品等，加上O2O（线上与线下结合）之后的一些新兴行业，在消费品领域看起来无所不包了。比如Tesla汽车不通过4S店销售，而是通过互联网销售，这款纯电动汽车更像一款iPad，只是多了四个轮子。

然而，互联网作为新的分销手段，貌似力扫六合、横行天下，对这些传统行业的产业组织方式的改变却不会太大。互联网再神奇，它们做不出一顿精美可口的饭菜，生产不出一件做工精良的西服，制造不出一辆风驰电掣的汽车。渠道为王还是产品为王，从来都取决于二者的相对谈判力，没有谁是天生的真命天子。传统行业学习互联网分销，有可能，眼下传统行业风起云涌的自营电商、互联网营销是这个趋势的写照。

互联网分销企业之外，还有作为互联网基础设施提供商的各个互联网平台企业，提供搜索（百度）、社交（腾讯）、支付（阿里）、安全（360）等服务，淘金的没发，卖铁铲的倒是挣到大钱，他们自然是最大的赢家。还有因为互联网技术才得以产生的全新行业，如微博（Twitters）、评分（大众点评）、私车（易到）、小额金融服务（余额宝）等，应该都会成为互联网时代的赢家。

黄太吉、雕爷牛腩、众安保险、微众银行等新兴企业，努力拥抱互联网，在产品、服务尤其是营销方式上，确实做了很多可贵的创新，值得广大传统行业的企业学习。一些更为深刻的关于互联网的思考，如社区/社群商业、消费者的自组织、产品的媒体属性、粉丝经济、客户化定制（C2B）、分享经济等，都没有走出大家都非常熟悉的克里斯·安德森2004年提出的长尾理论的范畴。这些思考都非常有道理，而且有理想主义成分，激动人心，但很长一段时间内，它们估计只是让长尾变得稍微肥一点点，对整个产业组织方式形成很大的挑战的可能性不大。

无论"互联网+"还是"+互联网"的企业只能响应需求、满足需求、创造需求，互联网企业更加尊重人性，但互联网改变不了人性。在互联网时代，企业依然遵循产业社会的基本法则：提高效率，创造客户。互联网企业或传统企业只是以不同的方式提升客户的价值与体验，透过云里雾中的花哨概念，企业的"魂"依然只能是"客户"，但需要企业更加开放、平等、参与、分享。互联网改变了企业经营之"术"，互联网改变不了企业经营之"道"。企业拥抱互联网的同时，不能被互联网裹住了手脚，成为网中之鱼。

朱仁健，国际注册咨询师、高级文化师、卓越绩效管理专家。对企业文化、发展战略、人力资源等领域进行过深入地探索和研究。参与并主持北京邮政、江苏移动、北京移动、重庆移动、驰宏锌锗、中石油管道公司等企业文化项目。

著有《在组织中绽放自我》等。

案例·行业·专业

案例

在二次元的世界里卖油——"坚小果"上市记

余 盛

2015年年底,山东渤海集团决定打造一个全新的调和油品牌,加大对小包装油市场的开拓力度。这是一个充满挑战性的战略决策,因为小包装油市场已经是一个被垄断的市场,特别是调和油领域,某领导品牌仅一款1∶1∶1产品就占据了三分之一的市场。更糟的是,调和油市场虽然体量庞大,但是有下滑的趋势。调和油的总体份额受到低端的豆油和高端的葵花籽油、玉米油等的两头挤压。山东渤海集团虽然是中国企业500强,年产食用油在100万吨以上,位居食用油行业前4强,但是要想成功破局,亦非易事。如何才能挑战市场巨头,杀出一条血路?

对于一个新品牌,要想挑战老品牌,一个屡试不爽的方法是:抓住年轻人的市场。百事可乐就是通过全世界筛选年轻人所喜欢的歌星为突破口,成功挑战了可口可乐的。方向确定后,第一步工作就是创意一个年轻的品牌名称。花了两个月的时间,经过多次的消费者调研,山东渤海集团才最终确定了"坚小果"。这个品牌名称既代表了它所要打造的坚果系列调和油的产品属性,又像年轻人一样充满着朝气和活力。

现在的年轻人,越来越沉浸在二次元文化之中。所谓二次元,包括了动画、漫画、游戏、小说等二维图像构成的作品,其所表现的世界也被称为"二次元世界"。与二次元相对的是三次元,即我们所处的现实世界。"坚小果"要想抓住了年轻人的心,就必须进入二次元的世界。

　　首先是漫画元素。作为调和油产品,瓶标上少不了各种原料的图案,这是让消费者了解产品成分的最直观的表现方式。"坚小果"的坚果调和油瓶标是一颗头戴厨师帽的大杏仁,配上一个盛着核桃、花生、葵花籽和大豆的平底锅,以诙谐的手法将产品配料主次分明地表现出来。在普遍以写实手法描绘原料图案的传统食用油设计中,"坚小果"的瓶标设计极富幽默感,独具一格。漫画元素也延伸到了"坚小果"的各种平面设计中,最典型的是"坚小果"在微信传播中使用的六格漫画,如《三只松鼠偶遇坚小果》等,见下图。

"坚小果"的六格漫画

"坚小果"的六格漫画（续）

（漫画配文：天降大雨，森林看海，咱哥仨一起出发去找坚果。一桶"坚小果"耶！他俩喜欢核桃，我不发表意见。他俩真扛着"核桃"高高兴兴地走了。鼠才啊，我服了。我用尾巴钓油吃。不容易，这可是个技术活……）

做营销不能没有广告片。"坚小果"的广告片长达 1 分钟，制作费用仅仅几万元。呵呵，是不是太省了点？"坚小果"广告片其实就是个动画视频，表现的是一位女神去超市选购食用油的场景。动画视频制作成本低廉，播放效果却很好。没有人喜欢看广告片，卖场里的联播网电视广告，一般都是 15 秒版本的多次重复轰炸，消费者看过一两遍就觉得厌烦。而"坚小果"的动画视频广告，1 分钟的时间可以容纳丰富的故事情节、有趣的旁白解说，让消费者耳目一新，很吸引眼球。当然，1 分钟版本的广告不可能通过卖场联播网投放，价格太贵了。"坚小果"自有办法解决。目前，平板电脑普及化，价格已经很低。"坚小果"所有的促销员人手一台平板电脑，直接将平板电脑放在货架、堆头上进行广告播放即可。

8 月份，里约奥运会盛大开幕，"坚小果"也来凑个趣。"坚小果"开发了一个时下流行的 H5 小游戏——"征战 RIO2016，挑战篮球巨星"。参与游戏者拍着篮球往前冲，途中必须避过"坚小果"帅哥的阻拦。坚持 15 秒以上时间的即可参与抽奖，所获得的成绩还可参与排名。上线三天时间，参与游戏人数就超过了 1 000 人，排行榜第一名的成绩是 59.46 秒。

当然，随着参与人数的增多，这个成绩也很快被不断刷新。

在这个宅居风行的时代，越来越多的人，尤其是年轻人选择在网上买油，重视年轻人市场的"坚小果"自然不会放过这块阵地。"坚小果"的电商产品详情页设计别具一格。比如，一款美藤果调和油，点击进去，你会觉得自己来到了一个南美热带雨林主题的动物园，火烈鸟、树懒、美洲鹦鹉、巨食蚁兽……一个比一个萌。只要你能留下深刻的印象，知道美藤果油是源自南美洲的就OK了。在互联网时代，一个京东就有成百上千种食用油。记忆力早已是稀缺资源，能够赢得关注就是生产力。感觉美藤果油与众不同，再了解到它被誉为"长寿油王"，印加文明对之已有几千年的食用历史，你是不是就该很有购买兴趣了？

大家都知道，互联网时代流量为王。要想获得流量，常规的方法有两种：一是花钱投广告，二是惊爆价特卖。这两种方法的成本是越来越昂贵，效果却越来越差。"坚小果"另辟蹊径，在制造优质内容和开拓传播渠道上做文章。例如："今日头条"是个正在快速发展的新媒体，在有关美食的话题上，《美食与美酒》和《美食堂》是两个经常上首页推荐的栏目，一个帖子动辄有十几万、几十万的阅读量。多数消费者都会联想到那两个同名杂志，但其实并不相关，都是"坚小果"在运营。巨大的流量为"坚小果"获得了很好的广告传播效果，帮助"坚小果"官方微信吸引了大量粉丝，并且给电商平台带来了实实在在的销量。

当然，食用油的主要购买群体还是35到65岁的大妈级人物。食用油的电商渠道销量虽然增长很快，但仍然只占到食用油总销量的几个百分点，商超渠道还是食用油的主要销售渠道。"坚小果"以漫画、动画、游戏等二次元文化为主要武器杀入市场时，仍然需要考虑到让各种设计元素也同样适应中老年人的审美趣味。比如说，主打产品坚果调和油以中国红作为瓶标主色调，线下宣传物料从堆头到广告牌都是"江山一片红"，满足中国传统文化对吉祥和喜庆的偏好。终端阵地作战，传统的营销手段如促销员、堆头、店内外广告、促销活动等，一个也不能少。该特价的做特价、该买赠的做买赠、该捆绑的做捆绑、该上的新闻要上、该投的广告要投。既要高大上，也要接地气。两手都要硬，"坚小果"才能在看似铁板一块的食用油市场中硬是杀出一条血路。

经过长达半年时间的准备工作，"坚小果"系列调和油于2016年5月份正式上市华南市场。"坚小果"系列调和油短时间内迅速切进深圳、广州和上海等一线城市，在广东、福建、广西、四川和江西等多个省份掀起红色旋风，顺利打开局面。"坚小果"在京东商城一上市就受到宅男宅女们的热捧，短短一周时间销售额突破20万元。"坚小果"成为2016年小包装食用油市场上最耀眼的一颗新星。

余盛，营销学硕士，13年服务于某超大型跨国粮油营销企业，先后负责过多个全国性知名小包装食用油品牌的市场管理工作，拥有调和油、大豆油、菜籽油、花生油和芝麻油等多个食用油油种的丰富营销实操经验。

著有《食用油营销第1书》等。

两个建材经销商的转型实践

黄润霖

一、现状

二十多年前,老赵就开始在灯具行业里摸爬滚打。从 2000 年开始,一门心思做经销商,老赵的事业慢慢走上了正轨,生意日渐红火。在地产高速发展的近十年,老赵在市区连开了 3 家专卖大店,年零售额轻松过千万元,成为 P 市灯具市场不可小觑的零售力量。

位于 P 市 1 000 公里外的 W 市,经销商老李和老赵比较起来,显得很不入流。老李是做家电维修起步,也接了些品牌的售后维修业务。因为有着良好的政府关系,他的客户大多数都是企事业单位、政府单位,维修范围从过去单纯的家电维修扩展到水电修理、管道维护、设备养护等,甚至是客户提出的其他个性化服务。经过十多年的发展,老李的维修中心常年的专职维修工将近 50 人,各类专业的维修器械投入近百万元。

二、危机

2010年后，受到各方面因素的影响，地产迅速降温，以天猫为代表的B2C市场的快速崛起，对线下实体门店的冲击无异于雪上加霜。随着建材产品销售趋势的急剧逆转，老赵除了位置很好的1家专卖店还能略有盈余外，其他2家专卖店，摊上人工、房租、水电等日常消耗，基本上是开一天亏一天。

W市的老李也有自己的烦恼。"十八大"以后，政府和企事业单位的各个外包项目，招投标的透明度越来越高，过去单纯靠关系拿项目的可能性越来越小，老李也急需寻找新的业务渠道来突破自己的瓶颈。

2015年绝对是O2O的风口，知名的就有打车的滴滴、餐饮的美团、洗车的e洗车、做家政的熊猫拿拿等。而在其中，就包括以居民水电维修为突破口的"××修"品牌，他们以APP软件为平台，以各类灯具、管材门店为据点发展水电工，以门店推广来发展用户，通过低价年费的方式，将低频消费变成打包消费。"××修"借着O2O的风口，2015年在线下各个渠道大肆招商和发展网点。

三、选择

对于身处不同城市的老赵和老李来说，成为"××修"品牌的线下经销商是一个不约而同的选择。

对于老赵而言，电工师傅是合作伙伴，平时按安装灯具的件数收费。当然，因为长期合作，有时安装的价格比较优惠。这些水电工在为用户提供安装服务时，还能帮助自己推销店内的产品，也算是一举两得。自己注册成为线下维修的签约网点，并将手头上的水电工发展成为在"××修"平台上的注册维修师傅，实际就是在自己不增加任何成本的情况下，多了一条拓展生意的渠道，增加了溢价收益，这不就是现如今最火的分享经济的概念吗？

老李更是义无反顾地要加入"××修"线下签约网点。他本来就是维修团队出身，有着大量的专职维修人员，正需要从单纯的企事业单位的维修服务转到尝试民用维修业务的道路，老李认为自己的模式才是真正的分享经济的概念。但是，早期"××修"品牌来到W市拓展市场的时候，"××修"市场负责人认为，只有拥有实体建材门店的经销商才是"重资产"经销商，有恒产才会有恒心，建材门店类型的经销商才是发展用户的核心。只是考虑到W市一直没有开发出像样的门店经销商，而老李又反复沟通、再三要求，W市的维修中心经销权才最后批给了老李。

四、结局

2015年O2O的风口一过去，大批O2O的创业项目被拍死在沙滩上，维修平台的O2O也不例外，"××修"的运营也明显受到了影响。像老赵这种建材门店型的线下维修网点，刚刚入伙的时候干得挺欢，发传单、进小区、联合居委会和街道办事处的力量做宣传，但最后发现加上厂家支持的五六十号人马，在一个地级市辛辛苦苦干了三个月，最好的时候一个月也只能发展不到100位付费的注册用户。

老赵发现：居民用户确实对水电维修有潜在的服务需求，但是当用户家里的马桶不漏水、水管不堵塞、灯具不爆掉的时候，用户的消费痛点是无法激发的。绝大多数的老头、老太太都是手上接过传单，嘴上说"哎呀！这是一个好东西"，但是边说边拎着装满青菜的塑料袋，最后补充一句："我家里东西坏了，一定打你们的电话！"而那些拿出真金白银购买年度用户资格的人，都是家里已经出现了水电故障，急需提供维修服务的人。"××修"的年费不到200元/年，在天猫家装馆的上门收费标准，一盏吸顶大灯的一次性收费，有些企业都超过200元了。门店掌握的水电工资源大多是松散的非雇佣关系，不少注册的水电工嫌出工单次收入少，不愿在平台上接单，即使平台强行派单，也会和用户电话再次确认新的收费标准，否则也不出工。"无单催单、有单不接、接单议价"成为门店型经销商水电工出活的常态。

这样的局面，直接导致水电工和平台、用户的关系变得紧张，门店和水电工的关系也开始变得微妙，自然也会影响到经销商老赵对维修平台的看法：这个本地化服务的生意，好像不仅没有带来额外收益，还影响了原来的合作关系。

老赵的结论是：靠低价吸引用户购买年度资格，用年度收入弥补低频消费的缺陷，这种用卖保险的理念，靠控制赔偿概率来提高收益的方法，似乎在现实操作中很难实现。

作为曾经被扣上"轻资产"帽子的经销商老李，在这一轮O2O的本地化服务浪潮中，反而显得游刃有余。除了借助品牌和平台的信誉，以及自身的各类关系，将过去在企事业单位维修项目用平台背书的方式来规范自己公司行为外，同时在向民用市场转型的过程中，因为自己全职雇用了大量的维修工作为正式员工，在员工的技能培训、考勤管理、服务态度等各方面都能加以全面的约束。而对于做惯了企事业单位的机电维修、高压维修的维修师傅们来说，换根水管、装个灯具简直就是小菜一碟。维修师傅还更愿意接民用家庭用户的订单，工作环境相对简单，问题也容易处理。

老赵说如果平台解决不了电工收入太低的问题，他也不可能得罪这么多年的合作伙伴，接不接单还是水电工说了算。

老李说如果可以，明年他还想再多接两个地级市的维修经销权。

五、反思

从老赵和老李的阶段性结局来看,建材经销商谁应该转型、应该如何转型、应该转到何方,在老赵和老李的转型对比之下,似乎都有一些可以借鉴的答案供我们参考:

(1) 谁是重资产?谁是轻资产?

从维修平台的角度来说,资产的轻重取决于售后投入的多寡。在建材行业,门店的重资产主要是在售前市场、成品库存、实体的店面、导购及销售人员的支出等。相反,在售后维修部分,水电工是松散的合作关系,送货司机是收入最少的员工,少量配件库存甚至有些时候还要拆成品零件做售后。

维修中心则不同,因为以企事业单位的售后为主,他们投资了大量的专业设备在售后市场,而且维修人员都是专职管理,对售后服务的质量有明确的保证。在某种意义上来说,他们才是维修平台真正的"重资产"持有者。

判断一位经销商是否是"重资产",不是看他的总资产有多少,而是看他在计划进入的市场投入了多少。

(2) 互联网的转型与升级,到底是重资产有优势,还是轻资产有优势?

互联网化后,很多创新的业务模式都提出了"轻资产"的概念,认为将每位消费者自有商品的空闲价值让渡出来,通过网络连接的方式进行供需匹配,就能够形成自有商品价值的二次增值,比如说我以前提到过的优步。但这里存在的一个问题是:由于是空闲价值的让渡,提供服务的一方是非专业人士(私家车司机)或者不愿意提供专业服务(专业维修工只是想赚点零花钱),卖家门槛的降低,最终一定会影响到买家的消费质量

（比如大量补贴降低后，服务质量下降）。还是那句话：没有利润，哪来的服务？

经销商要做业务模式创新，必须在自己重资产的部分进行创新和坚守，否则那种"有枣没枣打三竿"的做法，最终只能是竹篮打水一场空。

无论是线上还是线下，无论是售前还是售后，"有恒产者方有恒心，有恒心者方能做好产品"是一条颠扑不破的真理。

（3）建材类的低频市场创新，如何才能有活下来的机会？

维修平台民用市场的突破，最大问题在哪？其实还是消费频率偏低。而在这一股O2O浪潮中，低价补贴成为主要的关键词。低价低频市场如果不能形成自我造血机制，死亡只是时间问题。

老赵之所以折戟沉沙，是因为老赵在维修市场抱着打游击的态度，能打则打，不能打则跑，不增加投入，多一条赚钱的路子，挺好！但显然民用市场的低频低价彻底击碎了老赵的美梦，甚至影响到了他售前市场的社会关系。打不赢就跑，结果就真跑了。

老李之所以看到希望，是因为在企事业的商用维修市场老李就能很好盈利。民用市场的服务，只是将他的专业能力进行了复制和转移，既能保证服务的质量，还能提高服务的范围，这是真正实现了空闲价值的让渡，这也是两位经销商形成差别的关键所在。

黄润霖，职业营销培训师。2005年开始关注互联网经济模式，熟悉线上线下业务模式融合。长期专注于营销实务的发展和创新，擅长"精细化营销"和"经销商提升"课题研究，积极推广和倡导"无边界课堂"等培训形式，深受诸多内训企业的追捧。

著有《用数字解放营销人：一学就会的营销量化管理方法》《用营销计划锁定胜局：用数字解放营销人2》等。

一家地产企业的绩效管理实践

张 伟

企业在进行绩效管理时，必须做到抓住主要矛盾。什么是主要矛盾？我认为就是组织绩效。但恰恰是组织绩效，很多企业并没有做好，反而去花大力气抓个人绩效，最终可能落得积怨深重，内部斗争不断，惹一身骚。首先把组织绩效做好，个人绩效就顺理成章。那组织绩效管理如何开展呢？

华为总裁任正非说过："企业管理就是抓住这三件事，客户、流程与绩效！"这从侧面也反映了绩效管理的事后性特点。所以，往前推，客户、流程就是业务的开始，也是组织绩效关注的重点。

某房地产企业经过多年发展，以北京、天津、上海、重庆和成都为五大核心城市，业务区域辐射全国 19 个大中型城市。2015 年，公司实现签约销售额 400 亿元人民币，同比增长 40%，实现营业收入 180 亿元，净利润 40 亿元，经营效益居行业领先。

该企业的核心业务流程如下图所示：

在进行绩效管理时，最重要的两件事就是指标及目标值的确定。前者与绩效考核有关，后者与全面预算管理有关。所以，如果一家企业预算管理不好，绩效考核就成为无源之水、空中楼阁。

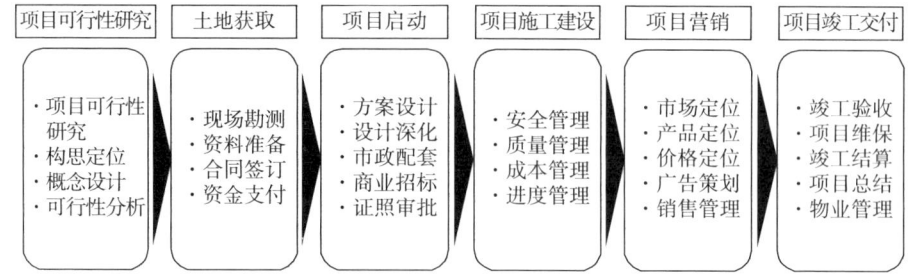

某房地产企业核心业务流程图

一、指标的确定

绩效考核指标的确定需要考虑的因素较多，主要有以下三个方面：

（1）战略指向。该房企未来主要考虑全国核心城市布局，所以"拓展项目个数"会成为一个非常重要的指标。同时，土地一级开发、高新产业地产也作为有效补充成为发展的新动力，"土地获取""产业供地""高新技术企业招商个数"等也会成为考核指标的备选。因为企业还是在规模扩张阶段，所以"签约销售额"始终成为一个很好的衡量指标，同时，"净利润""净利润增长率"也是企业作为壮年期所必须考核的指标。

（2）核心流程环节。在整个业务流程环节中，证照审批始终是一个制约项目推进的重要因素，所以"五证获取"都要作为关键节点予以关注。而项目启动前关键的一个环节就是设计方案的质量，所以"设计方案质量评分"也作为考核指标，并由相关的评审会进行评价。虽然进度也非常核心，但是作为组织绩效，并结合企业的整体管控模式，不适宜管理过细。所以，进度类的指标作为监控类指标予以关注，但是不进行考核。如果发现出现明显的卡点，推进滞后，可通过业绩调度会、换人等方式解决。

（3）问题导向。该房企从 2012 年以来，旗下楼盘频频因为质量问题遭到业主投诉和媒体曝光。余波尚未了，企业在成都的在建项目近日又爆出小区中庭大面积坍塌事件,这让这家近年来深陷"质量门"事件的老牌房企不得不再度面对愤怒的购房者。所以,针对各城市项目公司必须设置"工程质量评分"考核指标,并且由外部第三方单位给予客观评价,采取定期检查与不定期抽查的方式。当然,这里还有一个指标就是"项目成本控制评价",因为很多质量问题是由压缩成本造成的,所以在制定这个指标评价标准时一定要设置一个最佳控制区间,低于最低成本标准也是要受罚的,因为这有损客户的价值。

还有一些别的考核要素,如人才培养、知识共享、企业文化的建设等也非常重要,不一定非得考核,可以通过述职、问责、专项奖励及排名等方式进行激励,也能达到预期的效果。因为指标过多又会造成总体分数的摊薄,考核不到重点,这也应了那句"什么都想要什么也要不到"的话。有的企业则应用了单项指标考核奖罚的方式,避免了综合指标"一锅粥"的方式,这就比较苛刻了。

二、目标值的确定

很多企业在进行绩效考核时,遇到的一个突出问题就是如何设定目标值,如果企业的整体管理水平较差,这确实是一个棘手的问题。因为经营计划需要考虑到过去、现在和未来,并且根据市场的情况、生产的实际情况还会有调整,计划的目标值制定会经历上下激励碰撞的过程,管理成本较高。往往制定好的目标,可能经历两个季度就会面目全非。所以,在考虑计划目标值时需要考虑以下几个方面:

(1)成长要求。现如今许多企业都是上市公司,企业的发展已经不仅仅是自己一厢情愿的事情,需要有较好的业绩预期展望和盈利性较好的新产品,市场才更向你匹配资源。所以,此类企业往往更加倾向于根据愿景导向制定明年的业绩实现目标,例如:签约销售额 500 亿元,则由主管计划的部门在各城市分公司进行分解，往往考虑每个城市分公司的增长率要求，在逐步夯实的过程中也会权衡每个城市分公司的资源支撑问题。有了签约销售额目标，则要求每个城市分公司考虑每类产品的排布，如住宅签约销售额实现300亿元，项目在哪里？定价多少？土地在哪里？需要多少预算？预售证什么时候取？同理，商业签约销售额、产业类项目签约销售额逐步夯实到一级的业务相关目标、节点等。

（2）以变应变。市场经济最突出的特点就是变化较快，企业需要主动迎合市场，开发新兴市场，同时，也得对竞争对手的策略做出及时应对。所以，计划目标往往执行半年就要进行调整，而不能还抱着年初制定的目标不放，那样的话，考核就又形同虚设，或者目标很好达成，或者死活都达不成，起不到激励的效果。

（3）以不变应万变。有时候，不能总讲市场如何如何、别人如何如何，企业的发展需要职业经理人迎难而上，需要在看似不可能实现的目标前充分调动人的积极性，寻找更优质的资源来达成目标。所以，这就要看集体决策是否能够高效、负责任且有担当。

现在一些企业面临"转型"问题，在我看来，那是过去吃老本吃太多，现在吃不动了，不得不改变的问题。但是，只要抓住客户、流程和绩效三个方面，我相信，无论市场怎么改变，无论科技如何发展，企业都能找到自己的定位，并能积极地达成目标，奔向百年。

张伟，华夏基石人力资源顾问公司组织变革与组织绩效产品线的产品经理、项目经理（高级咨询顾问）。专长领域包括调研诊断、企业战略与管控、组织结构及定岗定编设计、绩效管理体系设计、薪酬体系设计、培训体系设计、任职资格体系设计、素质模型构建及流程优化等。

著有《我的人力资源咨询笔记》等。

案例

工业品企业怎样摆脱困境

张东利

产能过剩，消费低迷，竞争激烈，直接导致各行各业的产品难卖！作为衍生需求的工业产品更是首当其冲。眼下心急火燎的工业品企业老板们纷纷想对策，找办法，要从困境中走出来。

如何把产品和服务卖出去？大多数工业品企业老板第一想到的就是强化销售。他们强化销售的办法无非是两种，一是给现有销售团队压指标、压任务，二是招兵买马，扩大销售队伍规模。第一种方法很难实施，因为现有的销售团队多年来早就被高额的任务压得奄奄一息，能够保住原有业绩已实属不易，遑论更高的指标。于是老板们多采用第二种办法，招收更多的销售员，希望卖出更多产品。可发现这条路在实施中，也很难走通。因为销售员数量的增加，没法带来销售额的同比例增加，却呈现出明显的收益递减趋势。我们知道，销售业绩对销售员个人能力和经验的依赖很大，那些有经验、能力强的销售员的业绩，在总销售业绩中所占的比重相当高，符合二八法则。这样的人才非常稀缺，成为各家竞相争夺的对象，这种人才的培养是沙里淘金，增长非常慢，其存量是很有限的，不可能出现数量上的激增。而能招收到的销售员，虽然数量甚众，却不但做不出业绩，还耗费企业大量成本和时间，成为老板们的沉重负担。

为此，我们的建议是：作为老板的你，一定要将应对策略从上述加强销售的思路转移到强化品牌营销上来；要依靠品牌营销，创造新销售机会，提高成交率，降低销售成本，抵御产能过剩、成本高企下的市场竞争。

下面，我举一个实操案例来做说明。

2015年11月，我们为一家物料供应链管理外包公司做营销顾问。此前这家公司为冲上年初制定的销售业绩，招收二十多名销售员，通过网络搜索潜在客户电话，然后分区域和分行业，采用地毯式电话推销和上门拜访方式来做业务。为了快速"出货"，老板制定了严格的KPI来管理销售团队。比如，每天电话量不少于50个，每周拜访新客户不少于5家等，试图通过数量惊人的销售推力，广种薄收，获取销售业绩的增长。按照该老板的说法，当打电话量和拜访客户的数量达到一定量级后，业绩肯定就出来了。该老板的逻辑是：只要无限增大与潜在客户的销售接触机会，那么最终成交一定是可以实现的。

就在该模式推进过程中，老板隐约中觉得哪里出了问题，但又无从知晓，为此找到我们进行诊断和咨询策划。我们通过对该老板和核心团队，以及他们重要的几家客户进行面对面深度访谈后，发现这种销售模式注定是彻底失败的。因为我们通过调研和数据统计，了解到平均每一百个电话沟通，只有3位潜在客户愿意接受拜访，其中无效拜访的比例又超过90%，而最终的销售成交率更是惊人的低。这种模式势必形成资金"黑洞"，在销售员身上的投入（人员工资、福利津贴、差旅等）和产出已经严重倒挂，如果长期执行下去，将会使企业背上沉重的资金包袱。

为什么这种模式的销售转化率是如此之低？通过对客户深度访谈，我们找到了答案。原来，客户要与其合作，势必面临重新整合内部供应链的问题，其中涉及部门职责的重新划分、内部人员的转移，以及长期合作面临的风险等重要问题。所以该决策只能由副总以上级别的高层集体拍板，而不单单是一个采购部门就能决定的事。高层在做重大决策中,最看重的是品牌信任度和合作伙伴的成功案例。通过网络搜索进行电话沟通和拜访,根本无法接触到决策核心,而接触到的绝大多数采购人员对合作又根本无权推动,这就从本质上导致了该销售模式的触礁。

在搞清楚整个问题的症结后,我们为客户开出了以下药方:

第一,裁去大部分销售员,只保留几位有经验、能力突出的销售老鸟。

第二,完全摒弃过去缺乏经验和能力的销售员单打独斗的销售方式,采取以团队为核心的专家型解决方案式销售模式。

第三,积极推进品牌营销战略,通过品牌策划和传播,扩大企业知名度,塑造强势品牌,在目标客户高层心中建立起高度信任感。

第四,策划编撰成功案例,并进行精准和有效传播。

第五,举办和出席行业高端论坛、峰会,获取话语权,与目标客户高层形成积极互动。

第六,在行业高端媒体投放广告和软文,影响目标客户高层的品牌认知。

为此,我们特地与客户召开了两天的战略研讨会,客户老板和中高层骨干员工悉数到场。我们用调研得来的事实和严谨的逻辑分析,深深打动了客户全体与会人员,以上建议获得了一致赞同,并成为2016年客户营销工作的核心策略和任务。

张东利,工业品品牌营销专家,博扬工业品牌营销创始人,帮助中国工业品企业走上品牌营销的制胜之路。联系方式:Email:donglizhang@163.com;微信号:beyon_tonyzhang。"张东利工业品牌赢"微信公众号:b2b_brand_marketing。

著有《工业品牌营销20问》《工业品企业如何做品牌》等。

被竞争对手转型的龙头企业

张　进

一、背景介绍

新孚美集团是中国轿车自动变速箱维修行业的龙头企业,总部在上海,在全国20多个城市设有分公司或分厂,主要通过4S店与保险公司的长期合作开展业务,线下业务量持续十年增长,2015年达到了1.8亿元产值。2014年起,公司安排专人做了一年多的网络营销,不但没有达到预期的效果(2015年全年来自网络的维修量只占到线下的1.5%),而且天天受到竞争对手的恶意攻击,网络上充斥着负面信息,已经严重影响到线下业务的开展。公司老总下决心请外援,我才得以看到网络营销里的"黑客帝国"。

二、黑客帝国

2015年11月,我受上海新孚美集团之邀,为该公司做网络营销策划方案。在前期的网络市场调查中，发现他们的竞争对手无所不用。

手段1：用黑客技术，篡改客户的百度搜索页面。

百度"自动变速箱维修"结果图

上图是我在做网络市场调研时，用"自动变速箱维修"一词在百度上搜索到的结果第一屏，都是百度竞价广告，新孚美排在第二位，其他广告位似乎是四家不同的公司。但我们通过后来的深入调查发现，这四家其实都是一家公司。这还不是最厉害的，请看下一张图：

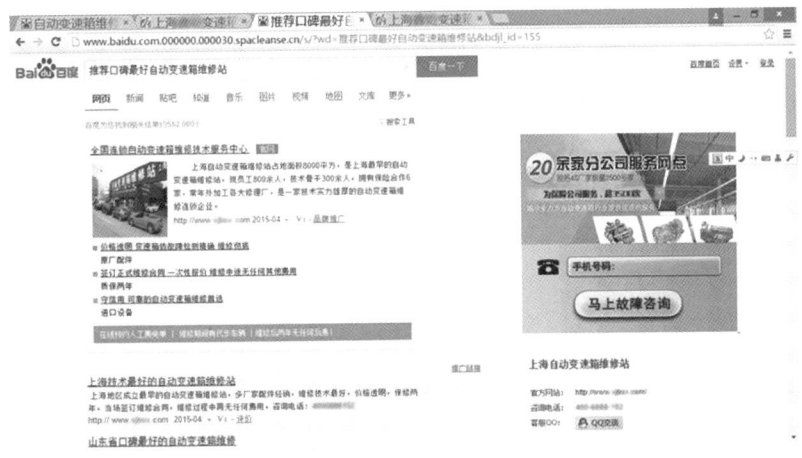

"霸屏技术"图

当我点击第一家百度竞价广告进入到该企业网站后,我之前的百度搜索结果就突然变样了,搜索栏里由我之前的搜索词"自动变速箱维修"变成了"推荐口碑最好自动变速箱维修站"。整个页面虽然看似百度的页面,但你们注意网址已经不是百度的,而是一个伪装的百度网址,这个假造页面上的所有信息其实都来自一家公司。这就是所谓的"霸屏技术"。

手段2:DDOS攻击造成网站打不开了。

新孚美网站遭受到的流量攻击图

上图中黑框内的数字,是新孚美网站遭受到的流量攻击(DDOS攻击),每秒5G多,我们的手机一个月的流量才几个G,而这种对网站的流量攻击每秒就达到了几个G,这直接导致系统崩溃,网站打不开。新孚美的网站每天都遭受到几次这样的攻击,每次持续1个多小时。

手段3:百度搜索里抹黑。

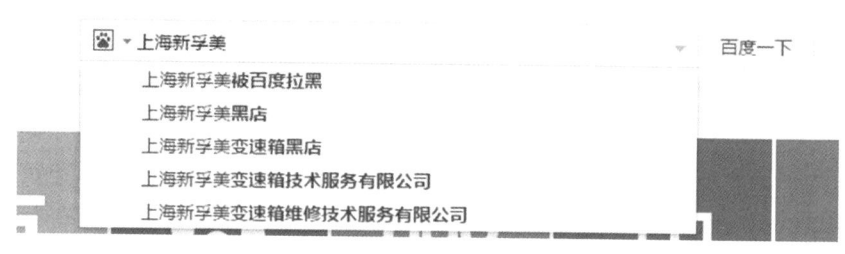

"上海新孚美"被抹黑

大家都使用过百度搜索栏里的联想功能,很方便,只要你输入几个字,百度自动联想出你想要的搜索词,不用再敲那么多字了。竞争对手把这个功能也利用起来了,通过一段时间的刷搜索词达到这样的效果:上图中,当有人搜索"上海新孚美"时,被抹黑的联想词排列其中。

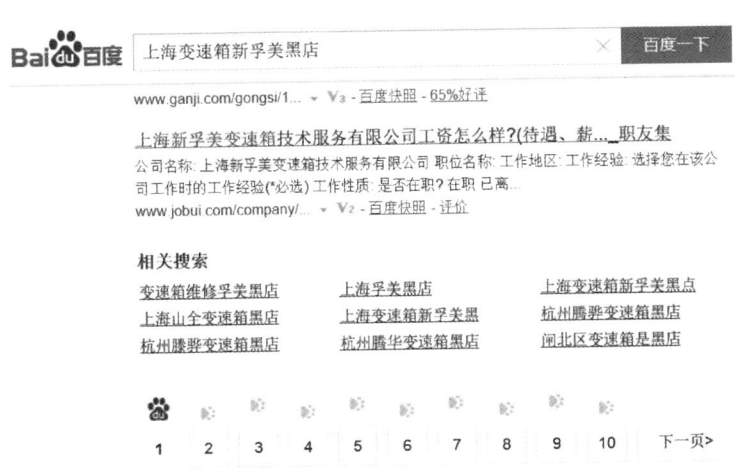

"上海变速箱新孚美黑店"的相关搜索

我试着用抹黑的相关搜索词"上海变速箱新孚美黑店"再次进行搜索，底部的相关搜索里不但有新孚美，还有其他同行，如：山全、滕骅等。看来这个竞争对手不止针对新孚美一家恶意攻击，其他同行也遭受到同样的攻击。

手段4：利用免费信息平台发布负面信息。

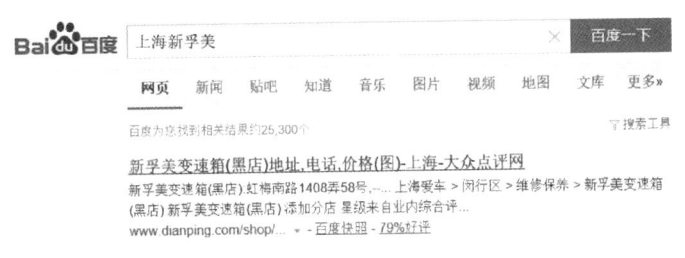

百度搜索"上海新孚美"

上图中，当新孚美的网站被恶意攻击打不开时，在百度搜索"上海新孚美"，第一条就是竞争对手在大众点评网站上发布的一条抹黑信息。

手段5：恶意点击百度竞价广告，消耗广告费。

通过新孚美网站后台访问数据分析发现，竞争对手经常能在十几秒内连续用一个搜索词点击广告好几次，但并不真正看网站内容，点了就走，是明显的恶意点击，用以消耗新孚美的广告费，每天几百元的广告费就是这样被损失掉。

手段6：利用黑客技术，破解密码，获取客户信息。

曾经有段时间，网上来的客户刚联系网络营销部，很快竞争对手便与该客户联系。一开始新孚美公司怀疑有内鬼，但经过分析发现，他们是利用黑客技术破解了400电话后台的用户名和密码，只要一有客户打电话，他们第一时间就能拿到客户的电话。

三、追根溯源

我为许多行业做过网络营销咨询指导，很少能见到这样的竞争对手，无所不用，为什么？

其实，轿车自动变速箱维修行业的主要市场早在10年前就被几家大的维修企业所占据：如4S店、保险公司、品牌车售后维修业务。小型不正规的维修厂根本挤不进这些渠道，只能靠在线下门店或是网上钓到终端车主，虽然业务很零散，但利润很高。但2014年起，作为行业龙头企业新孚美开始进军网上，无论从价格还是服务质量上都要优于小型不正规的维修厂，而完全依赖网络市场的小型不正规的维修厂，深深感觉受到来自新孚美的威胁，这才全面在网络上围攻新孚美。

四、转型动员

新孚美公司老总一开始只是认为下面的人没有把工作做好，才造成被动挨打的局面。通过我们前期对于网络市场的调研，他们深刻意识到问题的严重性，随即在公司内部进行了系统的网络营销培训，提高全员的网络营销意识和工作能力。并在 2016 年 1 月的年会上，再次把问题摆到了所有分公司老总面前，明确网络营销工作作为今后的重心，而网络营销部也升格为一个大区的组织架构。

有了这一观念的转变，网络营销部门要人有人，要钱有钱，可以好好在网络上大干一场。

五、全面反击

（1）不再裸奔。新孚美之前的网站根本没有任何防护功能，所以才能被竞争对手攻击，以致打不开，甚至被破解了密码。全面开展网络营销的第一步就是要穿好盔甲上战场，而不是裸奔。这里的盔甲包括：优质的网站服务商、良好的备份习惯、严格的密码体系和完整的网络营销手段等。

（2）多地区、多平台、多网站推广。新孚美在 2016 年 1 月建好官网，很快地就复制到合肥、西安、成都等各分公司。由于车主在手机端的搜索量增加，这些网站的手机版也同时发布，实现了跨平台展现。截止到 6 月底，已经有十几个 PC + 手机端的网站在百度、360 和搜狗上做竞价广告。现在的局面不是对手的几个网站围攻我们，而是我们有十几个网站在围攻他们，销售额也由 1 月份的十几万元增加到 6 月份的 60 多万元。

（3）阻击负面信息。相对来说，新孚美不管是从人力还是财力上，远远大于竞争对手。对方发布大量负面信息，也需要人力和财力成本的。目前的情况是对手只要有一条负面信息在网上发布，就会有 10 倍的正面信息在同一平台展现，负面消息自然就被埋没在正面信息里。

（4）举报黑客行为。不管是前文提到的"霸屏技术"也好，还是在百度搜索栏的"联想关键词抹黑"也好，都是见不得阳光的行为，也是各平台痛恨的技术。只要与各平台保持良好的沟通，看到对手一有这些小动作，就举报给相应的平台，问题立刻得到解决。对方好不容易花了不小的代价想恶心你一把，被你一个举报就给取消了，反复几次，他们自然也就罢手。

（5）用文章打击对手。对手接到的都是直接车主，常年来形成了宰客的习惯，他们认为变速箱维修对于任何一名车主，一辈子也就这么一回，不太可能有回头生意，所以处事行为有点像蒲田系医院的风格。针对这一情况，新孚美在各种宣传渠道上教会车主如何防止被宰。有些客户即使到了对手的修理厂，察觉到陷阱后，也会转而再找到新孚美。

（6）对手内讧。在新孚美全面开展网络营销后，对手吃不消了，一方面是业绩下滑很快，另一方面是成本成倍地增加。负责网络营销的人也感到很郁闷，往年用同样的方法做得很好，自己的收入也不错，现在推广成本增加，而业绩不升反降，自己的工作量多了，而收入减少了。本来还想利用这种网络营销经验发展外地的代理加盟商，而现在上海地区的业绩都难保，唯一的退路就是离开，离开的条件没有谈好，那位网络营销人员反目成仇，用他擅长的网络手段抹黑老东家……

（7）修炼内功。解决好外部问题，如果内部没有协调好，就是把单子从网上接进来也做不成。之所以对手能忽悠住客户，至少有一点值得学习，就是他们把接待客户的环境弄得跟4S店似的，车主坐在沙发上喝着茶，而我们还只能在工厂的办公室接待，客户的印象分就大打折扣。另外，我们做惯了4S店和保险公司业务的销售人员，不乐意接待直接车主。虽然开发一家4S店的业务很难，但一旦成功，单子不断，中间沟通成本很低；而接待直接车主，再小的单子需要不断地沟通，传统的业务员宁愿不接零单。所以要想做好网络上的每一单，需要企业打破原有销售机制，建立起一个网络销售团体，专门接待直接车主。

六、网络龙头

早在三年前，新孚美已经是行业的线下龙头企业，现今他们在网络上也要找回龙头的地位。在此要感谢那位竞争对手，要不是他们的一通瞎闹，新孚美可能还会和其他行业的龙头企业一样，在线下是老大，而在线上做不过一家小微企业。当下，许多大型企业正是由于线下业务做得很出色，仍然不屑做线上生意，就是做了，也只是摆个样子。希望新孚美的经历给那些还没有转型或者正在转型的企业以警醒。

我经常用两个问题来了解企业转型是否成功：你有没有能力接网络上的散单？接了，你是否能保证这个散单能盈利？我会为那些总有办法对付网络散单而且还能盈利的企业点个赞。

张进，从事网络相关工作十余年，现拥有自己的网络营销公司。作者长期致力于用网络营销，帮助传统企业走出迷途困境。研究方向：企业网站的建设、优化和推广，企业内部网络营销团队的建设，零售业淘宝店运作模式。

著有《中小企业如何用网络拿订单》等。

不是转型，而是服务模式升级

罗宏文

这些年，我的工作基本上都是与快消品经销商和快消品生产厂家打交道，我觉得企业目前面临的最大问题不是如何转型的问题，而应该是体制和机制的升级问题，而且最终都是对服务模式进行升级。

2016年3月份我接触到一家做方便面的企业，是标准的地方民营企业，这家企业有20多年的历史，最高峰时销售额将近6亿元，员工人数差不多300人，但是到了2015年，销售额直线下滑，已经不足一亿元了。在参与这个项目后，我们用了整整15天时间下沉市场进行调研，发现存在的问题有：

（1）产品老化，各级价差不足，渠道管理混乱。

（2）公司对市场问题的解决滞后，经销商不信任公司，对售后服务非常不满意，甚至于开始转接竞品经营。

（3）厂商信息互动脱节，导致厂商矛盾突出。

（4）能卖的产品不赚钱，能赚钱的产品卖不动。

（5）方便面行业利润透明，竞争激烈。

（6）公司连续两次涨价，让部分客户特别是给特通系统和卖场系统供货的客户对公司意见非常大。

根据这些问题，进行有针对性的导入服务方式，对几项关键服务进行升级后，有些已经与公司停止合作的客户又回来与公司重新合作，对公司售后满意度上升了23%，同时也开发出来一些有思想和意愿强烈的新客户，对公司的满意度达到了92%。6月份销售额增长了3%，7月份销售额增长了12%，8月份截止到20日销售额增长了32.07%，而且客户还没有不良库存。在效率提高的同时，整体成本下降了5.23%。

从调研存在的问题与升级服务后的数据可以非常清晰的看到：一是客户对公司的满意度提高了，二是销售额重新开始回升。回升的幅度虽然不大，但是大家要知道，方便面行业在每年7月和8月的销售是最惨淡的季节；再加上整个方便面行业的销售额都在下滑，由于各大厂家对产品的营养升级没有跟上，大家对方面便食品的认识上仍然有偏见。现在短短几个月的服务升级，每一项转型基本上都还处在试行阶段，能有这样数字已经很好了。

那么整家公司都做了哪些变革转型即服务升级呢？

（1）产品服务需要升级即产品转型。

在产品服务升级方面，公司做了两个动作：一是果断砍掉方便面系列，保留特色面系列；二是创新开发新产品。公司生产的产品分为两大系列，一是传统的方便面，二是地方特色面系列。由于这两年大家的生活水平在逐渐提高，大家对产品营养的价值和产品安全要求也越来越高，因此传统方便面的优势已经变成了劣势，尽管销售额也不少，但是公司和客户都不赚钱，甚至于还赔钱，公司经过调研讨论决定砍掉方便面不再生产销售，做区隔于康统的地方特色面产品，这样就不容易引起竞争对手的关注，还能避免价格战。在砍掉方便面系列后，仅有的特色面系列一是面临涨价，市场在短期内的销售额肯定要受到影响；二是面临快速开发新产品的迫切需求，这样才能确保公司的良性运作。从已经开发出来的正在试销的新产品的表现来看，当下和未来几年的产品至少需要具备三点要素：一是居于新思维下大众普遍熟悉的概念；二是原有产品基础上进行内在升值增加营养；三是外在资源整合趋于再生利用附加值。

（2）企业功能服务升级即结构转型。

该企业原来是生产加销售，现在在已有品牌不变的基础上，重新组建了新的商贸公司，所有财务全部独立核算，即购买下属任何一家生产厂的产品来销售，还可以销售其他许可经营范围内的任何产品，彻底从生产型转向了贸易型和投资型。

（3）月销量计划服务升级即任务管理转型。

常规的任务分配管理，一般都是根据去年同期销售额及上月销售额，由公司确定月增长幅度，然后细分到每个区域，再落到每位客户和责任业务员。按照这种分配管理方式，在目前这种大环境不好、终端动销也不好的情况下，容易造成：

（1）客户低价抛货。

（2）出现老批号库存。

（3）客户压力大抱怨多。

（4）创库容易出现呆滞产品。

现在由于企业不大，产品不成熟，网络也不健全，因此各种开拓空间机会都比较多，于是结合试错营销，对销售任务进行了创新性的升级。一是按照常规分配方式，公司先确定好月销售任务，然后让客户和业务员结合当地实情，准确预报需求计划；二是统计实际需求汇总，看与公司预期销售还差多少，这一部分差额就由公司和业务员共同商议，采取什么方法、什么途径来完成这部分销售额。这样一来，销售公司提供给生产厂的需求计划就非常准确，不会造成产品呆滞；客户最熟悉自己的市场，所报需求数量也不会积压，避免造成老批号二次销售浪费公司资源。

（4）促销服务形式升级即促销方式转型。

公司生存之所以难，除了经营缺少差异化外，还由于受制于各种主客观因素和成本影响，公司尚停留在粗放管理阶段，应该说现在很多小企业都是这种粗放管理模式。比如，给予客户的订单奖励政策是要100件送10

件，大部分采取的都是裸价销售，即下单 100 件货随车搭赠 10 件，至于搭赠的这部分产品客户怎么用，一般都不再干涉。试想一下，按照试错营销的假设，假如我们仍然采取搭赠方式，而且搭赠的力度增加到 20 件，但是在使用方式方法上公司制定规则，如这 20 件用于终端新网点开发奖励，每个新网点奖励客户几件，客户必须按照要求使用到终端网点去，公司检核，在下次发货时公司就下账。在成本上一下增加了一倍，但是对客户很有诱惑力，能降低多少人力成本？终端网点细化开发的速度有多快？增加多少新网点？带来什么利润？正如一位专家所说："企业要有意识导入精细化管理或者是进行精益生产，如此我相信企业的竞争力立马就会体现出来，然而，很多企业老板还是停留在过去的思维模式上。"

鉴于篇幅限制，我觉得当下中小企业要想改变命运，走出困局，无论从哪方面转型或者说是变革，其实都是升级服务方式。也就是要导入一种新的服务模式，把这种服务模式迅速落地践行并敢于试错，下一个奇迹才有机会是你！

2016 年 8 月 21 晚于上海

罗宏文，曾先后就职于旺旺集团和娃哈哈集团，其中在娃哈哈工作 15 年，长期关注快消品营销落地，并营销试错，现任郑州熙焜商贸有限公司首席顾问，深圳快车道管理咨询有限公司董事。微信 xksmlhw，邮箱 xksml-hw@163.com。

著有《娃哈哈区域标杆：豫北市场营销实录》等。

一家智能锁企业的转型案例

梁小平

一开始，tenon 处于非常尴尬的位置，一是原来制造经营的汽车配套产品在众多汽车厂家将其产品进行"标配"之后，利润空间一下子没有了；二是产品的外贸在这些年制造产品出口整体环境不好的情况下，也是举步维艰。企业转型升级成为必然的选择，还好 tenon 创始人的战略眼光独到，在早些年已经投入指纹智能门锁的研发，为创新转型埋下了伏笔。

然而，并不是所有的创新都能够大获全胜，因为通过技术转化为商业价值之路，还有一座横亘在我们面前的桥梁待为跨越。这里，tenon 为我们显现了三大创新，希冀通过这座创新桥梁的经验萃取，为我们中国企业在转型升级阶段点亮些火花。

一、技术创新：从机械钥匙技术到指纹识别技术

平常回家，我们都是使用机械钥匙开锁，它是日常生活中的一个难题——忘记携带钥匙、丢失钥匙、钥匙被不法分子拷贝；加上现在生活节奏快，使用钥匙有诸多不便等因素，解决这些日常生活中的难题便成为我

们技术创新的痛点。就是基于这个痛点，tenon 投入到门锁行业中，进行门锁行业的技术创新升级。

技术创新的初期，基于生物识别技术中的一种指纹识别技术，tenon 使用的是第一代的光学指纹识别技术，实现了机械钥匙技术到指纹识别技术的飞越式跨越。但是，光学指纹识别技术存在一个弊端，就是有一部分的老人或孩子由于指纹纹理粗糙或浅薄，无法进行有效的识别，或识别比较缓慢。对于技术创新完善的追求者来讲，无法呵护到家人，让一家人享受到科技创新的幸福与快乐，这个产品的技术创新还是存在缺陷的。

没有止步，勇于探索。tenon 真正实现从机械钥匙技术到指纹识别技术的跨越式里程碑，就是研发使用半导体指纹识别技术的智能门锁，真正解决了老人和孩子的识别问题，也因此让 tenon 在技术创新上先人一步，更上一层楼。

二、形象创新：从传统外观设计到时尚外观设计

我们使用了一辈子的门锁，每天都在使用门锁，为什么我们记不起门锁？看看我们使用门锁的外观设计，就是几百年了，还是那个老样子——锁的外观一成不变，没有任何美感，没有任何的设计元素，导致了我们日用门锁而无知其名。

打破常规才能摸到创新的真谛。在这个形象至上的时代，我们不仅要有好的技术创新，更要有好的形象创新来支撑技术创新的展示。tenon 采用国际比较流行与时尚的元素，摒弃了过往门厂配套锁小而不坚实的外观，尺寸与门大小形成比例，让锁安装在门上好看又协调；特别是在造型上，借鉴汽车、数码产品的时尚元素，重新改造有时尚外观，线条上不粗糙，全部是具有美感角度的呈现，用打造一件艺术品的理念来设计产品的外观，并且申请到外观专利。

另外，根据中国人使用门的特点，都以红调为主，打造出红古颜色系列，让门与锁形成完美的融合，让色彩与艺术走进家门。更难能可贵的是，根据色彩元素和个性需求客户对不同颜色的需求，增加了青古、香槟金、黄古、土豪金等外观颜色。

三、模式创新：从招商到"互联网＋"

一般行业推出产品，采用的方式就是到处招商。可是，传统的招商方式已经无法撬动这个市场了，因为很多代理商或经销商认为厂家的招商无非是想"骗取"一些资金，将产品压到他们的库存而已。

有些企业会想到，现在互联网时代了，渠道不行，那就借助互联网吧！所以也有很多企业借助互联网，觉得互联网可以开辟另一条销售渠道，这似乎将"互联网＋"看窄了点。Tenon 将"互联网＋"看成是一种新模式，不仅要销量，更是充当模式核心，做出不一样的经营之道。tenon 以互联网为平台，即布局了以淘宝天猫和京东为主的两大平台，通过电商平台的运营，线上营销推广的传播，打响了品牌与提升了销量，还赢得了电子门锁类目中与天猫、京东达到战略合作伙伴关系的品牌。

针对代理商或经销商"不信任"的态度，就必须另辟蹊径，才能从中找出自己的独特之道。传统建材市场的五金店与门店，不再是单纯的卖货，而是寻找社区附近的商业街，建立体验店，承担着社区周边楼盘的业主到店体验、免费上门安装体验、上门测量尺寸、售后等服务，形成独特的体验式服务方式。通过线上的引流、线下社区店的服务，建立起独特的模式，让 tenon 在行业竞争中脱颖而出。

创新驱动生产力，让 tenon 销售额大幅度提升，摆脱了以制造为主的低价值链，在品牌、专利、技术创新上获得市场领先地位。2015 年 9 月，tenon 顺利登陆新三板，成为指纹智能门锁领导品牌，企业不再是以制造为主，而是以各项创新获得专利技术著称的高新技术企业，在指纹智能门锁行业获得了市场地位，引起了投资界与行业的关注。因此，行业上的企业纷纷模仿，不断引领指纹智能门锁行业的升级。

这就是 tenon 有了技术创新（好的内容）加上形象创新（好的外表），还需要有模式创新（好的营销），走出了一条别具一格的转型升级之路。

梁小平，隆德楷品牌团队创始人，资深品牌营销专家，青年书法家。13 年来专注于品牌战略与战术研究，长期致力于强势品牌的打造与营销推广实践。曾在上市公司担任市场部经理、营销总经理。

著有《中小企业如何建品牌》等。

快消品·酒业·家电

线上蚕食、线下乏力：
2016 快消品企业怎么办

方 刚

近两年，快消品领域经常讲两个词：线上和线下！**事实上，两个世界的销量获取逻辑大有不同。**

一、线下营销的逻辑

快消品的销量基本逻辑 = 终端数 × 动销率！在旧世界的销量逻辑里面，终端（渠道）是第一位的，注意：终端（渠道）是自带流量的！销量产生的机会源自于进店人群的机会性购买！消费层级的不同会导致终端档次的分级，不同的消费群会进入相匹配的终端进行消费，在终端稳定的前提下，相匹配的销量自然也就形成了某个价格带上的品牌。以此逻辑产生的销量，是与终端数量与质量、市场地盘大小与穷富有很大关系！由此也就产生了众多快消品品牌以深度分销（协销）模式为工具的城市精耕，进而下沉到农村车销拜访精耕！

在传统世界的销量布局逻辑中，为了追逐更多的销量，销售体系或队伍就会去布局更多的网点与地盘。当扩盘到一定界限，下沉到边缘，无盘可扩之后，不仅销售压力来了，还忽然发现背后被抢劫了！

传统快消品巨头是被如何抢劫的呢？

传统企业的销量逻辑，是以终端构建的渠道大堤，是以企业管理触角所能触及的终端构建的！在今天，城乡终端结构发生了很大的变化：新型终端以各种形式层出不穷，以夫妻老婆店为代表的传统中小终端已经逐步被 KA、连锁专卖店、CVS、社区终端、电商、微商、O2O 等新型现代化终端所侵蚀，尤其是在城市市场！

例如：在很多城市街面店越来越少，社区里每个楼下（甚至楼上）的家庭服务商店自带 O2O 功能，并与很多城市 B 端的分布式电商合作！不用自己进货，店老板平台下单，批发直送！传统终端不仅销量占比下降，品牌形象的贡献也大大萎缩！

二、线上营销的逻辑

快消品线上销量的基本逻辑是＝粉丝数（流量）×活跃度！ 在新世界的销量逻辑里面，粉丝数（流量）是第一位的！这种逻辑里面就没有终端（渠道）的位置。

这种穿透绕过终端直奔消费者而去的打法吸走传统终端销量的同时，用青春卖萌时尚的传播手段区隔了旧世界品牌！很多喊着线上口号，做着线下渠道，用互联网的马甲与传统快消品品牌做了区分！

两个世界会诞生三种类型的品牌，第一种是互联网原创品牌，特点是既在线上喊，又在线上卖！第二种是互联网复合品牌，特点是线上喊，线下做！第三种就是互联网门外品牌，线下喊，线下做！无论哪个世界，从销量贡献角度而言，线下终端依然是快消品销量贡献的主体！除非土著互联网品牌，传统企业如果没有强大的线下终端掌控能力，也会是线上有人气，线下没力气！

三、快消品应该怎样做好线上线下

（1）两支部队打天下：线上聚人气，线下拼力气。

传统快消品的成功大多是以深度分销或深度协销模式构建起来的渠道终端团队，这个队伍对于大品牌而言，往往是几万人甚至几十万人的大部队镇守着主流销量！这部分人群的改造是个庞大工程，直接将之转入新世界的增量争夺，难度极大！

传统快消品企业的部队，更稳妥的做法是：两支队伍打天下，一个抓主流销量，一个布局未来潮流品牌！

一支渠道终端的人海战术部队，一支粉丝鼠标的特种部队！从品牌的角度，市场部有支部队引导线上聚合粉丝。从销售部的角度，一支部队抓主流销量，一支部队抓潮流销量！从渠道布局的角度，增量品牌（品种）重新布局经销商！

线上聚合粉丝，线下抓取终端（渠道）！线上会喊，线下能做！潮流博眼球，主流修地球！更新自己的渠道分类标准，线下扫街，线上扫网！线下终端依然靠深度分销（协销）扫街铁军支撑；线上终端建立补充网，平台电商、城市分布式电商、社区电商等新型终端则用另外一支部队做功课！

快速更新自己的传统玩法，装备新工具！

例如：很多快消品企业玩开盖有奖，经常为投奖比例、兑付环节、分布不均等玩法焦头烂额。而以二维码为工具的兑奖不仅实现立即兑奖，甚至可以聚引场所多人拆红包、摇奖等，兼有娱乐功能，对于发出去的产品依然可以控制兑奖比例……

产品或品牌得以激活，终端作业或业绩的达成就会得到帮助！

（2）执行力往往成为弥补品牌短板的一种手段。

从一线执行层面而言，影响动销的三个关键因素是**占有率**、**掌控率**、**拜访率**。占有率多按区域计算，某一品牌的占有率就是此品牌的销售额与区域品类的市场容量比。占有率和掌控率越高，动销就越容易。

在这三个因素中，尤以**拜访率**最为重要。炎炎夏季，即使是业务员也希望能在清凉舒适的环境中开展工作。但产品铺货之后需要维护，终端永远在拼刺刀，在你看不见的时候，竞品的业务员已经在破坏你的终端形象了，那就是遏制你的产品动销。失去了这些，再想要动销就难上加难。

拜访客户、维护客情，这三个因素的全然落地并不轻松，如果都能达到80%以上，动销问题一定能解决。

（3）四大原则，要动销就要坚持。

"咱们的产品比竞品价格高，又没有广告宣传，市场政策也少，所以终端老板才不要货。"当某一产品遭遇动销困境，业务员普遍这样抱怨。这种情况正需要业务员的强力推进，需要他们坚持四大原则。

一是"点线面"原则。首先做好一个终端店、形象店，其次扩展到一条街道，再辐射一个区域，最后才能打造全国性品牌。

二是二八原则。我们通常会认为80%的销量是由20%的网点实现的，其实不然，大商超重视拉力，夫妻店重视推力。这20%的网点只是起到了辐射商圈的作用，影响着产品80%的销量和利润。

三是匹配原则（圈层抓取）。渠道布局与产品定位相匹配。定位高端的产品出现在高档的场所，才能彰显其身份。恒大冰泉出现动销问题，是其铺货在流通、便利店渠道造成的。

四是"蘑菇战略"原则。所有的强势品牌都曾遵循这样的原则，即首先选择和占领企业最有吸引力的目标地区市场，其次选择和占领企业较有吸引力的地区市场，最后逐步辐射全国。娃哈哈、康师傅、王老吉都曾沿着由优势市场到均势市场再到劣势市场的路线发展。

方刚，本名公方刚，曾任某知名啤酒公司营销总监，2009 年度曾被评为啤酒行业年度风云人物，他所带领的营销团队也曾获得营销界奖项——金鼎奖之最佳团队奖。

著有《快消老手都在这样做：区域经理操盘锦囊》等。

中国白酒 2016 年及未来发展趋势 9 大思考

朱志明

互联网高速发展、中国经济下行、限制三公消费、酒驾入刑、白酒消费断层、中国酒业自身的种种陋习，导致中国酒业集体陷入恐慌迷茫期。许多酒企及经销商难以取舍、定位自己未来的发展方向与路径，不知道前面的路是机会还是陷阱，不知道明天自己还能不能站在这里，徘徊、探索、尝试等各类现象拥挤在中国白酒界。

我们不得不思考：中国白酒未来的发展趋势将会是什么？

思考一：回归经营本质时代

未来将有大批企业回归经营的本质，打造可持续发展之路。

企业经营的本质在于创造效益，效益的背后却是价值的创造。效益是结果而非目标，我们能为别人创造什么价值才是目标。价值交换亦是商业的本质。

价值与效益一定源于外部，而非源于内部。我们必须以市场建设为导向，以产品动销为原点，以消费者互动和品牌推广为根本，服务好我们所在的区域市场，只有这样，我们的价值和效益才能得以持续呈现与拥有。

未来中国酒业的发展将会有大批企业回归本质，在机会时期，放弃机会主义思想与行为，在环境越不确定的时期，越做确定的事情。

思考二：产品组合时代

未来的产品将是超级单品与细分产品共存共融，要是没有超级单品就将没有江湖地位。

产品经营的商业逻辑规律是：先产品后品牌再产品。产品塑造品牌，品牌成就产品，超级大单品是每个品牌必须经历的，没有超级大单品就不存在品牌，就是不成功、不稳定的企业。

组合式产品是未来发展的必然趋势，但并非适合所有的企业，它有一个重要前提，就是企业必须依托某个产品，先打造一个能够创造品牌的超级单品，才能进入产品组合时代。企业拥有了超级大单品或者成功打造了大单品，才有资格兼顾其他多层次细分类市场的产品。

思考三：渠道融合时代

消费的碎片化驱使未来渠道的更加多样化、复合化，新旧渠道的高度融合，才能真正打通整个商业的价值利益链，共同发力于消费者。

虽然目前消费需求越来越呈现碎片化，新型渠道也不断涌现，但碎片化、个性化需求目前还处于长尾阶段，无法成为市场主流需求。因为新型渠道目前还没有办法解决购买的随机性、便利性、信任感，购买消费的习惯性，以及现场的可谈判性（价格、购买多少的优惠）等方面的问题，短期内也难以成为主流的消费渠道。但未来却必须和互联网相融合，如果做到线上线下真正融通，那么企业很有可能占到80%的零售市场份额。正是因为中国白酒消费的天然特性，即渠道的发力点聚焦在B端，反而更容易发展，然而C端为主的众筹、定制、电商等模式，仅仅只能作为一种补充，短期内还无法形成主流。

思考四：市场型组织时代

未来组织将呈现两个显著变化，一是销售型向市场型转型，二是厂商分离向厂商一体转型。

销售型组织往往通过不断压货、卖货，不断用资源、促销等换取销量，至于市场是否良性、渠道是否通畅、客户是否爆仓，并不是他们关注的关键。在以前扩容式增量时代，这类组织特性非常匹配，利于企业的快速发展。而现在处于一种挤压式抢存量时代，原来的销售型组织已经无法适应市场的需求。唯有转型为以市场良性发展为导向，以解决消费、动销问题及以渠道、市场、客户成长为根本，确保品牌与销量双成长的市场型组织，才能确保企业处于良性发展状态。市场型组织是以运作市场能力、企业市场运作模式与策略、市场的动销与产品的消费为根本，致力于市场问题解决，来完成公司制定的销售指标与市场指标。

厂商之间合作，也必须基于共同的目标、明确的分工，朝着一体化的方向发展，才能快速成就彼此。如厂家承担产品研发或定制、市场策略制定、市场推广、市场开拓指导或突击，以及经销商团队指导服务、资源投入，而经销商负责销售、配送、维护等基本职责。

思考五：精益化管理时代

未来的营销管理不仅赢在"精细化"，更赢在"精益化"层面，能够产生绩效、解决绩效的管理才是高效管理。

精细化与精益化虽然只有一字之差，却有着营销模式与关键要素上的本质区别：细是手段，益是目的。经营的目的是效益，管理的目的是绩效，是解决问题。

思考六：拥抱资金流时代

许多企业或经销商的衰败，不是因为小，也不是因为大，而是因为不够强，瘦小多病与虚胖体弱的他们多是死在现金流跟不上。

生意无大小，赚钱最关键，一个赚钱的生意，必须要把握以下三个要素：

一是现金流，即你这个生意能不能产生现金，能否快速产生现金。许多企业昨日还频频吹嘘未来如何如何，今天晚上却突然老板跑路，究其原因就是资金链断裂，这样的故事你身边还少吗？

二是资产收益率，资产收益率＝利润率×周转率。有时利润率多寡并不可怕，可怕的是资金周转率太低，拖死了许多经销商。

三是能否持续成长。抓住核心突破口，强化自身核心竞争力，每天都有新的变化、新的成长、新的增长，才是持续之道。

做生意，永远是现金流第一、利润第二、规模第三。

思考七：超级区域时代

未来企业的生存空间，将是得超级区域市场者得天下，小市场地头蛇，大市场强龙，板块化才能全国化。

未来的竞争，不仅是规模的竞争，更是地位的竞争，这个地位并非所谓的行业地位，而是市场上的绝对地位。任何一个企业或商业组织，只有真正做到在小市场上是地头蛇，在大区域市场是强龙，在每个市场都处于数一数二的地位，才能在每个市场上都拥有话语权，才能立于不败之地。

无论是企业还是经销商，不要为自己目前取得的成绩或者规模引以为傲，而应静下来思考与规划自己目前的销售业绩源于何处，有多少能够数得出的数一数二的区域市场或者片区。如果没有或者很少，那你的增长就只是源于汇量式的增长，是没有根基的业绩，一旦遭遇对手的进攻或环境变化，市场下滑或难有作为是常理之中的事。

思考八：资本经济时代

无论是国企混改还是企业间并购，抑或是进军新三板，都在酒业传递着一种信号：未来将进入向资本经济转型的时代。

未来无论是企业间的并购，还是厂家对商家的并购，还是商商之间的并购，如果想快速获取规模、地位、市场、发展，资本运作是最简单有效的路径，虽然可能也是成本最高、风险最大的行为，但却是未来许多企业、商业不得不采取的路径。

资本与实业的融合，其背后最大的陷阱往往是依靠规模的成长获取利益，而最终陷入一种规模不经济的尴尬中。所以，无论企业方还是资本方，需要把握的一个问题就是如何依靠资本的力量，来解决企业持续发展的核心竞争力问题，使企业能够获得持续性发展与持续性利益，这才是双赢或多赢。

思考九：社区经济时代

无论你是个体还是组织，只要你拥有足够的用户、持续经营用户的价值观与匹配的资源、能力，都可以获得规模化甚至持续的发展。

互联网及移动互联网让每个人和每个品牌找到了与消费者连接路径最短、最便捷的机会，只要你有足够的闪光点、吸引力、人格魅力甚至是噱头，你都可能迅速聚集一群追随者。如果你能够去经营这些社群，那么你将可能在一个竞争激烈的新的商业世界找到新品牌存在的机会，通过挖掘社群的延伸需求，来创造产品，如众筹或定制。

简单来说，就是企业通过线上、线下，与用户深度沟通、联结，真正发现、创造、实现用户（客户）的需求，建立更深度联结与关系，持续让用户（客户）认可与依赖，打造企业忠实的粉丝群体，建立企业或品牌的商务社区系统，进而实现企业、商家、用户之间供求一体，为整个价值链贡献持续不断的经济效益。

朱志明，智卓营销咨询机构创始人、真知社社长、酒类企业问题解决专家、业绩高效增长专家、市场快速突破专家、高级培训师、高级咨询师、多家企业资深顾问，专注于区域白酒企业与经销商的高效成长、持续增长。

著有《区域型白酒企业营销必胜法则》《10步成功运作白酒区域市场》等。

从供给侧改革谈酒业的未来趋势

张学军

简单地说，供给侧改革就是追求从数量型增长到质量型增长的转变，通过提高供给端自身的有效性和优质化，满足及创造不断升级的潜在市场需求。对于仍处在调整期的酒类行业，我们发现其与宏观经济发展的方向基调存在高度的对应性，如去产能、去库存、优结构等，供给侧的变革与创新，恰好是当下酒业的核心症结和破局关键。

在微观的企业运营层面上，酒业供给侧变革的主要方向是供给质量和效率的提高。以顾客价值的再造提升为原点，厂商在产品、渠道、推广等要素上的改良或颠覆式创新，将成为驱动未来发展的主要因素。

（1）产品面上的创新方向。

产品是顾客价值实现的基本载体。无论营销怎么做，根本性要素还是产品，渠道、促销、推广等都是产品与顾客间沟通和到达的桥梁，这是基本的经营常识。然而，现实中酒行业一直存在一种"重营销、轻价值"的思维定式，营销的着力点过度放在渠道激励、终端竞争、市场推广等中间环节上，大量营销成本花费在顾客无法体验的地方，而在关键的产品研发上，往往只花费最少的精力。这种潜意识里对顾客价值的淡漠，导致大量想当然、低级模仿、粗制滥造的产品充斥着市场。

如前所述，当顾客开始追求精品化、极致化、高性价比的产品时，大批酒类厂商却还在固守"老百姓不懂酒、关键看怎么卖"的傲慢想法。这就是酒行业最大供需错配点之一，也是顾客的潜在需求痛点。

所以，未来酒行业的首要革新趋势就是重新回到产品时代！真正从洞察顾客开始，从价值体验出发，做有诚意、有温度、有匠心的好产品，就是最大的创新。在产品面的具体研发创新上，以下三个方向代表着酒类产品的未来趋势。

一是把产品实体做到极致。要充分洞察和研究消费者对酒类产品的基础需求倾向，从实体层面做出有价值的突破。饮酒场合越来越多、生活节奏越来越快，消费者更加注重饮酒过程和饮酒后的身心体验，如淡爽化、舒适感、愉悦感等，这正是酒类实体产品创新的方向。但是创新光有概念和口号还不行，一定要真正突破技术工艺。

二是把产品性格做到极致。酒作为一种场合化、情绪化色彩明显的"道具"，有着天然的精神属性，这种心理利益也是顾客价值的一部分。以目标顾客为导向，赋予品牌和产品独有的个性形象和精神内涵，是产品创新的另一个层面。要抛弃自说自话式的深沉叫卖，抛弃拼凑杜撰的品牌故事，抛弃千篇一律的陈词滥调。要像"绝对伏特加"那样，用心跟顾客说话，用诚意和美感征服顾客。

三是把产品性价比做到极致。就是在非关键因素上做减法，想法设法降低顾客成本，尽可能压缩、剔除那些用力过度、价值提升不大的环节和要素，回归酒的本来价值。在渠道、促销、概念、包装等环节上的过度营销、过度花费，只会带来成本的转嫁，是对顾客体验和满意感的削弱。因此，酒类产品的创新不能就产品说产品，背后其实是市场思维的革命和重塑。

（2）渠道面上的创新方向。

在行业充分竞争的背景下，主流的酒水销售渠道如烟酒店、酒店、社区便利店等，已经超越了售卖场所这一基础性功能，更多是作为品牌推广平台存在。因此，企业在终端操作上的投入已成为主要的营销开支之一。尤其是新品牌、新产品上市时，常常陷入渠道开发成本高、效果差的困境。其实，这是另一种形式的"供需错配"，因为所有的营销成本最终都会转嫁到顾客身上，而这些成本对顾客价值的提升毫无意义。

短期内，"做终端找死、不做终端等死"的困境仍旧难以改变，因为核心的终端资源有限，众多厂商都要生存，都要争夺这最后一公里。摆脱同质化消耗式的竞争，同样需要运作思维和模式上的创新。一种被证明有效的方式是，借力终端平台、直达目标顾客，将终端作为接触和聚集潜在顾客的节点，建立厂家——店铺——顾客的垂直互动机制，越过终端做终端，把资源真正聚焦到顾客身上。比如，"厂家+终端+重点顾客"的会销模式，借助终端平台直接与消费者面对面沟通，现场互动、现场体验、现场下单，既保证资源的定向使用，又解决了终端动销问题，实现三方共赢。建立"厂家+终端+社区"的联动推广模式，优选终端作为社区辐射网点，厂家借力终端将推广、售卖等直接做到社区，宣传品牌的同时，实现为售点引流、达成销售的目的。

长远来看，随着专业酒水连锁店、社区便利店等终端的发展，酒类渠道业态将逐步趋于规范化、集约化，终端最终还是要作为商品售点回归其本来价值。在未来趋势上，以下几个方面值得关注：

一是烟酒店作为传统的主销渠道，必将经过重新的洗牌整合，纯资源型的店靠团购支撑越来越困难，将会大量消失，零售辐射型的店将借助位置优势向社区便利店转型。

二是连锁社区便利店将表现出越来越大的价值，其辐射能力和推广价值值得关注。

三是随着餐饮渠道平价酒水模式的普及，未来有可能重新成为即售即饮型渠道。

此外，电商渠道对酒行业的价值也是关注的热点之一。关于C端电商，基本可以定性为补充性渠道。一方面，由酒类的属性决定，作为高频次、快消耗的典型快消品，便利购买是第一位的，这点电商永远替代不了社区便利店；另一方面，电商平台的真正撒手锏是价格，为了避免与线下渠道冲突，厂家不会允许线上低价倾销，而独立的线上产品又缺少线下价值标杆，对顾客的吸引力自然会大打折扣。而B端电商则试图整合酒水中间渠道，建立厂家到终端的中间交易平台，目前还属于探索阶段，前景尚不明朗。其挑战主要来自两方面：一是如何塑造比传统经销商更强的终端黏性；二是上游厂家有多大的意愿和动力放弃传统分销平台。

（3）推广面上的创新方向。

传统酒水营销在推广要素上，同样存在成本高企、模式粗放、效果递减的困境，一掷千金的广告投放逐渐被海量信息稀释，同质化的终端促销越来越难以打动人心，品牌信息进入顾客心智的成本越来越高。为破解这个难题，酒类产品的推广应当从手段创新和内容创新两个方向上努力。

一是推广手段的创新。网络时代的受众群体更加呈现碎片化、族群化的分布特点，个性代替共性、小众代替大众，相比传统的广告和促销手段，口碑、互动、体验等更能打动人心。比如，基于顾客共性连接的社群推广，以地缘、组织、兴趣等为区隔，精准地甄别目标顾客，通过个性化的方式植入品牌信息，实现近距离传播、沟通等，互联网的普及更是为"人以群分"提供了最直接的便利。利用微信平台开展的扫码抢红包活动，不仅能提高消费者的购买兴趣，还能便捷地采集早期顾客信息、甄别重度顾客等，与顾客真正做到一对一沟通。

二是沟通内容的创新。这是信息爆炸的时代，人们对非相关资讯的排斥成为本能反应，我们的推广要想真正到达顾客，就必须用人们喜欢、能懂的话语方式组织信息。现在基本每个公司都有微信公众号，朋友圈每天都在被各种强制转载、刷屏，可是信息真的传达给顾客了吗？那些卖弄文字的自嗨型文案只会让人不知所云，那些一本正经、枯燥无味的产品海报不能让顾客产生兴趣，那些老掉牙的促销手段人们只会不闻不问。有趣、有创意、有爆点的内容，才能带来有价值的推广。

在酒业的现状和未来趋势下，作为个体的企业要想取得超常发展，创新是最有效的驱动，哪怕是局部要素上的改良，也有助于以相对的低成本获得竞争优势，这些要素当然还包括组织管理、团队激励、厂商关系等。

究其本质，酒业的供给侧变革创新就是要树立真正的需求端导向，以创造和提升顾客价值为原点，摒弃工厂思维，建立用户思维，真正体察和适配顾客需求。这种供需适配有了，酒业的复苏也就开始了。

张学军，智达天下（北京）营销顾问有限公司董事长，养元六个核桃首席战略顾问，中国食品产业十大策划人之一。其带领咨询团队于2002年与养元企业开始战略合作，2005年策划"六个核桃"品牌，亲历养元企业十余年的蜕变与腾飞，助推企业从生死濒危到年销售额跨越100亿元。

著有《六个核桃凭什么：从0过100亿》等。

中国啤酒业被"困"在哪里

蒋 军

最近,百威啤酒和其经销商关于"买店"费用及后续核销问题之间的纠纷,一时间成了大家关注的焦点话题,透过这次事件我们可以发现中国啤酒行业面临着四大困局。

第一大因素:终端困局,为什么要"买店"

从20世纪90年代末期开始,中国啤酒市场基本上从买方市场走向了卖方市场,供过于求,产能过剩。除了一些区域强势品牌外,很多小企业和小品牌都处于亏损状态,大企业的收购和兼并不时上演。相对而言,啤酒行业市场化程度较高,因此营销的花样也百变,"买店"就是在这样的情况下诞生的。在很多二三线城市,啤酒大部分是"现饮",在现场被喝掉,而这些饭店、餐馆、排档、夜场就成了各啤酒厂家争夺的最重要的终端。而终端的资源在一定的时间和空间范围内数量有限,因而成了"不可再生"资源,所以啤酒厂商之间相互争夺,最终把其推向了一个绝对的高峰。

另外，啤酒消费是一种习惯性消费，口味习惯了就成就了品牌"忠诚"。比如，你去桂林，在街头巷尾的餐馆里会听到点啤酒的顾客这么说：来瓶啤酒。这时候他要的就是：来瓶漓泉啤酒。在终端的争夺，实际上争夺的是一个展示的"窗口"、可见度和消费风气，所以这也是一个口味培养的过程。这就很容易理解：为什么"买店"会在当时那么盛行？当下，啤酒市场竞争已经是寡头竞争，已经过了"买店"的初级竞争阶段。

第二大因素：渠道困局，渠道模式变化

中国啤酒市场经过这么多年的发展，还是没有走向理想化的"厂商联盟"、战略合作，从经销商、二批商分销为主，到以厂家深度分销为主的模式，再到现在的深度分销。如今深度分销已经行不通，又开始回归到大客户和重点二批身上。从大流通到深度分销，是啤酒行业乃至快消品行业渠道模式的一次大的革新，原来的省代、大客户变成了区域经销商，总经销商很少被提及。一个县城都会有几家经销商，市区一般也会有1至2家经销商，有的主做乡镇市场，有的则做市区的深度分销。这种模式直接让经销商变成了配送商，弱化了经销商的职能，强化了厂家的市场支配和主导地位。厂家主导必然会产生很多的费用，需要商家垫付，如这次百威和经销商的矛盾就是这么产生的。之前区域越小越精细，市场做透效益越好；但现在区域越小价格越透明，竞争越激烈，经销商和二批商无利可图，市场增长已到极限。随着深度分销走向没落，厂家又开始走向大客户，关注渠道和二级分销，逐步回归到经销商主导和厂家协助为主。这对经销商的要求无疑是提升了难度，以前做配送现在则需要主导市场运作。

"百威事件"是中国啤酒市场的一种信号。百威的品牌运作其实很不错，这么多年的坚持取得了非凡的效果，已经排到了中国市场啤酒销量的前三位。此时，这些啤酒巨头的战略已经发生变化了，也就是说经过多年

的运作，品牌集中度大幅提升，具有了品牌的影响力和培养了一批忠诚的消费者。因此，"买店"和"人海战术"显然不是接下来的核心工作，整体的市场控制和经销商主导区域市场分销将是方向。这就会影响现在的厂商合作，需求不同要求自然不同，合作对象和方式也会跟着变化。以后厂家可能会继续在资本和品牌上下功夫，而经销商需要在营销和市场上投入更多的人力和物力。

第三大因素：品牌困局，被资本绑架的啤酒品牌

中国啤酒行业最缺什么？大家心中有很多种答案，说得最多的归纳起来就是两个观点：一是资本运作，二是终端营销。但真正起到核心作用的因素却被行业忽略了，这个核心因素是"品牌"。啤酒行业的竞争白热化由来已久，它是中国市场化程度很高的行业，但可能是竞争过度了，就走向了两个极端：一个是多快好省，直接让资本说话，进行收购和兼并；另外就是为了眼前的市场份额，抗击竞争，保护销量，在每年的促销、终端争夺上挖空心思、绞尽脑汁。而对于真正能起作用的基于消费者心智资源的品牌，则似乎考量甚少。这就在客观上造成了品牌战略、规划、塑造和执行这些最核心的资源被"资本"和"终端"边缘化了。

只顾资本运作和终端营销，忽略最根本和关键的品牌战略规划和管控，其销售力也是短期的。当中国啤酒品牌被"资本"和"终端"架空的时候，中国啤酒企业和啤酒行业都是相当危险的，是时候也必须将战略回归到品牌这个要素上来了。互联网时代，品牌要更加具有活力、个性和人格魅力。品牌是消费者的，资本可以买企业、买品牌，但资本永远解决不了品牌和消费者的关系，这一点永远不会变。

第四大因素：市场困局，销量下滑了怎么提升产品结构

任何一个行业都会受经济周期的影响，啤酒销售也会受天气的影响。啤酒企业已经不是规模的问题，而是效益问题。规模和效益在一定程度上成正比，如果规模下滑，利润该怎么保障？排除客观因素，如天气、经济环境等，啤酒行业规模下滑主要是因为产品结构问题。这么多年来，除了纯生啤酒带来了一次产品创新，大幅提升了产品的盈利能力之外，很少再有产品做到这一点。现在一款普通茶饮料新品上市，零售价都在5元~6元/瓶，而普通啤酒零售价也就是5元左右/瓶（小终端和超市）。与以往相比，低质低价、规模、性价比时代已经过去，消费者需要高品质甚至高品位的产品，产品创新是未来啤酒企业走出困境的又一个要素，也是最关键的一个要素。如现在的精酿啤酒等，致力于提升整体的消费档次和水平，带动啤酒业的升级，即用新产品来带动结构提升和驱动市场，走出啤酒业规模的困境。

蒋军，市场营销专业毕业，具有多年大型国有上市公司市场管理经验，以及十多年营销管理和品牌营销策划经验，具备丰富的市场营销及企业管理理论知识，系统性思维和分析能力强，擅长战略规划、品牌构建、营销操盘和实战营销。

著有《一位销售经理的工作心得》《快消品营销：一位销售经理的工作心得2》《今后这样做品牌：移动互联时代的品牌营销策略》等。

公务接待禁酒：白酒行业还有没有未来

唐江华

禁酒令的推行及国家新领导层履新以来，白酒行业终止了黄金十年的一路狂飙，2013年、2014年更是让绝大部分酒企陷入了大幅度衰退的泥潭中。而很大一部分小企业未能熬过这轮寒冬，不是停产就是破产，或被重组、收购掉。这些企业倒下后，空出来的一大片市场被谁分食了？是被没有倒下的全国性名酒及地方名酒瓜分掉了。这轮红利在2015年得到了充分了的释放，这也是上市酒企年报能够光鲜亮丽的根本原因！

但这并不意味着整个行业的市场蛋糕得到了扩容，行业的整体容量仍处于萎缩之中。随着全国性名酒及地方名酒对市场瓜分后的重新对阵，随着中小酒企的企稳，2016年白酒竞争会比2015年要剧烈得多！因为增量市场的运作和缩量市场的运作完全是两码事！

做得好的企业会越来越好，做不下去的企业只能倒下！"强分化"是基于全国性名酒和地方名优企业的日子会越来越好过，绝大部分中小企业会越来越艰难！

那么，既不是弱复苏，政府又开始了新一轮的禁酒，白酒行业究竟还有没有未来？

（1）老老实实回归市场思维。

地方高端白酒如果没有地方政府的支持很难有机会出头，这也是地方高端白酒很难走出当地或很难出省的根本原因。政府禁酒令会大大弱化政府对品牌的导向作用。对市面上现有的产品来说，政府禁酒有没有影响？有些有，有些没有，要看是哪些产品。但是也不要把政府禁酒看得那么可怕，连茅台这种曾经深陷于政商关系的品牌都能够借助市场化走出阴影，你又害怕什么？

（2）随时戳中消费者的痛点。

消费者需要什么？年轻一代的消费者需要什么？这些都是有区别的！在走访市场时，我们发现有些网点明明报了单，到了第二天却又被告知取消，产品被客人换了。原来网点向做酒席的父母推介一款产品都表示同意，很好，因为他们都是伴随这款产品过来的；但父母的儿子、媳妇到了网点后却坚决要求调换，说是产品太老套了、属于过去式。

移动互联时代，怎么去满足年轻人？引导他们就是我们这些做市场、做品牌的人要去关注和研究的！

（3）精细化手法开拓市场成为行业趋势。

精细化本质上就是人员对市场的深度掌控，过往的白酒业务都是一个人搞定代理商即可，有些还管理着好几个区域的代理商！精细化后，业务员变成了给代理商下面的网点做服务，并且根据代理商下面网点的多少来配备业务人员。简单点说就是没有快消品的翻单数量，但做着跟快消品业务员一模一样的事情！我们把精细化市场运作的本质概括成一句话就是：基础工作+卖货+服务。

（4）消费个性化，产品两极化。

移动互联时代给消费者带来趋同、跟风效应的同时，消费的个性化越来越明显。只要真正有特色、有特点的产品都会赢得自己应有的市场份额和消费群体的眷顾。

产品两极化是指零餐消费层面两极分化的趋势越来越凸显。往高走基本上是全国性名酒把持，信息的透明化让全国性名酒的性价比越来越受到消费者的待见；往低走则是小酒或地方产品的天下。消费者要么喝好一点的高端白酒，要么就是每人发一瓶有特色、有面子的小酒。这两年小郎酒、小青纯、江小白、酒鬼三两三等小酒市场来势越来越好，价格并不优惠，但这就是消费趋势！

（5）大牌之间的竞争越来越激烈。

小酒企退出市场，有资源的大牌企业才有能力在这个舞台上竞争，竞争的门槛进一步抬高，竞争的激烈程度越来越大。未来几年，啤酒式的你死我活竞争状态或许会在白酒行业上演。

大牌竞争更多的是依赖资本的力量把竞争门抬升，以后的市场争夺如果双方都看中某个市场要进行战略投入时，消耗战将会成为常态，市场的僵持状态更加频繁。

（6）整合速度进一步加快。

2016年看到五粮液、洋河、茅台等龙头企业都提出了要加快进行行业整合的报道，实际上也有一些小酒企被这些大佬收入囊中。而古井贡并购黄鹤楼、金微吞掉陕西杜康只是地方龙头酒企跑马圈地，抢占新根据地市场的一种手法。

我们说了，小酒企要么做小而美，要么被他人收购，要么在竞争中残酷地消失！行业的整合虽然不排除舍得的那种业外并购，但更多的可能是行业相互之间的整合并购。

（7）互联网式的创新成为常态。

白酒是传统行业，那也得用互联网进行改造！要把企业做一个彻底的分析，哪些环节借助互联网可以提升效率？哪些环节用了互联网产品能够得到改观？哪些环节应用了互联网可以提振销售？同样是做电商，什么样的产品才是好的电商产品，容易吸引消费者的购买？品牌的年轻化、新鲜感怎么样借助互联网进行重塑？

（8）经销商抱团发展形成风口。

白酒难卖促使经销商的抱团发展在行业里面成了普遍现象，近两年打着电商旗号的类似于随手购、掌合天下、每天惠、易酒批等公司都在拉拢经销商加盟且反响热烈，本质上都是这种趋势的反映。

行业里面声势最大的当属华泽集团掌门人吴向东先生领衔的酒业英雄联盟，目前年销售1 000万级以上的加盟经销商达到了6 000户以上，是名副其实的航母平台。关键原因还是客户觉得一个人应对行业的剧变太难，大家一起应对不但缓解了压力还带来了新的生意机会，这才是客户想要的结果，也是经销商愿意抱团发展的根本原因。

（9）酒业新常态形成。

中国经济的新常态是L形，不是V形。酒业新常态是什么？以往的快速增长会变成慢增长，企业更注重自己的发展质量。借助这个环境的改变，企业会借机把过往一些身上的脓包刺破进行治理；市场的深度精细化和服务水平进一步提升，员工培训会加强，员工素养进一步提升。

没有了政府对酒水行业消费的托底，消费者的作用只会越来越放大，普通消费者对酒水行业的认识就是像许多快消品一样，只要提供足够好的产品、足够有面子的品牌，消费者的用脚投票都会保证你的发展和成长。

白酒行业还有没有未来？不但有，而且只会越来越好！

唐江华，华泽集团西藏华泽湘酒销售有限公司开口笑品牌部长、广东无比保健酒销售总监。在酒类行业打拼十几年，从一线业代到销售总监，历经市场沉浮。擅长新产品、新市场的推广，深谙行业发展规律，是白酒行业新世纪快速发展的见证者和亲历者，也是白酒行业的知名实战派营销人士。

著有《白酒营销的第一本书》《白酒经销商的第一本书》等。

正在发生的
转型升级·实践

转型时代下快消品企业如何破局

伯建新

"这是一个最好的时代,也是一个最坏的时代"。这个时代面临着的政治、经济、人口和外部环境的变化,任何一项都足以改变中国快消品行业的格局;这个时代因为互联网的一切都在发生巨变,时空的间隔正在被逐步打破……当两者的冲击叠加在一起,我们发现一招鲜已经失去优势,成功的经验不再灵验,可复制的模式变的越来越少,很多东西变的不再确定,我们听到快消品企业在发出同样的声音,"现在的生意难做""现在的产品开发不容易""现在的市场不好管理"……那么,在这个变化的和不确定的转型时代,快消品企业该如何去做才能在困境中突围破局呢?

一、认识和正视未来的变化

潮流不可抵挡,未来无法改变,但是,我们却可以找到未来变化的轨迹和趋势,对其进行充分的认识和了解,在这个机遇与挑战并存的时代寻找自我发展的路径。那么,未来的变化又将有哪些趋势呢?

（1）网络趋势不可阻挡。

进入 2015 年后，随着国家"互联网+"概念的提出，各行各业都在积极拥抱"互联网+"，如今的互联网正在逐步深入我们生活的方方面面，时刻的影响着我们的生活。据数据显示，如今消费移动端从 2014 年的 35% 上升到 2015 年的 65%，电商渠道正在蚕食传统渠道的市场份额，在快消品行业中这种趋势和速度越来越明显。可以说，互联网正在改写快消品行业的游戏规则。

（2）高速增长不再现实（双降现象严重）。

进入 2015 年以来，由于企业面临国家政治、经济、人口和外部环境换挡，行业增长率低于所有人的预期，利润率更是惨不忍睹，50% 的企业遭遇"双降"，过去高速增长的时代已经一去不复返。同时，随着宏观经济的持续走低，企业业绩的天花板效应不断增强，快消品行业的发展进入平稳或者低速增长时代，而随之带来的是竞争的日益加剧。

（3）消费群体结构正在发生深刻变化。

随着新生代消费群体的崛起，我们的消费群体结构正在逐步变化，过去 50 后、60 后、70 后为主要的消费群体已经在逐步的被更多的 80 后、90 后、00 后这样的群体取代。这些新生代消费群体正在逐步成为消费的主流，其消费心理、消费需求、消费习惯等方面的变化正在逐步改变着企业的研发、生产、营销系统的各个方面，让企业的经营行为不断转型和升级去适应这些需求。

（4）企业营销行为多样化。

互联网时代带给快消品企业最深刻的感受就是"多""快""繁杂"和"透明"，如产品更新的速度越来越快，宣传传播的途径越来越多，营销的方式越来繁杂多变，消费者变得"无所不知""无所不晓"。而所有的这一切源于互联网的快速发展，因此我们看到企业的营销行为呈现出多样化，其表现在以下几个方面。

第一，产品设计的跨界化。如今的产品不再是我就是我的时代，如今饮料和中药结合的典范"王老吉"、清洁用品中中药和牙膏结合的"云南白药牙膏"、乳品行业酸奶和冰淇淋的结合"冰淇淋酸奶"等，所有的这些产品无不通过跨界来实现并创造出潮流。

第二，产品命名、包装的网络化。过去不被我们所认可的不可思议的命名方式和方法及包装的设计，因为网络的存在如今正在被 80 后、90 后、00 后所接受。这些新群体不在乎价格，只在乎自己所喜欢的购买感受，不在乎叫什么，只要自己愿意的购买理由，产品的命名正在背离我们传统的认知，让那些大的品牌也在取悦和讨好他们。如"两乐"在产品设计方面引入互联网，又如现在的小茗同学、茶 π、江小白等产品以其网络化的命名在市场异军突起，创造一个又一个的销售传奇。

第三，产品包装的简易化、传统化。曾几何时我们在市场上呼吁产品包装的简易化，如今因为时代的变化正在逐步成为一种现实。如在临近中秋的市场上我们可以看到，过去大行其道的高档包装的月饼如今正更多的被一种传统包装形式所取代，很多依靠包装而生的礼盒产品正在逐步回归包装的理性，包装的实用化和简易化正在逐步成为一种新的流行趋势。

第四，宣传、推广方式的多样化。如果说过去的宣传推广依靠单一的电视广告，那么，如今的手机和网络已经让很多人远离了电视。网络时代中国传媒的变化正在多样化，原本用广告轰炸的方式影响消费者的行为会越来越没有效果，如今宣传推广的方式花样越来越多，网络化的媒体让宣传时不再局限于某个时间、某一种形式、某个媒介上，推广的方式也不再局限于任何一个点，无处不在越发明显。

第五，传统销售渠道的重要性在下降。随着电子商务的兴起，以天猫、京东等为主要代表的商务平台及各种 APP 营销平台，不断冲击着原有的实体商业结构。过去让快消品企业所依赖的传统销售渠道的重要性正在逐步下降，所谓东方不亮西方亮，传统渠道无法实现的成功在商务平台上有时也会有好的表现。

二、寻找突破点

以上种种都在颠覆我们过去的认知，改变着我们的思维方式，那么，作为快消品企业，面对未来该如何去做才能实现突破呢？

（1）营销思维要全面化。

如今的营销随着网络媒体互联网的发展，电子商务平台的崛起和 APP 营销的实现，以及运输半径的打破，过去单一的针对传统营销的手段已经越来越吃力，如何实现线上和线下的协同发展正在成为一种流行。企业营销的思维也在这互联时代要求每一家企业的思维点从地面一个平面向线上和多方位的空间进行转化，过去只要抓好传统的销售渠道就一切 OK，如今需要在营销上考虑线上该如何？线下该如何？产品如何区隔？推广方式要如何？用一个全面的思维方式来进行营销思维的转变。

（2）跟随与创造要结合。

跟随不只是单纯的模仿，创造并不意味着全新的颠覆。这里所说的跟随是需要快消品企业通过学习和借鉴提升自身面对转型时代下的反应速度，通过学习先进企业的方式方法，借鉴其好的方式方法结合自身实际灵活运用。创造意味要不断的去突破，一个没有创造力的企业意味着被淘汰。这里所说的创造需要快消品企业自身善于在市场中找到流行的趋势和方式，快速响应，快速动作，找到自身的优势和特点，建立属于自己的独一无二的东西，如营销模式的构建、传播系统的建造和产品开发的模型的确立等。

（3）在不变中求变。

没有绝对的变与不变，不变需要有所坚持和放弃，变需要改变的思维和对于事务的应对方式，在不变中求变意味着快消品行业在这个变化的时代，要坚守本心，找到自己立足的根本。如对行业专一化发展的坚守、对产品质量安全的坚守、对消费者服务意识的坚守、对企业诚信自律的坚守、对市场精耕细作的坚守等,而变则是需要顺应时代的变化学会运用新的技术、新的思维方式改变自身。如拥抱互联网让销量最大化,改变过去"灌汤"式的传播手段让消费者参与企业的宣传;又如使营销渠道转型升级以适应时代需求,改变企业产品的设计方式及渠道模式的变革、盈利模式的变化、渠道资源的重组、渠道运营策略再造等方面的调整与改变。

最后,面对无法改变的现实,面对不可逆转的时代潮流,怨天尤人、自怨自艾不能解决任何问题,视而不见、我行我素无疑是逆势而为的不明之举,逃避和躲藏无法回避所面临的事实。我们必须要清楚看到所面对的现实,正视现实,寻求突破才是企业发展的王道。

伯建新,实战型营销专家、新疆市场营销协会副秘书长、《河北酒业》专家团成员、《品牌中国网》专家联盟成员。从一线市场业务人员到某企业总经理,在快消品行业摸爬滚打十几年,洞悉快消品行业的发展趋势和特点,经历和见证了企业品牌的成长和企业的发展历程,亲身参与过不同市场的开发、新产品的推广和销售提升工作,有着丰富的市场一线经验。

著有《成为优秀的快消品区域经理》《快消品营销人的第一本书》等。

家电企业如何转型

张百舸

一、家电行业的寒冬已经来临

2016年7月23日,在第二届中国制造高峰论坛上,董明珠宣布格力进行战略转型,从专注于空调领域转向手机、空调、电饭煲、电动汽车等多元化领域。不久前,美的发布"双智战略",即智慧家居+智能制造,先后收购德国库卡和日本东芝,开启转型之路。海信在今年法国世界杯的品牌广告大获成功,开始发力国外市场,2015年实现海外销售收入约32亿美元,同时推出激光电视等高端产品,实施产品升级战略。海尔早几年就开始实施轻资产模式,试图通过小微模式,加快产品创新步伐。创维也已开始涉足新能源汽车领域。就连多年垄断家电行业销售渠道的经销商——国美、苏宁也在纷纷转型:国美在加强线上业务的同时,投入巨资构建乡村渠道网络;苏宁早已开启转型之路,苏宁易购线上业务蒸蒸日上。一时间,国内家电行业刮起转型之风。

家电行业发展的"天花板"似乎真的来临了。工信部发布《2015年

1~12月家用电器行业运行情况》显示，2015年家用电器行业主营业务收入14 083.9亿元，累计同比下降0.4%如下图所示。

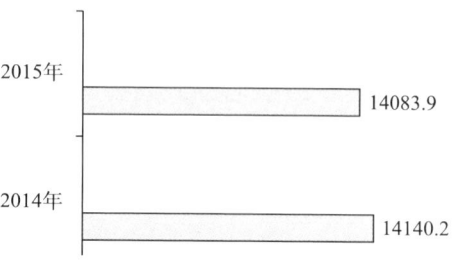

中国家电行业主营业务收入（单位：亿元）

此外，中怡康数据显示，受房地产市场影响，2015年中国空调市场零售额同比下降4.8%。同时，家电企业的经营效益也出现明显下滑，以美的为例，2015年实现营收1 384.41亿元（空调业务占比46.58%），同比下降2.28%，而格力为977.45亿元，同比下降29.04%。2016年第一季度（Q1），美的实现营业收入383.42亿元，同比下降9.63%，连续第四季度下降。就连长期处于垄断地位的家电经销商巨头——国美电器近日发布一份截至2016年6月30日的盈利预警，公告显示国美电器归属母公司拥有者的利润正在急剧减少，跟去年同期相比减少超90%。

二、家电企业的最大问题是与用户的距离太远

家电企业何以发展至此？究其原因，笔者认为主要有两点，**一是多年激烈的产品价格战使市场渐趋饱和**，加之受近年房地产市场投资缩减的影响，空调等家电产品销售明显下滑。以彩电市场为例，目前市场产品的过剩率高达28%，而且激烈的价格战也削弱了家电企业在产品质量、产品研发等方面的投入，忽视了用户个性化的消费诉求。以彩电为例，目前产品市场同质化高达75%。**二是"夹缝求生"的产业价值链定位**，不仅极大地

挤压了家电企业的利润空间，也拉远了家电企业与用户的距离，难以及时把握零售用户的消费诉求。以彩电产业为例，家电企业受上游显示屏供应商和下游垄断性经销商的双向挤压，生存空间非常狭小。从近日海尔遭受国家发改委垄断重罚的事件之中，也可以看出：即使是海尔这样的大品牌家电企业也难以撼动垄断性经销商的销售主导权。据了解，彩电行业的平均净利润率已不到1.5%，行业中流传着"家电企业距离生死只有半步之遥"的说法。从产业价值链的现有分工地位来看，家电企业更像是经销商的OEM（原始设备制造商）厂商，而不像是有品牌影响力的厂商。

这种商业模式的最大弊端是企业很难实时把握用户的消费需求，容易迷失产品改善创新的方向，从而导致产品力减弱。而耐用品消费市场是一个生生不竭的市场，每一次产品的更新换代都会换来市场"井喷式"增长。近年来，国内家电消费市场出现了一个奇怪的现象：一方面中低端产品供过于求，另一方面高端产品供小于求，这就是我们常说的有效供给不足的问题。

三、家电企业的转型关键在于商业模式创新

商业模式是指企业与客户的交易结构（朱武祥，2015），涉及企业经营管理的方方面面，决定企业的盈利结构。商业模式创新的主要目的是调整企业的成长路径。对于家电企业而言，除了战略选择之外，还需要通过商业模式创新实现企业的转型升级，让企业更加贴近用户、更快响应用户、更好地服务用户。笔者认为家电企业商业模式创新的重点领域有以下三个方面。

一是产品管理创新。

企业需要重新定义产品，完整的产品定义应包括硬件、内容、服务三个部分，内容和服务完全是用户的延伸需求，其中服务不仅仅是传统的售

后维修服务，更是用户产品综合解决方案的技术支持服务。实现产品管理创新的关键是企业要建立基于人口统计特征的细分市场管理体制。

二是品牌管理创新。

国内家电企业大多采取企业品牌化战略，早已在国人心目中形成了"低质低价"的思维定式。要改变这一状况，家电企业可以选择部分高端新产品，实施产品品牌营销，逐渐改变用户心中印象。像华为的 Mate 系列手机，通过产品品牌宣传，逐渐在用户心目中树立了中高端产品的形象。

三是销售组织模式创新。

家电行业的销售组织模式先后经历了终端为王、渠道为王的时代，如今又面临如何加强终端建设的困境。以国内鞋服行业为例，行业龙头企业李宁、安踏纷纷实现了营收规模、经营利润双增长的结果，这主要得益于其终端零售战略的成功，从中可以看出终端建设之于消费品企业的重要性。不同于鞋服行业，家电行业的销售渠道网络十分发达，遍及村镇，家电企业自建销售网络的成本太高，但构建与用户直接交流的平台又势在必行。笔者建议家电企业可通过合建、自建方式，建设少量面向中高端用户的社区体验实体店，以及借助 VR（虚拟真实）技术，建设线上产品体验平台，以此强化零售终端建设。

对传统家电企业而言，转型是全方位的，除商业模式创新之外，还需要加强 B2B 业务，毕竟中国现阶段的经济增长仍然依靠政府投资拉动。央行数据显示，2016 年 6 月份以来，M1、M2 剪刀差高达 15.2%，换言之，企业与政府囤积了大量资金，其中政府迄今累计存款高达 27.8 万亿元。而且有迹象显示，政府为了拉动经济，会进一步实施宽松的货币政策和积极的财政政策，政府为主的投资拉动将会是本阶段中国经济发展的新常态。政府这么多钱，将会投向何处？考虑前期政府在交通、水利等基础设施领域投资渐趋饱和，未来政府可能会加大教育、医疗等公共事业领域的投资，由此引致的企业级消费市场会有所增大。

此外，随着日韩等传统国际家电巨头纷纷放弃家电业务，国内家电企业还要主动融入国家"一带一路"发展战略，积极实施"走出去"战略，消化过剩产能，拓展海外市场。

张百舸，华夏基石管理咨询集团业务副总裁，同济大学工程学士，南开大学企业管理硕士，南开大学经济学博士。擅长流程优化、组织变革和人力资源管理。

工业品

正在发生的
转型升级·实践

机会成就能力，体系兑现活力

叶敦明

相比快消品行业的狂风暴雨，工业品行业的竞争压力至多也就是小雨淅沥沥。工业品企业的竞争烈度还处在"春秋时代"，"列强"尚未形成，谁先崛起，谁就是明天的霸主。工业品企业产品相对标准化，市场相对全盘化，而且对大媒体的依赖度并不高。因此，成长型工业品企业越过了体系标准化、营销规范化的门槛，可自由驰骋，逐渐成长。而成熟型工业品企业打破战略模糊定位，提高产业链的整合能力，就能欣喜地看到另一片大好河山。身在工业品行业，该知福惜福。

我们这些工业品企业虽错过了大媒体时代的马车，却不经意踏上了互联网时代的高铁。工业品企业更适合互联网时代，原因有三点：第一，与客户的深层沟通多，互动营销好开展；第二，定制产品与服务多，交易的黏性高；第三，信息对称性强，买家可能比卖家更懂得产品的应用。信息化代替人际化，智能化改造机械化，工业品企业的春天已在互联网经济的沃土中发芽。

工业品行业有几个战略与战术性机会，工业品企业应拼尽力气去赢得。

（1）产业链的整合机会。

跳出企业单打独斗的小圈圈，融入信息互通、价值共创、利益共享的大熔炉，一家企业做强的机会就更大了。整合与被整合，这两种姿态没有高下之分。整合者要有产业链的大战略与大格局，否则，召集了众多矛盾重重的小兄弟，内部损耗大于外部获得，这样的平台不值得去建，更不值得苦苦经营。

（2）盈利模式的复制机会。

谁都想有一个印钱的模板，机器一开动，钞票就哗哗流出来。盈利模式是成长型企业的船，是成熟型企业的帆，有了它，企业才能发展，也才不至于空做规模而不见利润。客户价值、客户选择、差异化营销与战略控制体系，是盈利模式的模板，而造模板的人，则需要战略洞见与经营坚定的斧子与凿子。

（3）争享营销红利机会。

顺着客户需求的大道，驾驶价值创造的战车，快意驰骋的营销体系也能让企业的市场局面洞开，让企业经营的活力得以释放。推倒工业品企业的筒仓式利益模式，以客户需求洞察与界定为开局，做好价值创造与传递的中盘，并结合维修和售后市场的大收官，产生营销红利的好收成，企业活在经营信仰中，成在坚定行动中。工业品营销的机会，仿佛三十年前的快消品行业，看到、想到，就去做到，不在于多好，而在于多快与多持久。

（4）工业服务商的转型机会。

销售做大存量，服务做好增量，这在汽车、复印机等行业，已经成了默认的做法，可在大多数工业品行业，还只是雷声大、雨点小。一是服务免费提供，客户个个欢喜，若要收费，接受者少之又少，婉言谢绝的多；二是服务质量标准、流程管理规范与服务收费标准，还没有出现能得到行业大多数成员认可的方案；三是工业服务商的核心能力在于服务而不是制造，而且服务是嵌入经营过程中的，并不是简单的配件、维修、二手设备与租赁业务的外在添加，这需要企业在战略定位、流程组织与人力资源上，进行整体的调整与转型，这就要比喊口号、加部门复杂得多，非下大气力、大决心不可。

（5）渠道的合纵连横机会。

扁平化、专一和单兵能力强，是工业品渠道的三大优势，可小而全、公司化经营弱、本地化服务能力不足，却又是三个明显的经营漏项。一家企业的产品线纵横扩张得再大，也跟不上行业内、跨行业的多样化需求，那该怎么办？经销商联盟、厂家联盟，只是小机会，而顺着客户经营的合纵连横，则是大机会。比如，经营 MRO（Maintenance、Repair 和 Operations 的缩写）工业品超市的电商企业可以跟传统的工厂流水线设备、工业车辆等经销商合作，提供全品项、本地化的供货与保养服务，让客户打一个电话、签一家企业、付一次款，就能解决一揽子问题，客户省心省钱，自己则与更多伙伴紧密合作，更好、更多地服务客户。

（6）借船出海的资本机会。

资本放下了高人一等的姿态，主动进入创业中后期的新企业，意图抢在对手之前，或在创新企业报高价之前，搞定那些市场有潜力、发展有张力的创新型企业。资本也愁嫁，既然嫁白马王子的概率如博彩，还不如慧眼挑对自己的黑马王子。资本机会不仅解决了创新企业的资金困难，更会带来新的思维、人脉与管理规范。

（7）一击而中的电商机会。

连上互联网的店商，顶多是电商的初级形态。大数据下的电商，客户需求不再是事后评判，而是事前预判，供需的协同性大大增强，主动营销从根本上替代了被动推销。这时，品牌传播与促销动作也该回归到价值传递与再创造的正能量轨道上。工业品电商的大机会，在于客户的信息化、方案的定制化与服务的本地化，选准点，方可一击而中。

机会有了，能力也得跟上，工业品企业要在以下三个方面培育自己的过硬能力。

第一，快速适应，行业波动从十年一小变到今天的三年一大变，战略规划的前瞻性、流程组织的适应性，以及人力资源的换新性，决定了自己走在机会前面,还是被机会甩在后面。

第二,开放思维,突破行业的固有做法。无论行业的固有做法有多优秀、多经典,都要根据十年后的行业情形来规划今天的企业动作,而且应多借鉴身边的消费品行业做法,用全新的视角、开放的心态与混搭的思维,重新审视现在,才能谋划出全新的未来。

第三,创新意识,创新在很多时候带有一定的破坏性,患得患失的经营意识肯定会受到不小的冲击。最可怕的情况,就是嘴里念着创新,可心里惧怕创新。

单兵强、体系弱的工业品行业,学会穿针引线的巧功夫,才能将机会转化为可能的成果。战略定位,穿起资源的经纬线;差异化营销,串接需求与供应的交叉线;服务商角色,填补产品生命周期与客户终身价值的缝隙。顺着大机会的波浪,用体系再造激发出经营活力,劈波斩浪的日子就在不远处。

叶敦明,工业品营销教练,上海本质企业管理咨询的首席顾问,有7年世界500强企业(ABB和韩国现代电子)中高层管理经验,10年营销咨询实战经验,横跨消费品和工业品两大咨询领域,致力于工业品营销咨询、营销培训、工业品品牌传播。

著有《变局下的工业品企业7大机遇》《资深大客户经理:策略准,执行狠》等。

要转型，先升级——工业品营销转型之"痛"与"策"

李洪道

工业品营销转型，不外乎营销战略转型、营销模式转型、营销策略转型、营销管理转型四个方面；其核心是营销理念的转变、营销行为的转变；其关键是市场研究功能的强大、营销管理信息系统的构建。工业品营销转型，究其"痛"与"策"，如下图所示：

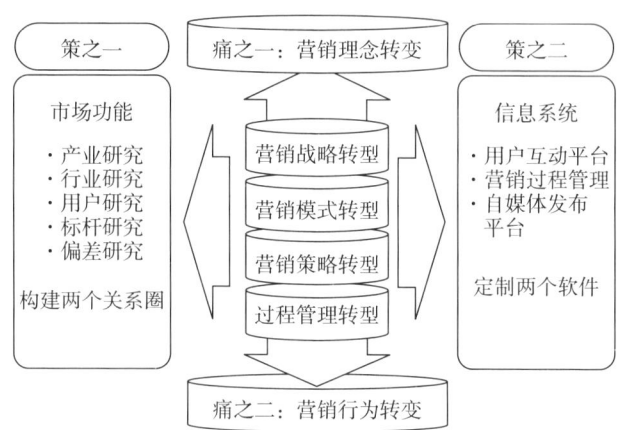

工业品营销转型之"痛"与"策"示意图

营销转型之痛，痛在营销理念的转变。

为什么要转型？为了转型而转型？还是为了破解存在的瓶颈难题而转型？这些问题必须进行深入的研讨与辩论。从自我思维升级到用户思维，从封闭思维升级到开放思维，从需求导向升级到信任导向，一切出发点旨在解决用户的信任问题，解决用户的信任问题就必须从化解用户的风险着手。

信任导向的工业品营销转型，归结起来就是：营销战略转型是"再聚焦"，聚集于价值共鸣度最高的用户群，寻找或者组建一个坚实的价值交换平台；营销模式转型是"再互动"，与聚焦的用户群充分互动、用心互动，在互动中设计方案彰显价值；营销策略转型是"再定制"，针对用户的实际情况个性化定制营销组合策略，激发用户的内生驱动力，实现营销策略的精准精深；营销过程管理的转型是"再透明"，按照营销进程图执行营销操作指南，填写营销工作表单与过程表单，定制营销过程管理软件，实现规则透明的移动互联，"打开天窗说亮话"。

营销转型之痛，痛在营销行为的转变。

营销行为的转变，绝对离不开营销管理体系的强化与优化。营销行为的转变，必须要进行营销管理体系的升级。从注重结果导向升级到注重过程的结果导向，从注重个体经验的精英营销升级到注重规则工具的团队营销，从搞定用户的关系营销升级到赢得信任的价值营销。

践行信任导向的工业品营销模式，就是要强化营销基本功的训练与督导、细化过程管理的表单信息及其分析处理。熟练掌握三者分析、四要素分析、四轮驱动策略等分析工具，苦练 AT 法则、FAB、SPIN、成交五诀、六大步骤等实战工具，以专业、职业来彰显价值，赢得信任。

根治营销转型之"痛"，唯有营销体系升级之"策"。要想实现工业企业的营销转型，建议从以下两个方面做起。

一、强化市场功能，构建两个关系圈

强化市场功能，绝对不是强化市场部的功能。所谓市场功能，是营销系统必须建立一个信息收集、记录、分析、反馈的功能系统，必须使得营销各级别人员都掌握市场研究的方法、信息加工处理的工具。运用三者分析法，动态扫描用户信息；运用四要素分析法，动态分析把握局势；运用三个维度分析法，及时搜索产业行业信息并寻找企业的位置。

营销信息从哪里来？圈子中来。强化市场功能，在操作层面就是构建两个关系圈，一个是用户圈（相关参与人员的关系圈），另一个就是影响圈（能够影响到更多用户的关系圈）。营销团队成员必须在营销实践中与接触到的用户相关人员真心真诚做朋友，使之成为好友，进一步赢得信任之后，构建一个用户关系圈；使每一位用户都会有机会接触到有影响力的行业组织与外部专家等影响力因素，这些影响力因素可以辐射更多的用户，带来更多的用户所在行业的信息与公共资源，每一级营销人员都要与接触到相应层级的影响者构建影响者关系圈。

每一位营销人员的两个圈子、不同层级的两个圈子叠加裂变，构建两个圈，就是铺设了及时的广泛的信息末梢，源源不断地传输着用户、行业、产业细微变化的动态信息，周而复始，市场功能就会不断强大。

市场功能的强大，需要全体营销团队的协调作战，绝不是单凭一个所谓的强大的市场部所能完成的。市场功能，只要用心、细心、恒心，日积月累就可以逐步强大。没有强大的市场功能，营销转型就是"瞎子摸象"。

二、搭建移动互联信息系统，定制营销管理软件

移动信息技术的发展，"互联网+"的推行，将营销管理体系固化成移动互联信息系统，是转变营销观念、营销行为的最有力保障。用移动互联的营销信息打开过程管理的天窗，使得各级营销人员可以在系统中及时获得上级的指导及其他部门的支持，真正意义上形成齐心协力的团队营销模式。

每一家企业的营销战略、营销模式、营销策略与过程管理都不一样，因此需要量身定制属于自己的营销管理信息系统。在咨询实践中，我们开发了两款工业品营销管理系统。

针对物流性的客户重复购买连续使用的工业品，其营销的驱动应该来自于客户，我们为此开发了客户互动平台软件，营销人员的首要任务是辅导或指导客户登录使用客户互动平台软件，使得客户直接与公司相关价值创造部门对接，实现移动互联、价值显现。南京科润是国内最大的工业介质解决方案提供商，我们将其营销战略转型为平台营销，全新打造"全程介质、全心互动"的新模式，定制了客户互动平台软件系统，成为国内工业介质领域的第一个开放的客户互动软件平台，客户可以远程自助式满足其需求、解决其所遇到的介质问题，公开透明地展现客户与科润互动的所有信息，彰显了南京科润给客户的价值。

针对项目性的工业品营销，其驱动力还是企业的营销人员，我们将基于信任导向的工业品营销管理体系工具嵌入到软件中，开发了一个信任导向工业品营销过程管理软件，工业企业在营销进程图中进行自主编辑、相关营销表单自主编辑、绩效考核 KPI 自主编辑、营销组织结构与权限自主编辑，就可以实现低成本的定制属于自己企业的营销过程管理软件。

工业品营销工具系统＋工业品营销管理软件＋工业品营销转型辅导，为中国工业企业营销转型保驾护航，我们不忘初心，继续前进。

李洪道，工业品营销专家，上海恩虹营销咨询有限公司首席咨询顾问，信任导向中国特色工业品营销管理体系创立者，中国工业 CSO 联盟首席顾问。常年专注于工业品营销实践与理论研究，创新提出"工业品营销，赢在信任"的论断，首创基于信任导向的中国特色工业品营销管理体系。

著有《工业品营销管理实务》《工业品营销：赢在信任》等。

绝地重生——中小微工业品企业转型升级实践启示录

杜 忠

蓦然回首，2016年已过去大半，回想这200多个日日夜夜的心绪起起落落，却都只和一个主题有关——"中小微工业品企业转型升级"。

此刻的心情，忧喜参半。

忧的是全球经济下行、中国经济新常态下，为数众多的中小微工业品企业尚在转型升级的泥淖中挣扎——前路看不到希望、战略方向不清晰、骨干人才顶不上、内部管理粗放、产品同质化严重、各种成本高企……重重压力之下，许多企业家昼思夜想的不是如何让企业进一步发展，而是这条实业之路究竟还走不走得通？

喜的是经过半年的摸爬滚打、实践和死磕，我们以用户的真实需求为原点，以企业可持续发展为依归，在多家中小微工业品企业转型升级咨询和培训服务的过程中，形成了一套切实可行、被实际成果验证了的专门解决中小微工业品企业转型升级问题的最佳解决方案——原点战略市场运营体系。

这种解决方案不仅适用于中小微制造业企业转型升级，还适用于中小微贸易型工业品企业。

2016年3月，上海一家主要代理德国高端工业胶黏剂的工业品贸易型企业找到我们。作为国际知名品牌的代理商，以往的生意其实可以用"风光"来形容，技术的垄断性+品牌的影响力，使其几乎不用花太多力气就可以旱涝保收，过上安稳日子。但从2014年开始，形势越来越不妙了，不仅高端品牌间的竞争日益加剧，国产同类产品的品质也越来越能实现大部分替代，产品同质化背景下的价格战频频爆发。更糟糕的是：作为大品牌的渠道商，"外战"刺刀见红的同时，"内战"也时有发生——不仅相邻区域或近似产品线代理商之间渠道冲突时有发生，就是背后的"靠山"，也在巨大的市场竞争压力下，变得越来越"唯利是图"了。

原本高枕无忧的好日子眼看就要到头了，未来的出路在哪里？到底怎么经营才能让贸易企业不至于两头受"夹板气"——供应商施加的业绩压力越来越大，客户方对价格和服务的要求也越来越苛刻。2016年，经过为期4个月的共同努力，我们不仅帮这家企业重新定位了价值链上的"价值点"，还以此为原点，导入了原点战略市场运营体系，使其从公司高层到基层员工，明确和统一了企业长期发展定位和未来三年的发展目标，并从战略层、方法策略层、执行层、学习与成长层，层层分解、逐个立项，落实到公司全体员工的具体工作中，并生成可见和量化成果。

实践证明：原点战略市场运营体系的导入，圆满解决了这家工业品贸易企业的转型升级问题。

首先，这家公司原有的盈利模式可以用"倒买倒卖"来形容：主要依靠创始人职场发展期所积累的品牌供应商资源，低价买入，再广泛撒网，寻找潜在需求客户信息，上门推销并长期维持供货。因为国际品牌的技术壁垒较高，一旦供货关系形成，除非客户生产工艺发生改变，一般不用担心其换产品。因此，其依靠信息不对称、渠道不对称所获得的独占优势是其价值链上的核心价值点。但随着互联网信息革命浪潮的到来，这种不对称壁垒越来越低，就导致其"可替代性"大大增加，获利能力大幅削弱。

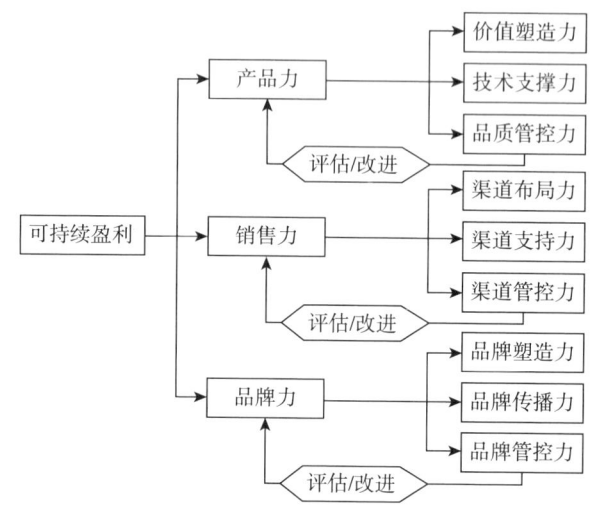

原点战略市场运营体系示意图

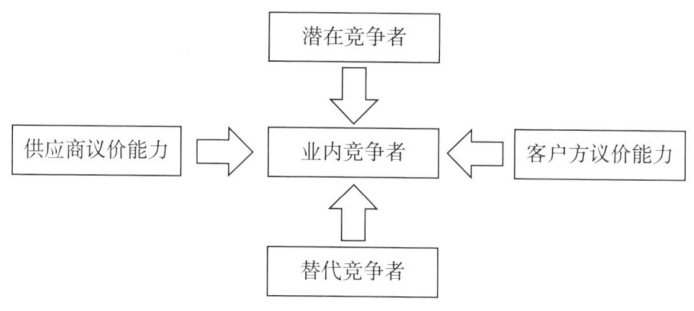

竞争格局示意图

显而易见，这家贸易型工业品企业转型的关键是找到新的"不可替代性"。根据咨询项目深度诊断阶段内外部调研所掌握的信息和资源，经过专家论证及与高层间的反复沟通，确立了转型的方向：由单纯"倒买倒卖"的贸易型企业转型为能够根据目标用户真实需求定制解决方案的技术专家型企业，从而在产业价值链上明确自己的定位、增加企业的存在感，让公司实现可持续盈利。

其次，这家公司之所以找到我们，还有一个很重要的原因——老板觉得太累了，经济环境压力增大的情况下，几乎都到了"崩溃的边缘"（引用原话）。公司业务人员也不算少，但老板自己的年销售额占了大半，想授权、想放手，一是不敢太冒失，二是确实没有可用之才。简单说就是老板养着全公司。总结一下就是"老板＋一群助理"的集权式管理模式。访谈过程中，老板也非常诚恳：信任授权、流程优化、KPI 考核……公司其实也是想尽办法希望让整个团队动起来，做公司十多年了，老板对再赚很多钱也没有太强烈的欲望，只想好好经营，让这个事业有发展、有未来，让跟随自己打拼多年的兄弟姐妹们有更好的将来……

原点战略市场运营体系的长处恰恰就在于其系统性——将以往靠碎片经验粗放式管理的企业升级为靠系统精细化管理的新型企业，使中小微工业品企业从当前"个体老板＋一群助理"的集中化管理模式，升级到"舵手型老板把握方向＋骨干团队群策群力"的去中心化管理模式，以业绩可持续增长为导向，全员激励，让该公司成为所有公司成员事业和个人梦想的最佳载体。

2016 年上半年，在天津也有一个类似的咨询实践案例：主要产品是工业铝型材，导入原点战略市场运营体系后，把原来要做工业铝型材行业领导者的战略目标调整为成为工业铝型材集成服务专家，让战略落地成为可能。随着战略目标的层层分解，也让骨干员工跟上了老板的步伐……

未来，中小微工业品企业将因为原点战略市场运营体系的诞生而绝地重生，我们有信心。

杜忠，天津大学 MBA、某外企市场部经理，致力于对工业品销售技能提升、工业品销售团队管理、工业品市场团队管理及工业品市场营销体系构建的探索和研究，对国产工业品和进口产品的优劣势对比、销售和渠道管理的不同思路和方法、市场推广和品牌塑造的不同理念和手段有深刻的认知和扎实的一线实战经验。

著有《工业品市场部实战全指导》等。

医药

构建突破医药企业成长极限的三大体系

段继东

企业发展遇到瓶颈，遭遇成长极限，往往是由战略和营销问题所致。战略是根源，营销是症结所在。营销问题解决得好，必然带动企业快速成长，给战略、管理问题的解决赢得时间；反之，方方面面都会受到制约，困境越陷越深，无力变革。

企业规模越大、资源越多的时候，营销体系的支撑放大作用越突出，体系化建设要比简单化营销或政策机会拉动所实现的成长更具深远战略意义。因此，打造营销三大体系，即PBO体系（P – product 产品体系、B – business 业务体系、O – organization 组织体系），是医药企业突破发展瓶颈的重要战略任务，也是进行营销变革的重点方向。

营销组织建设至关重要（Organization）。现在一些企业营销出现问题，找不清原因，大多归于营销队伍不得力。这个问题极容易表面化，销售团队的效力发挥必须通过建立与人员相匹配的组织来实现，这是重大问题，老板必须亲自抓，马虎不得。

目前很多企业都对构建业务体系感到困惑（Business）。要建多大规模的销售队伍？是按产品线分，还是统一管理？每一个业务体系的管理模式是什么？用什么销售方式来做？这些问题对于很多企业来说是疏忽的，甚至是比较盲目的，所以建队伍是一窝蜂，分开是一窝蜂，合并也是一窝蜂，导致模式经常变、策略反复改。

产品是企业发展的核心和基础，也是未来竞争的根本，得产品者得天下。今天我们着重谈一谈**医药企业产品体系规划（Product）**。

其实大部分自认为缺产品的企业并不缺产品，许多在其他企业被非常看好的产品，却躺在自己企业里休眠；同样的产品别人能卖出3亿元，在这里却只有不到3 000万元，甚至更低。我们服务过许多企业，第一步就是让它们把现有产品潜力挖掘出来，再说其他的方法。其中的大部分都产生了非常好的效果，业绩翻倍的不在少数。

所以，我认为缺产品实际上缺的是对大产品的识别能力和培养方式，缺的是对产品的系统规划和有效管理。本质上没有对产品价值进行挖掘，没有做好产品体系规划，产品资源是浪费的。实践证明，大产品能够造就大企业。很多企业并不是因为产品有特色而成为大企业，而是主要归结于它的产品管理到位。相比于其他企业不断做加法，先声药业主张资源集中，产品线围绕抗肿瘤药、心脑血管药、抗感染药和肌肉骨骼保健药四大方面延伸，齐鲁制药重点发展肿瘤、心血管、神经系统用药。这些做法都值得借鉴。

既然叫作产品体系规划，就要有目标，就要有短、中、长期落实目标的路径和方法，这些需要借助专业机构和专业人士来完成：

（1）对现有产品进行梳理和评估，对产品进行分类。

把产品按照产品特性、毛利空间、竞争环境等相关维度划分成几类，比如，普药产品、半普药产品、新药；比如，规模导向产品、利润导向产品、品牌导向产品；比如，战略产品、核心产品、一般产品和次要产品。进行产品评价，该做大的要做大，该砍掉的要砍掉，该外包的要外包，不要舍不得。对经过梳理后的价值产品要进行重点策划。

（2）营销模式产品化，制定相应的个性化产品策略。

对筛选出来的产品，以产品制定策略，以策略制定营销模式，就是营销模式产品化、营销模式策略化。尤其是建立大产品战略，挑选具有大产品基因的产品进行重点打造，打造超过一亿元的中等产品、超过三亿元的大产品、超过十亿元的超级重磅大产品。同一款产品在不同市场不同，如在核心市场和在一般市场不同，在高端医院和县医院的策略、模式完全不同。同一产品的不同剂型在操作模式和策略上也是两套打法，在医院销售和药店销售的重点也不一样，医院是教育医生，药店是教育消费者。

（3）打造以大产品为核心的系列产品线。

产品评价、筛选的最终目的是构建长度、广度、宽度、黏度都比较合适的产品线。产品的长度是指一条专业产品线上产品的个数，产品线的宽度是同一产品的规格和数量，产品线的黏度是指产品线间的相关性。只能做大一款产品或一款产品也没做大，多是产品线管理没做好，更谈不上研发战略对企业长期战略的支撑。打造以大产品为核心的系列产品线包括围绕产品线的研发体系构建，对未来产品的研发方向、产品选择、引进方式、上市报批等进行系统规划。

（4）进行系统、科学的产品管理。

有许多企业是死在从有想法到出成果的路上，方向都对，路子都对，就是多年顽疾不改，其中没有人进行产品管理是主因。产品管理的核心是有思想的产品经理、能执行的策略、合理的预算。目前的情况是：研发与营销脱节，产品上市与市场脱节，产品策略和销售执行脱节。

公司看似有市场部，但不论从部门功能还是人员素质层面看，根本发挥不了市场部的作用。许多产品经理只是具备了医药知识，不懂营销，更不懂产品管理，只会做资料，开学术会，不懂策略制定，跟销售人员对不上话，跟客户接不上火。

产品管理的要害在于将产品特性转化成利益，要根据竞争环境制定产品定位、市场定位及差异化营销策略，并能够在产品成长的不同阶段打造其生命力；要教育每位销售人员成为产品的管理者、市场的教育者，每位客户都成为产品的忠实使用者、维护者。

在营销三大体系基础上，我们还应强化以下两个重要方面：

第一，医药企业品牌体系规划。我们常说制药企业的发展是专业化、特色化、品牌化，品牌的作用显而易见。企业可以通过先打造细分市场的产品品牌，然后再打造系列产品品牌，最后形成企业品牌。产品品牌带动企业品牌，企业品牌放大产品品牌，二者起到相互联动的作用。

第二，医药企业目标管理体系。将战略目标分解到年度经营计划，将年度经营计划落实到各阶段并确保有效执行，是构建前四个体系的根本保障。医药企业目标管理体系是通过有效的目标管理、目标分解和薪酬绩效解决营销保障问题。为什么企业害怕与代理商博弈？是因为没有进行客户管理。为什么企业年终销售计划实现不了？是因为没有过程的目标管理。为什么销售团队缺乏执行力？是因为目标管理举措没有做出来。目标管理体系是能够实现营销战略的保障，也是实现营销过程管理的关键。

所以，我们预测过未来应该是产品为王的时代，应该是营销网络为王的时代。现在企业需要在营销体系建设下完成一款产品的塑造、网络的建立和营销服务的提升。对于医药企业来说，不论是大型企业、中型企业，还是小企业，营销五大体系规划——组织体系规划、产品体系规划、业务体系规划、品牌体系规划、目标管理体系规划都至关重要。

段继东，中国医药企业管理协会副会长，北京时代方略企业管理咨询有限公司董事长，清华大学、北京大学特聘教授。现任及曾任多家医药企业董事、独立董事，包括仁和药业、昆明制药、康恩贝、舒泰神等九家医药上市公司，及齐鲁制药、重庆医药集团、锦州奥鸿等多家非上市企业。

著有《在中国，医药营销这样做：时代方略精选文集》《中国医药企业经典管理大系》《决胜十年——谁是医药新王者》等。

以专业托起健康产业未来

范月明

对于药品零售行业来说，利润率并不高，使得企业如同被"捆住手脚"，很难激发这一领域的活力。透析这一问题，有如下几个原因：

（1）业内平价搏杀。

在药品零售行业里，从"送鸡蛋比赛"中，我们就能真切地感受到价格战的残酷。但是，说句心底话，如果一个行业的利润都被这样给"搏杀"掉了，那以什么来发展呢？以什么来维护团队的稳定性？又以什么来回报用汗水与努力在这一领域打拼的人呢？

（2）专业服务缺失。

当一位顾客进店要某种药，员工拿给了他，顾客买单走了。这个过程其实并没有创造顾客价值，因此，当然也没有带来额外的收益。门店的业绩没有增长，盈利有限，员工的收入当然也是受限的。

为什么会是这样的呢？因为我们似乎并没有真正"看见"专业会带来利润。

（3）政策导向与现实差距。

那些看上去很诱人的"红利"似乎总是悬在空中，看得见，摸不着，而且不同地区在执行政策时态度也不一，因此，也带来了很多增长"苦恼"。

（4）渠道乱象。

虽然渠道正在被不断规范，可是，仍然有一些不正规的方式走着"超低价"路线到达药店，这样比价，怎么竞争呢？

但是，撇开所有的困境来说我们是可以做到的。不论外界环境如何，如果一家药店能将专业打造成自己的核心竞争力，那么势必会有丰厚的回报。

举一个笔者曾经在门店的例子。笔者记得在一家超市时，每天的营养素销售额大概就在 500 元左右，从数据来看，还是不错的。但是，在笔者接待一些顾客后，发现顾客的消费潜力很大，是什么意思？就是当我们在正常导购时，跟顾客提起相关的营养素产品，通过恰当的卖点传达，发现有一些顾客欣然接纳。那时候，我如同发现了一座"金矿"，每天拼命导购。当然，是以专业化流程去引导，丝毫不勉强顾客。带来的结果是：几个月后，笔者一个人的营养素销售额每天就达到 600 元，多的时候日均近 1 000 元，这太不可思议了，怎么做到的呢？

笔者仔细思考了一下，一是自己的医学专业知识派上了用场，二是自己学过的专业化销售技巧发挥了作用，其中包括心理、沟通、营销等，三是市场中有这个潜力，但以前没有挖掘出来。而笔者在引导过程中，药店人遇到的各种问题事实上笔者也同样一个没落下，只是用了专业化技巧去看懂顾客，解决了顾客的问题，顾客笑着离店了，而且回头的顾客还挺多。换句话说，就是跨越那些难题，而没有被"挡住"。

一家门店如此，一家企业也同样是这样的，一个行业莫不如是！

药品零售行业想要有更好的发展空间，一定要创造更好的顾客服务与解决方案，而这就依赖于专业化素养。市场需求当中，健康产业有着巨大的"矿藏"，而它又是与药品零售最为密切的，我们可以通过开凿健康产业提升整个行业的利润水平，以获得可持续发展的源泉！

当然，专业并不仅限于表达在销售中，我们在门店经营过程中，都可以凭借专业来精耕细作，打造出优质的药店品牌形象与服务力。

(1) 慢病会员管理。

顾客关系维护中，对于我们药店来说，长期购买的顾客自然是需要进行"维护"的重点，而其中又可以通过筛选找到优质顾客。我们在执行慢病管理流程时，多数时候都是在做"公益"，但是当我们这样做的时候，就会带来一些机会。

有很多人说，慢病管理与销售不能搭边，其实并非如此。慢病管理中，我们是帮助顾客构建良好的生活习惯，预防远期风险，提升他们的生活质量。在这个过程中，同样能唤醒顾客购买相关的品类，这正是健康相关产品的销售机会所在，当然，要注意巧妙融入。

（2）专业化卖场氛围。

卖场管理对销售有着深刻的影响。举一个例子，在一个社区里面，有一家封闭式柜台的药店经营了多年，生意一直不错，但是最近，一家开放式货架经营的药店就在它对面开张了。于是这家封闭式柜台的药店"被迫"也开放了部分货架，但在笔者看来，此时已经有些晚了。

这里只是列举了一个最基础的卖场问题，事实上，在打造门店氛围中，大到分类，小到一张价签、一个气球，都是可以专业地呈现在消费者面前的。专业氛围打造是什么样的感觉呢？就是你没有看到，你会觉得自己店也挺好，但是当你看到了专业的卖场，细节做得如此到位时，你就知道自己有很大差距！而这些差距，你以为顾客就看不出来吗？

（3）先进的软硬件系统。

那天，笔者到K城，巡店中，发现一家药店里面有五六名顾客在收银台那里等。笔者心想，这家药店生意这么好？进去看了之后才知道，两名员工在收银台干着急，正在重新启动电脑，说是POS机经常出现这种死机问题。这又是一个最为基础的设备"事件"，如果有一天，你看到一家药店只需要顾客一个指纹就能确定其身份、所患疾病、购药历史，可以给出的专业建议，那么，是否会觉得自己的"老掉牙"了呢？

SAP、BI系统、更为精细的会员管理软件等将会从根本上改变一家企业的管理与运营效率。

此外，在人员、商品、促销与商圈等管理中，也可以用更专业的方式落地。

打造"专业"的过程是痛苦的，它需要坚持！但是，当它能托起一个行业的明天时，那又是怎样的一种欣喜！其实说白了，打造专业也是一种匠人精神！

笔者在近几年的培训中，到全国各地，接触了很多连锁与单体药店。笔者发现，其实有一些企业运作得就挺好，如为员工提供免费餐，而从其经营上来看，莫不是把运营做得极为细致。也许正是因为专业，所以他们才有能力支付得起吧！因为专业能创造更高的经济效益！

对于有意投资的精英们，笔者也想说：药品零售行业的人都是实打实的用汗水在挣钱，加上强化专业，深挖健康产业，投这一领域，会收获实实在在的回报！

范月明，笔名云中月，临床医学、工商管理双学位，国家执业药师、医师。海王星辰近十年一线实战至中高层管理经历。第一药店管理学院高级讲师，多家药店媒体资深撰稿人，中国药店金牌专栏作者。

著有《引爆药店成交率1：店员导购实战》《引爆药店成交率2：经营落地实战》《卓越药店人》等。

OTC 产品滞销的"天灾人祸"

鄢圣安

我近日收到一些企业内训的邀请,在内训前的沟通中,出现的最多的词汇就是"动销"。这些企业似乎都在寻求"动销"一招制敌的办法,我说我没有。因为在我的理念中,OTC 的产品动销是由多个因素组成的,促销活动只是其中的一部分,我们还有许多琐碎的工作要做,而这些琐碎的工作,恰恰与"动销"密切相连。我们今天从另外一个侧面来探讨 OTC 产品的滞销,从为什么会产生的角度来谈。

一、天灾:把销售的整个环节剥离了

很多企业发现产品滞销是在产品进场之后,发现产品不动销,去门店一问,店员说发红包就卖,不发红包就不卖,或者说是总部重点品种就卖,不是重点品种就不卖。你扭头回总部去谈重点和首推,总部一句话:你能拿多少促销费或者促销资源?然后你就傻眼了。你心想:你不是说底价给你,销售交给你吗?都底价供货了,哪里还有促销费?然后产品就不得善终了!

问题出在哪里？总结起来就是：**你剥离了销售的每个环节，没有从一定的高度来思考整个销售的环节，产品销售不仅仅是进场就完成了整个销售**。再说明白点，你在谈判进场的时候，只在考虑产品如何进场，而没有去思考产品进场后如何动销。所以为了进场，你一味地满足客户的进场费和进场扣率，你总是指望着以满足客户"首推"的扣率进场，然后坐在家里数钱。试想，当你把产品销售的命运交给别人（连锁药店）手上的时候，你还能过得滋润吗？你只顾自己谈判省事，尽快进场，所以就不考虑以后，只管现在，这就是剥离了销售环节。如果每次开发客户时，你都对客户做好全面的调查，对症下药，开发与动销全部都设计好方案，考虑到进场后滞销要采取哪些手段，你面对产品滞销时，还会束手无策吗？还是我常说的那句话：**OTC 销售不是坐等其成，也不是水到渠成，而是精心谋划的结果**。是我们挖好了坑，设计好了套路，让客户往里面跳，而绝大多数的各位，是掉到客户的坑里，然后哭天喊地。好吧，不想产品滞销，进场前的调查和进场的谈判时就请你设计好方案。

二、人祸：进场后的"五不管"

公司不管——业务员管理机制问题。

公司对业务员的工作缺乏管理，从公司的层面来说，没有制定有效的考核体系来跟进产品进场后的动销追踪。而我们业务员的现状多半是你考核什么，我就做什么，你考核的内容与动销无关，所以产品就滞销了。

业务员不管——不愿意跑。

当业务员不想跑的时候，你就什么也别想要了。只有业务员跑店，才有可能发现销售的险情，才有可能找到动销的机会点，才有可能建立客情关系为长期动销做铺垫，才有可能做终端陈列、店员教育、消费者教育等细节性的工作。总之，业务员不跑店，产品滞销了那就是活该！

药店不管——代销和无人管。

代销一定情况下也为滞销埋下了伏笔。只要客户没有给你结货款，产品就永远还是你的，客户就不会把你的产品放在心上，因为他们总是有退路可以走。所以，我们要谨慎采用"代销"的方式铺货，光有铺货没有动销，铺了也白铺。要是你的业务员再不跑，那就更惨了，药店就根本想不到要去销售你的产品。也许等你去清场，客户来一句：有你们的产品吗？

店员不管——没有动力和压力。

店员不把你的产品放在心上，是产品滞销的关键因素，也是最直接的因素。要想产品动销，店员的卖药动力和压力你至少得解决一个。如果不能解决，那就休想产品上量啦！要不然你就活生生地看着你的产品上面"风尘仆仆"吧。

消费者不管——没有购买的欲望。

没有很好的针对消费者的促销活动，或者没有考虑消费者的利益和诉求点，"自淫"自己是独家产品、是中药保护品种是没有用的。因为消费者没有购买的欲望，或者没有接受这个产品的想法，这也是产品滞销的一个重要因素。

在当今规范化操作和专业化推广的趋势下，我们要关注产品的时候，更要关心我们的营销服务。我们要站在一定高度和角度来思考 OTC 销售，如果还是按照以前那样的销售活动，走到哪一步想到哪一步，那么在这个大环境下，你将越走越难，越走越苦恼。个人做 OTC 的一点感悟，仅供各位同人参考使用。

鄢圣安，湖北天迈康药业有限公司销售经理。负责公司自有产品和全国总代产品的终端销售营销策略的制定及产品核心优势的提炼；负责"学术推广"的监管和业务员产品知识的培训，以及大型连锁药店店员培训的授课工作；协助业务员开发药店，开发维护大型连锁的总部。

著有《OTC 医药代表药店开发与维护》等。

餐饮·零售·微商

新常态下餐饮企业经营策略的战略思考

吴 坚

如果说2013年是中国餐饮业的转型之年，2014年是中国餐饮业的洗牌之年，那么，2015年可能是中国餐饮业重新出发的重塑之年。这从2015年7月餐饮行业里两个知名企业不约而同做出的战略调整中可见端倪。

这两件事分别是：

中国新锐餐饮领导品牌外婆家将未来战略进行了调整：提出"永远100"，即未来每个品牌的规模永远不超过100家；不仅扩张的规模收缩了，同时在品牌定位上也更明确做"地区代表"与"个性化代表"……

"阿五美食"更名，致力于"为豫菜正名"，把复兴豫菜作为使命的河南"阿五美食"决定更名为"阿五黄河大鲤鱼"。

尽管仅仅局限于两个企业，似乎也没到"惊天动地"以致会影响行业的层面，但两件事共同之处是关乎战略。在笔者看来，两件事不仅是两个企业的思考，也许会成为餐饮业未来发展的标志性事件，并足以影响行业的发展策略。

那么，两件事背后揭示了怎样的玄机？

我们更需要思考，在经历了2013年的"转型"的困境，以及2014年的"洗牌"阵痛后,在中国经济新常态下,在移动互联网时代,2015年乃至未来,餐饮业的发展战略。

第一个思考:品牌重要还是数量重要?

外婆家的"永远100"无疑颠覆了行业的传统扩张思维,我们耳熟能详的是"做中国的麦当劳",或者立志开上几千家的店等。为自己设规模上限倒是头一遭,而且是一家风头正强劲,门店所到之处无不大排长龙的"旺店"。究竟是什么原因驱动外婆家做出这样的战略调整?

外婆家创始人"Uncle 吴"告诉我:"这两年,杭州的时装与奢侈品品牌连锁店关的比开的多……"也许是对未来的竞争格局的预判,让他们选择了稳健。

所以,外婆家提出了"永远100"的12字方针:控数量、调品质、比数据、扬品牌。将"品牌比数量重要"上升到战略高度。

品牌是企业保证利润活力的关键要素,所谓利润活力除了表示利润率的高低外,更重要的是指持续盈利的能力。

事实上,但凡能够追求规模扩张的餐饮业者,其对品牌的认识与重视均非同一般,问题出在思维的优先上。20世纪90年代曾经红极一时的烧鹅仔、红高粱等品牌,正是凭借领先的品牌意识造就了辉煌,但是,当"数量"过度进而掏空了"品牌"基础时,"数量大厦"的坍塌便难以避免了。

因此,品牌比数量重要的思维,应该是2015年乃至未来,餐饮业者需要确立的一种战略思维。

第二个思考:"为人民服务"还是"为部分人服务"?

"阿五美食"更名为"阿五黄河大鲤鱼",表面上,无非就是关乎定位的一个再普通不过的事件。然而,作为2014年度中国十大正餐品牌之一的"阿五美食",从定位于一个菜系——"豫菜"到聚焦一个单品——"黄河大鲤鱼",这种跨越,传达的信息已不单纯是品牌定位的问题,更是对往什么方向"定"与"定"什么"位"的思考。

这一切的变化的根本原因在于，消费市场已进入小众市场时代。

从大众化消费时代到小众化消费时代的转变，是从树立"为部分人服务"这个理念开始的。我们已经习惯了"为人民服务"，即把所有人都当成客户，如何实现"为部分人服务"呢？这就涉及市场细分。

事实上，对于品牌企业来说，你的产品并不是卖给所有人，仅限于本企业所选定的目标客户，即要服务的那部分小众。这样才能沉下心来认真研究这部分人的深层次需求，集中有限的资源去做地下工作，去寻找创新的源泉，并根据目标客户的现实需求和潜在需求来定义本企业完整产品的差异化特征，从而树立与众不同的品牌形象，形成鲜明的品牌定位。这就是从"阿五美食"到"阿五黄河大鲤鱼"的改变背后的玄机。

因此，2015年乃至未来，餐饮业要确立的第二个战略思维就是改变思想，从"为人民服务"转变到"为部分人服务"。只要思想转变了，很多问题就迎刃而解了。比如门店规模上一定是从大而全到小而美；产品数量上一定是从多而广到少而精……

第三个思考：效率问题已成为餐饮业命门。

当外部环境不确定，增长也变得不确定时，企业需要提升管理的效率，而管理的基本功能也正是提升管理的效率。

当下餐饮业已面临"四高一低"困境，进入微利时代，今天的餐饮业管理者必须接受一个事实：劳动力和原材料无法持续降低，而是会不断地释放自己的价值。这就要求管理者从全新的角度理解效率，包括运营效率、人力资源的效率、产业协同的效率。可以说，效率问题已成为餐饮业命门。

事实上，无论是外婆家的"永远100"还是阿五美食更名"黄河大鲤鱼"，所有动作都可以概括为一个关键词：减法！而驱动"减法"的则是提升"效率"。

"永远100"是为了"专注自己，守住根"，更专注运营效率，从而保持利润活力；从"为豫菜正名"到"黄河大鲤鱼"是为了"创造粉丝，留住客",更聚焦目标客群,从而保持稳定的持续增长。

令人担忧的是,效率问题却恰恰被绝大多数餐饮企业忽视,甚至不知为何物。我们太习惯盛世繁荣之下的管理运作了,却把本可以改进、优化的许多问题当成理所当然了。

因此,"效率"应该是继"转型""洗牌"之后,餐饮业的另一个关键词,对效率的关注应该是未来餐饮业者需要持续关注并落地执行的重要战略思维。

结语:

新常态下,我们不仅需要确立品牌比数量重要的战略思维,提升"管理效率",以提高人均利润率;我们更需要确立"为部分人服务"的思想,提升"经营效率",定位"我是谁",聚集顾客的需求;重构组织架构,更专注顾客的创造与留存,以盈利中心为模式,让听得见炮声的人指挥战斗。或许这就是未来餐饮业的玩法与打法。

吴坚,中国餐饮文化大师,改革开放三十年功勋人物,全国餐饮业认定师、中国餐饮业国家级评委,励德(香港)酒店投资顾问有限公司董事长、首席顾问,微信公众平台"餐饮商学院"创始人。

著有《餐饮企业经营策略第一书》等。

零售企业的历史性成长机遇——策动零售产业供给侧改革

丁 昀

零售业的供给侧改革，不单需要消费领域的变革，更需要整个零售产业链改变以往的模式和效率，从导流端、经营端、平台端端口的升级改造入手，做好基于消费人群的差异化定位，基于不同市场，迭代升级自己的产品和服务。

（1）导流端。

核心作用是基于定位人群，通过整体差异化的商业建筑规划、差异化的业态品牌组合及持续的基于定位的差异化精准市场推广行为，增加零售平台的增量客流。

在上述导流端策略中，最难的当属差异化的业态品牌组合打造。但最近几年，随着国外零售市场本地需求大幅下降，整合国外供给侧的资源出现了历史性机遇，一部分有国际视野和行业洞见的零售企业通过海外并购的模式很好的抓住了历史性机遇，系统的解决了这一问题。宏图三胞是本世纪初红极一时的IT零售商，而后在苏宁、国美和新锐电商京东的前后夹击之下，逐渐淡出了主流电子产品零售商的序列。为重返第一梯队，三胞集团选择了直接并购国外零售商及供应商，尤其是零售商（不仅可借其平台系统整合一系列品牌，更重要的是获得了优质的国际零售品牌管理团队），在国内形成一系列强风格品牌族群的强差异，从而实现导流的目的。其先后入主英国老牌百货集团弗雷泽、美国电商第一股麦考林、美国最大的"新奇特"产品专业提供商布罗克斯顿，收购港交所主板上市公司、营销网络遍布全球的女性"新奇特"产品全球领先提供商万威国际和英国255年历史的全球最大玩具店哈姆雷斯。

如果无法进行大规模并购，还可通过品牌代理、收购等方式扩大自营业务。2015年，新世界百货收购了代理公司 Well Metro Group Limited，并将 MOSCHINO、LOVE MOSCHINO 和 RED Valentino 服装品牌的代理权收至麾下。百盛也一举投入4 000万元，与 AUM Hospitality Sdn. Bhd. 合资成立公司，进而将4个独家代理的餐饮品牌资源导入到百盛的门店之中。大商股份也在同一年收购大型奢侈品代理商莱卡门55%的股权，试图通过收购代理商来吸引更多国际大品牌入驻，进而节省招商成本。

导流端策动供给侧改革的核心关键点是零售终端市场整合能力——即通过运营效率的优化有效协同终端零售企业进行组织创新升级，形成对接上游资源的有效分销网络。上述宏图三胞案例，若没有其在国内整合南京新百集团及入股王府井百货集团的这一系列终端并购部署和协同优化举措，根本无法有效对接国外的系统品牌资源，更谈不上协同效率了。

（2）经营端。

经营端的核心作用是经营存量客流。一方面通过风格聚合多业态的卖场商品组合运营定位主流人群的生活方式，另一方面通过主题化街区和社群营销来锻造零售差异化社群生活方式，提升平台打造差异化的产品空间能力，精耕核心社群粉丝互动空间，强化消费者对平台的差异化定位认知。

天津大悦城的"五号车库"区域，便是经营端打造的一个典范。五号车库是购物中心内的一个双层主题街区，既是店面，又是展厅。由二十余个个性化、文艺化的店铺共同组成，其中包括书店、花店、陶艺社、皮具手工制作、录音棚等，凝聚成一个强大、专注而沉静的文艺体验氛围，与街区布景共同构筑了深具艺术气质的生活方式，更能够满足现代城市人群对于休闲的需求，同时也满足人们审美、求知的需要。五号车库开业以来，不仅吸引了天津大悦城传统定位中的年轻客群，就连天津远郊也有大量人群慕名而来，为整个商业体增加了人气，增加了黏性。

经营端策动供给侧改革的核心关键点在于运营管理团队的业务能力升级——零售企业基于消费人群的运营逻辑从简单的基于品牌组合引领消费的招商规划能力，变成通过不断聚焦消费人群的需求，自己打造聚合人群的跨业态的差异化街区组合的业态设计组合能力。

（3）平台端。

通过SCRM体系和大数据运营平台，提升导流端和经营端的运营效率，倒逼运营平台组织管理升级。

朝阳大悦城在打造核心竞争力的过程中，对平台端予以了高度重视。以大数据为基础来部署，所有的营销、招商、运营、活动推广都围绕着大数据的分析报告来进行。通过强有力的大数据分析体系，大悦城可基于百万条会员刷卡数据得出购物篮清单分析，将喜好不同、品类不同的会员进行分类，针对不同的喜好，向会员推送不相同的优惠信息。并通过Wi-Fi站点的登录情况获知客户的到店频率，通过与会员卡关联的优惠券得知受消费者欢迎的优惠产品。还做到了经过客流统计系统的追踪分析，提供解决方案改善消费者动线，大幅提升运营质量。

平台端策动供给侧改革的核心关键点是通过高效的组织将消费者信息传递到供给端。需要指出的是符合消费者主权时代的高效零售企业组织——不是基于资源抢夺的战略驱动组织迭代，而是基于定位市场的战略业务运营流程驱动组织动态迭代。零售企业需要有去管理科层体系的管理理念和具体变革纲领，通过CRM的大数据分析系统，以增强效率为先导，倒逼整个组织管理的优化，持续的增强企业导流端和经营端的效率。

能够化危机为成长机遇，是强者的逻辑。基于"经营客流"理念，零售企业应该抓住零售产业升级的历史机遇，努力向内追求积极持续迭代三端的运营效率。零售企业必须意识到只有自己强大了，才能有效地协同优质的上游商品资源——进行产业链的有效连接、商业模式的有效互补，以及基于定位人群的大数据的共享——进而携高忠诚度的用户以令"产品及业态"诸侯，用自身零售企业的升级来成为整个产业链上游的领导者，带动整个中国消费业迎来春天。

丁昀，和君咨询高级咨询师、项目经理，从事管理咨询工作 8 年 CMC 国际注册管理咨询师，和君咨询总裁班特约讲师，首旅集团特约讲师。专注于零售行业的管理咨询，战略、组织和人力资源方面的能力突出。

著有《零售：把客流变成购买力》等。

野蛮生长过后，微商该如何转型

罗晓慧

所谓微商本质，就是用移动互联网工具做传统生意。它是依托社交关系与熟人经济发展的商业模式，是电商在社交与移动互联网领域发展的一个衍生物。

一、现在的微商存在的问题是什么

（1）产品同质化严重，假货、次品充斥市场。

和电商相比，微商经营的品类明显狭窄很多，目前主要集中在化妆品、私护产品、针织类、洗涤类、食品类等，最终将演变成同质化的红海。

微商圈里面，不少品质低劣的三无产品严重污染整个市场环境。不少被央视曝光的微商产品，让大家人心惶惶；不少被禁售的仿品、仿表，在微信朋友圈正大光明的展销；一些广告法明令禁止的宣传广告，在微信朋友圈可以大行其道。

（2）品牌公信力弱，微商们的营销能力参差不齐。

在韩束进入微商之前，微信朋友圈里面的产品，多是小微品牌。即使有些品牌有权威机构的认证，但是品牌本身的知名度不高，公信力弱，同时卖家的个人公信力也不高，天天在朋友圈里面自卖自夸，效果吹得天花乱坠，但是实际销售效果并不好。

有些微商的从业者非常浮躁，总是想着快速招商，快速赚钱，没有心思去打磨产品，不是真心把产品做好去满足客户的真正需求，去解决客户的实际问题。这就违背了基本的商业逻辑，这是很难长期持续的。

大多数的微商朋友们，在入行之前均是没有销售与管理经验的，而他们赚钱的欲望却非常强烈。他们大多数每天只会暴力刷屏，疯狂加群，加了群也不和大家交流，一上来就是猛发广告；疯狂加好友，加了好友后，也不会切入话题与引导话题，只会暴力发广告；看他的朋友圈，也全是产品的广告信息，有的甚至一天发 100 多条朋友圈状态，且全是广告信息，这样的做法不被拉黑才怪。做生意不但没有赚到钱，还把朋友都得罪光了。

（3）代理层级繁多，终端代理利润空间小。

电商火热，是因为网络购物相对于实体，砍掉了从厂家到消费者中间的供应链，减少了不必要的中间环节，从而让消费者买到物美价廉的产品。

而微商的层层代理模式，有 3 级、4 级，有些隐形的甚至到了 8 级、9 级代理模式，比传统的代理模式还多，层层加价。到最底层的代理时，价格已经很高，和实体店相比已经没有价格优势，你还能走货吗？你还能赚钱吗？

二、未来的微商该如何转型

（1）产品层面：小微品牌向明星品牌转型。

据了解，越来越多的传统知名品牌认识了微商的潜力，开始重视微商渠道。如刚才说到的韩束，实现了月流水破亿元的纪录；还有近期的立白净博士，在启盘之前上市当天，已经实现 2 亿元的渠道销售；还有知名上市公司浪莎集团，也已经启动微商渠道，如火如荼。

这些知名品牌开始启动微商，他们的管理经验、供应链支持能力、团队及资金实力，比起过去的微商从业者已经提高了很多层次。同时，他们的品牌本身具有巨大知名度、公信力与号召力，可以在短时间内整合一些大的微商团队加入，以及吸引一些优秀的微商操盘手加入。所以他们的发展速度与成功概率也会大很多，也能吸引更多的微商从业者们跟随他们。

（2）**团队层面：单打独斗向团队合作转型。**

过去的微商从业者大多数都是单打独斗。经过总结，过去微商做得好的，都满足如下八个字的特点："简单、相信、听话、照做"。他们没有花心思去了解微商是什么、未来如何发展，而是简单相信微商可以赚钱，就去做了，结果他们就赚钱了。但是他们本身缺乏管理能力与运营能力，快速发展之后，成长得快，崩盘得也快。

未来的微商是集团化作战的时代。做生产的专门做生产，做品牌的专门做品牌，做招商的专门做渠道，做培训的专门做培训，有资金的专门解决资金问题，大家集合优质资源，一起抱团合作，快速起盘，快速开发代理渠道，快速产品迭代，快速团队复制。所以，他们的竞争力可想而知。当你碰上这样的对手，你会不会有绕道而行的冲动？

（3）**模式层面：C2C 微商向 B2C 微商转型。**

电商的发展由初期的 C2C 逐步发展到现在的以 B2C 为核心，这是市场需求和经济发展带来的改变。初期阶段胆子大就可以进行微商创业，慢慢发展过后，一些好的微商也要向企业化、正规化、标准化过渡。

今天的微商亦是如此。

过去的 C2C 微商产品品类单一、缺乏营销与管理支持，以及经营者自身的能力不足，让经营者心力交瘁。

B2C 微商平台具有更强的公信力与号召力，提供了更好的产品标准、营销支持、管理支持、物流管理和售后服务保障，能更好地服务我们的目标客户。B2C 微商平台统一运营，直接面向消费者，这样也就不需要加盟商囤货，自然也不会存在投资的问题。相对而言，微商从业者内心负担没有那么重，只要跟着平台走，自己也可以更从容地去推广，更好地施展才能。

当下，微商已经成为一种不可逆转的商业趋势。虽然微商圈里面还是参差不齐，但是有迹可循，更加欣慰的是：越来越多的主流媒体与传统品牌开始肯定微商、拥抱微商，未来的微商值得期待。

2016 年 8 月 18 日

罗晓慧，朝阳牛商会会长，北京牛商争霸赛总教头，中易物联联合创始人。曾创立多家企业，擅长营销、管理，对互联网及微商社群生态有独到见解，致力于帮助传统企业转型升级。长期担任企业营销顾问，其中多家企业年营业额过亿元。

著有《微商生意经：真实再现 33 个成功案例操作全程》等。

微电商、微商转型，选品环节你必须知道的 7 个坑

伏泓霖

通过大量调研和对各种产品的研究、分析、实践，我发现**不适合做微电商的产品有七个指标**，如下图所示：

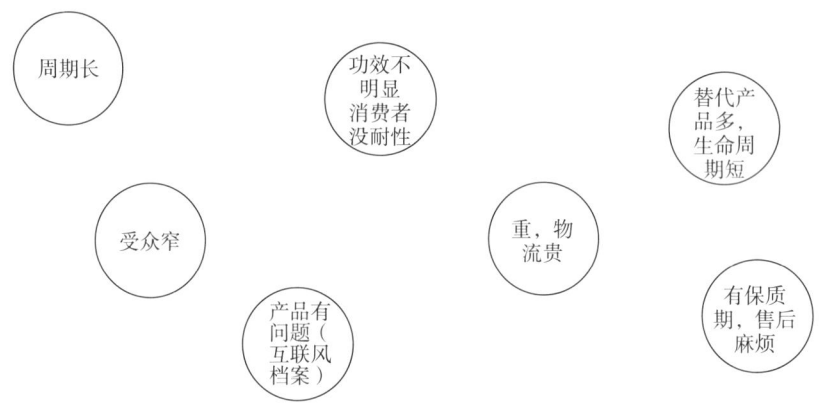

不适合做微电商产品的七个指标示意图

（1）不是大众消费品，受众狭窄。

大众消费品指符合大众消费需求的产品，100 位用户里面有 90 个人需要这个东西。受众较窄指这个东西 100 个人里面只有 1 个人需要，转化率

只有1%，卖这样的产品，每天花大量的时间去找客户，筛选客户。2个人里就有1个人买，成交率50%，这样的产品随便加几个好友都会有转化。

最佳产品的例子是什么呢？是餐饮。因为大家每天都要吃饭，它的受众是很广的，不管男女老少全部都要吃饭。知道了这个道理，也就明白另一个例子面膜为什么在微信上能卖的那么火了。面膜之所以能火，是因为它覆盖了两个性别中的一个性别——女性群体。

除非你本身就拥有某个垂直用户群体的资源，然后再去对接相应的产品。如果是先有产品，再去找用户的话，会非常非常累。

(2) 低复购，二次消费周期过长。

产品消费周期特别长的不太适合做微电商。微电商是一个轻资产的创业过程，为什么大家选择做微电商呢？

因为低成本。大家没有很多钱，去花100万元投资装修一个店面。所以我们才选择了微电商这种轻资产的创业方式，凭借一部手机打天下。

作为一个轻资产的商业模式，一定要保证现金流的高速运转。这个时候就需要注意，不要选消费周期过长的产品，例如服装、鞋子、包包，都属于消费周期比较长的产品。当然，我们这里更多是从功效角度上来讲。如果从款式角度来看，把这几件产品当作消耗品来讲，又是一个概念。

低复购产品，一定要高利润。而高客单价、高利润产品的消费群体又必然是小众的，寻找客户很费劲。所以，没什么能侥幸的地方。

(3) 排他性弱，替代品比较多，生命周期短。

替代性产品越多，生命周期就越短。如果一个小区周围都是卖盖饭的，你还去卖盖饭，基本上很难出位。除非你能在价格、产品品质上有绝对优势。

如果一个小区周围都没有卖拉面的，而你去卖正宗的兰州拉面，并在小区四个门口各开了一家店，且口味一直保证纯正，那么再有其他的卖拉面的进入这片区域就很难生存。他在哪个门口开店，你家店就搞活动猛打价格战，不赚钱甚至赔钱卖。因为另外三家店在赚钱，可以养活这家店。

这样一段时间后，对方只能关店走人，你家店的价格再恢复正常水平。这叫排他性，最后形成垄断。

微电商产品中，替代品最多，生命周期最短的可能就是面膜了。所以像现在再做面膜这种替代品牌很多的产品，很难再获得用户青睐。

（4）功效不明显。

现在的消费者极其没有耐性，特别是80后、90后，如果你给他吃一款保健产品，告诉他要用半年后才能看到效果，基本上他就让你哪凉快哪歇着去了。

为什么大家都喜欢到京东买东西？因为京东快啊，我们知道淘宝找一下都会有更优惠的相同产品，但是消费者没这么多耐性，最好是当天买了当天就送来。这一点，食品好吃不好吃、衣服好不好看都能够立马知道，保健品、养生品就比较麻烦。

护肤品有一个临界点，见效快的一般容易某项元素超标，不超标又没法见效快，所以也是挺纠结的一件事情。

（5）产品有问题。

这个是大忌，目前国内对产品质量问题最是深恶痛绝。关于食品安全、造假，大家一方面深恶痛绝，一方面又忍不住将目光投诸其上。微博、朋友圈，只要是这种类型的文章，一般点击量都在100 000+，大家都对这个社会没有安全感。

像前段时间很火的"毒面膜"事件，把人家脸都毁容了。这个事件一瞬间摧毁了不计其数在微信卖面膜的微电商。

像早期互联网没那么发达的时候，这种情况发生了也就发生了，没害死人也不至于全国公安通缉，店家还能逍遥法外。但现在网络太发达了，互联网在以光速传播，你发生这样一个负面的事件，容易形成焦点，很快大多数人都知道了。

古代有一句话：好事不出门，坏事传千里。也就是说你做一个好的品牌需要很多年，但是摧毁它只需要一件事情。互联网时代更是如此。

（6）物流成本贵。

东西重，产品需要冷链或其他特殊处理的，物流成本都很贵。物流成本贵，利润就少。

我买2个西瓜花了20元钱，结果快递费用花了30元钱。快递费都比产品贵，谁还会买？

微电商大部分都是跨地域销售，基本上都需要走快递。物流成本过高的产品不适合做微电商。

（7）售后比较麻烦。

需要专业售后维修和有保质期的产品，不适合做微电商，如生鲜和电子设备。

生鲜类产品一般保质期很短，少的1~3天，多点也就3~5天。

如果产品是海鲜，从青岛运往乌鲁木齐，路上稍微一堵车或发生点特别状况，产品到达目的地时基本上就烂了。同样，新疆的红提如果运往北京，可能路上稍微颠簸点，就会挤烂很多。

电子设备这个品类也不太适合做微电商，你通过微信卖了台电脑，承诺三年内保修，结果买家出一点点问题就跑来找你，你又不在他身边，没办法帮他现场修理，来回寄来寄去又麻烦又得付大量快递费。此外，产品安全的问题也没法保证，用户会担心：万一把东西寄过去了对方不理自己了怎么办？

因此，售后麻烦的产品也不要选。

当然，以上这些标准是相对的，你不可能找到100%完美的产品。如果你现在的产品有以上所说的两三个问题，倒也可以先卖着，只是发展的速度慢一点。但如果这七种雷你都踩得差不多了，我还是奉劝你回家好好待着，看看电视、睡睡觉会比较舒服一点。新进入微电商领域的朋友要认真对照，尽量少踩雷。

伏泓霖，三皇伏羲后裔，笔名伏羲后人，"80后"心学营销第一人，北大 EMBA 总裁班特聘讲师。知名自媒体人，新浪、搜狐、网易、今日头条等知名网站的专栏作者。资深营销策划师、品牌规划师、新媒体营销专家，曾帮助 200 多家中小企业实现互联网转型与营销创新，其中多家企业年营业额过亿元。

著有《微商生意经：真实再现 33 个成功案例操作全程》等。

流程

企业转型中的组织与流程变革

王春强

流程即组织分工,业务流程的变动会牵涉组织,牵涉各部门的责、权、利与立场。如王安石变法,从运筹学意义上看它的合理性与科学性是没有问题的,历史评价也很高,但从人性学这一层面看,则是不周全、不妥善的。正是因为后者,王安石变法功败垂成。下面对企业如何进行业务流程变革做一个简单探讨。

(1)需明确要改变什么。

变革一般是以提升企业整体运营效率或局部运营效率为目标的,往往从解决现状中存在的某些严重问题出发。比如研发变革可能调整授权结构,让下游部门参与前期决策;销售领域变革可能要让销售部门承担起市场预测的责任;采购变革可能要由个人决策调整为团队决策模式等。

这一步主要是从运筹学意义上展开的,其要害处在于保证变革之处是必要的、合理的,其次是基于系统视角演绎出来的措施,变革措施都是配套的,很少有孤立的改变,一般需要多方面的共同改变,一定要找出彼此的依赖关系,否则变革是缺乏生态基础。比如要让采购早期介入研发,一方面,需要采购组织本身做出调整,包括采购组织分工调整、新岗位的设置等;另一方面,研发过程中的关键点的决策结构也要做出调整,否则采购部门一厢情愿是无法实际介入研发过程的。企业要通过变革降低库存，除了计划部门、采购部门工作目标做出调整，还需要从销售源头上做出新的要求。

（2）掌握改变会对现有利益格局有什么冲击。

确定要做的主要改变之后，就可以逐一站在相关各部门角度审视改变对他们现有利益有什么影响，这个"利益"是广义的，包括实际利益方面、权力方面、投入方面、责任方面等。趋利避害是部门立场的天性，不排除有觉悟高的管理者能以大局为重，不计自己部门得失，全力支持改变，但总体上还必须以"无觉悟"为前提开展变革。识别各方利益所在，就可以模拟博弈了，这要基于对现有人事状况了解才能精准把握。通过博弈模拟，一方面，可以掌握好变革的尺度（能落地的尺度）；另一方面，可以归纳出变革推动者需要相应做出的对策与措施步骤。这些对策有可能包括绩效考核、激励方式方面的改变。

在足球运动中，当一个教练决定改变球队打法时，就直接意味着现有球员位置的调整，前锋有可能要从中路移到边路，主力球员因风格问题有可能要让位于原本是替补的球员，还有可能需要俱乐部必须买入新的外援填补软肋位置。这个过程也势必影响到球员的利益，所以这也是一种变革。好的教练不仅能从技术角度做出战术改变，更重要的是能在这种利益格局调整中掌控住局面，针对每一个受到影响的球员要有相应的应对策略，保证团队的稳定和积极性。在变革中，必要的妥协是不可避免的。

（3）事前博弈，共识为上，施压为下。

变革是不可能关起门来就拟定出最优方案并付诸实施的，与各利益干系部门的互动是必需的，通过这种互动了解各方的想法，通过这种互动引导、影响各方的观点，通过这种互动定位改变的合适尺度。

"事前博弈"是一个总的原则，让流程相关利益干系方进行充分的辩论与PK，逐步靠近共识，各方确实不能达成共识的地方再依靠行政力量进行施压。我多次讲过，建立在各方自发共识基础上的契约性规则是最有生命力的，变革应该首先寻求这种自发性共识。

优秀的变革推动者在"事前博弈"中扮演的角色，不仅仅是一个主持者和协调者，更是一个观念引导者，自身还需要从专业角度明了是非。很多时候，变革推动者还扮演草稿方案的抛出者，而在抛出之前，需要变革推动者先行进行"默习""脑算"，也就是对各方立场、各方反应都要有预料、有对策。

(4) 让新规则形成"势"。

规则如果不能形成"势"，就是一堆废纸。而让规则形成"势"，工夫不仅用在推行时，更要用在规则设计时，所以我常讲"执行力首先是设计出来的"。

规则形成"势"就是让当事人基于"利害计算"后的选择指向规则所期望的行为，也就是规则本身能够影响当事人的"利害计算"，进而影响其行为。从规则环的角度看，就是要闭环，为了责、权、利匹配，对其"尽责"要能进行度量和评价，并能依据度量和评价进而影响其实质性利益。

因一个流程本身跨越了多个规则环，所以流程整体形成"势"，涉及多方面的管理举措，涉及多点、多角度的绩效度量与利益兑现方式。这看起来很复杂，实际上这恰恰如实地反映了一个流程若真的能够名实相符，是需要多方面的支撑条件的，是需要一个有机的存在环境的。不过，现实操作中倒没有那么复杂，因为规则环闭环部分的绩效评价与利益兑现是可以基于整体流程进行合并的，另外绩效评价方式与利益形式在现实中也是丰富多样的，不仅仅是局限在所谓 KPI 和工资奖金方面。比如流程本身的透明化就会起到一定的监督效果，现场管理中管理者的态度倾向也是一种考核与奖惩，数据统计与分析本身也是一种评价等。

新流程的推行本质上也是如前面讲述的在博弈中形成事实规则的过程，名义上的规则虽然事先就有了，但那暂时只是纸面上的，还不能算是事实规则。所谓推行就是在实践中、在推动者与执行者和执行者交错博弈中让规则形成"势",形成当事人的记忆,从而成为事实规则。当流程成为事实规则后,也就意味着流程推行成功了。

现实中对既有业务流程进行改变时,人们往往陷入一个误区。一方面,认为流程改变就是重新写程序,另一方面,抱怨执行力不够。其实,这是把同一个问题割裂为两个问题来看了。秉着"知行合一"的原则,必须承认流程变革只是一件事,写程序也好、画流程图也好、沟通也好、培训也好、推行也好,都只是为了实质性改变业务流程,各种手段、目标是统一的。若视为分割的多件事,一定是做不好也做不成的。

王春强,深圳市佐行企业管理咨询公司首席顾问,国内最优秀的流程管理专家之一,作为复合型管理专家在企业战略、采购与供应链管理、企业内部控制等领域有丰富的实践经验与理论开拓,从事企业管理咨询工作超过十年。

著有《规则定成败——突破中国式管理死弯》等。

未来10年，流程管理发展的趋势和挑战

金国华

移动互联时代也是客户主导型经济的时代，企业更加关注客户端到端价值诉求和客户体验，流程管理是一门围绕客户价值实现而存在的科学。流程为客户而生，流程为跨组织横向协同而生，流程为实现客户端到端价值诉求而生。下面我就总结一下未来10年流程管理的发展趋势。

趋势1：以客户为中心的经营理念将重组企业管理模式。

企业管理当前面临最大的挑战就是如何转型为以客户为中心的运营管理模式。面对客户，很多企业很迷茫，不知道如何才能服务好客户。现在，很多企业，包括很多国企或前期高利润粗放型发展的企业，都已经意识到转型的重要性和急迫性，这是被客户主导型经济倒逼的结果，也是很多企业开始重视和推动流程管理的原因之一，或者说流程管理未来10年发展的动力和方向就是围绕客户做到使命必达。

趋势2：流程将被作为重要的管理对象。

企业将越来越重视流程管理工作，把流程作为重要的管理对象。流程的组织职责将持续得到加强，从兼职岗位到设置专职岗位，再到成立流程管理部门，可以预见流程管理职能将成为未来每一个企业的标配，流程管理团队的职业通道也将逐步打通。

移动互联时代，组织将更加扁平化。流程管理职能的发展将逐渐影响企业组织的设计，越来越多的企业将会把战略、计划、组织、组织绩效、授权、流程与IT职能进行整合或更紧密地协同，以实现战略的执行落地。

趋势3：价值将成为流程管理的核心。

过去很多年，一些企业在流程管理工作上做了很多探索，教训也很多，比如为了推进流程体系建设，激进式地进行全面流程文件梳理，生成了很多文档也装订成册，但最后发现没什么价值。

价值回归将成为未来流程管理工作的重心，流程管理的本质是业务管理，为公司战略目标服务，解决公司发展及业务运营中产生的问题。企业建立流程优化长效机制将是流程管理最重要的工作，流程管理团队80%的工作精力应该放在业务改善上。

趋势4：端到端流程管理刻不容缓。

虽然流程管理对于企业也不是什么新鲜事物，存在组织就存在协同，存在协同就有流程，但以往很多企业的流程多为各部门所有，各部门站在专业管控的视角制定和发布流程，在为客户服务的过程中，部门墙很厚，中间断点比较多，客户无法获取很好的体验。

现在，越来越多的企业意识到，以客户为中心、端到端拉通和管理几个关键业务流程的重要性。端到端不再停留在概念层面，很多企业各层级已经深刻意识到端到端流程管理的必要性和紧迫性，也在着手推进，但在方法上还不够成熟。同时受制于传统管理模式，因为流程的端到端管理，需要理念、组织、流程、规则、标准、数据、知识、系统、绩效等多管理要素多层面端到端打通。

趋势5：基于绩效指标进行流程管理将成为主要手段。

流程绩效管理越来越被企业所提及，最直接的原因就是企业意识到流程的持续优化首先应基于端到端流程绩效目标的管理。通过绩效指标牵引，流程优化才能更聚焦业务本质。但是，现在流程绩效管理还处于探索阶段，倒不是因为流程管理方法本身有多难，而是流程绩效管理的前提条件非常难达到，所以很多企业是心有余而力不足。如果要实现流程绩效管理，首先需要企业有较为成熟的流程管理基础，并且能够以端到端视角管理核心业务，系统支撑能力也要很强，同时和组织绩效系统进行融合，这些对企业都提出了极大的挑战。

趋势 6：以流程为主线进行综合管理体系建设。

很多企业有多个管理体系，比如 ISO 质量管理体系、风控体系等，有的企业制度和流程甚至还区分为两个体系，这样给企业管理带来了极大的困扰。

现在越来越多的企业意识到综合管理体系整合的重要性和必要性，因为所有的管理体系都要以过程管理为基础，只有好的过程管理才能有好的结果，而流程管理就是过程管理，所以综合管理体系将以流程为主线，把组织、质量、风控、知识、财务、授权等管理要素进行集成管理。

流程将成为运营管理的主线和抓手，沿着流程建组织、沿着流程建制度、沿着流程建风控体系、沿着流程建质量体系、沿着流程建知识体系、沿着流程建能力体系等，流程将成为企业运营变革的驱动器。

趋势 7：流程架构设计及建立流程责任体系。

近几年，随着以客户为中心的转型，很多企业意识到流程架构的重要性。传统企业管理以部门及人的管理为主，未来企业则需要以事为主，这就需要梳理流程架构，并建立流程责任体系。虽然很多企业已经做了很多工作，但成效不大，因为流程架构设计及流程责任体系建设工作也是需要很多前提条件的，企业中高层流程意识和较强的流程建设基础是必备条件。很多企业认为流程架构设计就是对流程清单做一个全面梳理，然后进行分级分类即可，这是一个极大的误区，流程架构设计核心是公司中高层对业务模式进行充分研讨和达成共识，并真正改变经营的意识和行为。

趋势 8：BPM 技术将得到普及。

目前很多企业仍在使用传统 OA，传统 OA 对不同业务系统的集成支持不足，而且面对客户及市场日新月异的需求也不够敏捷，企业内部信息孤岛现象仍然很严重,未来 BPM 技术将得到进一步发展和普及应用。

小结:

从传统组织向流程型组织转型,将成为众多企业未来 10 年面临的巨大挑战,流程能力将成为企业核心竞争力之一。这是一个必选项,一切都始于客户主导型经济的到来。

金国华,国内实战派流程管理专家,目前就职于国内领先的"管理+IT"咨询机构——AMT 咨询,主要研究领域为战略管理、流程管理与变革管理,为中国移动、中国电信、宝钢、广发银行、北京地铁等众多企业提供管理咨询或培训服务。

著有《公司大了怎么管,从靠英雄到靠组织》《跟我们做流程管理》《图说流程管理》等。

企业管理必须从能人主导向体系主导转型——公司化运作的理论与实践

张国祥

一、公司化运作的理论总结

公司化运作是依靠系统管理企业。这个系统是不依赖个人作用而运转自如的管理机制，从而摆脱企业对老板或能人的依赖，让企业组织自主运转、自主优化、持续发展。

（1）重新定义企业与企业管理，改变管理思维。

企业是利益各方挣钱的平台。毫无疑问，此定义破除了劳资对立，为劳资双方成为利益共同体奠定了理论基础。"流程创造价值"为这一定义提供了理论与实践证据。

企业管理是企业成员利用内外资源实现企业目标的组织行为。此观点为企业摆脱对老板或能人的依赖提供了理论依据，也让员工参与管理变得顺理成章。

（2）建立全员企业思维，责任到岗。

企业思维是指企业全员特别是管理人员在遇到新情况、新问题时从企业角度思考解决办法，从而杜绝了滋生扯皮推诿的土壤、堵住了不负责任者的借口，为企业快速反应、应对外界变化赢得了先机。

企业的所有工作（或职责）只有落实到人才能避免管理真空。所有工作职责到岗，当企业出现新情况、新问题时，反馈意见或提出建议才能第一时间找对人。确保任何问题都能第一时间解决，方可应对瞬息万变的市场竞争。

（3）建立企业管理模型，简化管理。

通过对企业管理、绩效管理、流程管理的本质分析，发现三者本质上都是为了提高企业竞争力。因此，提出了企业管理环或绩效环。

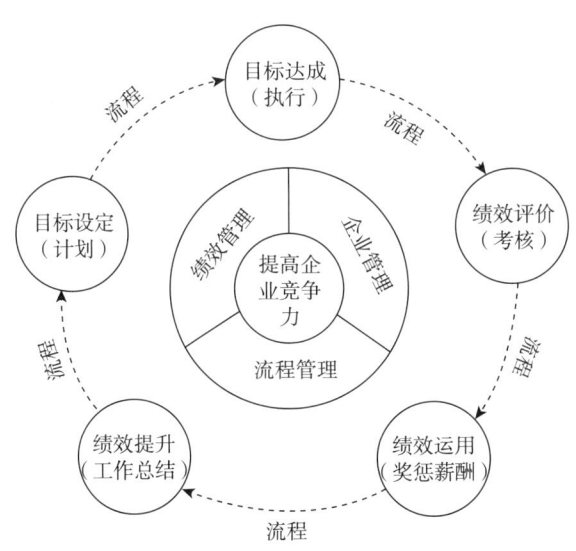

企业管理环或绩效环

绩效管理必须与企业管理融合，而流程管理只不过是二者实现的方式或手段。把绩效管理的目标设立、目标达成、绩效评价、绩效运用、绩效改善与企业日常工作中的制订计划、组织计划实施、计划完成情况总结、奖惩薪酬核算、管理改善相结合，此举彻底改变了企业管理与绩效管理两张皮的局面，也让流程管理这一貌似高深的理论融入企业日常管理中。这一理论在中国中小企业的实践中效果很好。

二、公司化运作的实施方法

（1）成立领导小组。

企业公司化运作只有开始，没有结束。因此，企业必须成立公司化运作项目导入领导小组，主持公司化运作的目标设立、项目实施、成果验收和持续跟踪。公司化运作成功的 16 字箴言"老板重视、全员参与、改变观念、持之以恒"已被实践证明是行之有效的。

（2）清晰企业战略。

企业始于战略，成于战略，也败于战略。因此，公司化运作必须从清晰企业战略开始。清晰企业的使命（为什么做）、愿景（想成为什么）和核心价值观（企业信仰或行事准则），量化企业的短期目标（三年目标）、勾画企业的长远目标（十年或更久），让老板清晰企业的发展远景，让员工规划自己的职业生涯，让双方从中寻找利益共同点，为企业注入持续发展的动力。为此，笔者设计了《企业战略规划梳理表》。

（3）清晰全员职责。

清晰职责必须从决策分类开始。笔者提出了决策三分法（决策分类、决策分级、决策分时），并设计了《成长型企业决策分类简表》。凡是可以下放给员工的权力，尽量下放。实践表明：决策分类，老板不累。

通过流程优化之后，各岗位员工的职责一清二楚，再进行岗位工作标准界定（包含该岗位的适用范围、任职的主观条件、客观条件、工作职责、遵循标准、考核指标和考核标准），让每一位员工知道自己做什么、怎样做好，并且懂得各项工作如何与他人配合。

（4）重建分配机制。

薪酬是企业对员工为企业所创造价值的回报。将流程责任与绩效管理挂钩，让每位员工的收入与自己的贡献挂钩。由于绩效管理与工作同步展开，让员工可以即时看到工作成果，员工有为自己工作的感觉，从而实现"管理成本最小化、岗位价值最大化"的目的。

（5）重塑企业文化。

企业持续稳定发展的动力来源就是企业文化的力量，虽然我们看不见、摸不着，但是企业文化对企业组织，以及对企业每一位成员潜移默化的影响却是不争的事实。

企业文化就是企业的价值主张和行为习惯。因此，倡导积极的主张、培育良好的习惯是企业管理永恒的主题。企业文化建设从战略梳理就已经开始。重塑企业文化的目的就是要让企业价值观深入人心、凝心聚力、活力不断。

三、公司化运作的企业实践

近几年来，接受公司化运作咨询服务的企业或参加公司化运作系统班学习的企业，管理都有显著提升。在此举一实际案例。

宁波金鸟服饰有限公司是一家校服生产企业，2014年企业接受了公司化运作咨询服务，建立了公司化运作管理体系，摆脱了对老板个人的依赖，激发了全员活力。2015年营业规模增长了50%，2016年有望再增加50%。金鸟公司独特的企业文化更是广受称道。这个以年轻人为主的团队，视企业品牌为自己的生命、视顾客为自己的亲人，虽然他们在校服发放季节加班加点成常态，却鲜有人叫苦叫累，其他企业最害怕的"抱怨"在这家企业难觅踪影。因为他们被"做中国校服第一品牌"的愿景所感召，以"打造校园特色，引领校服潮流"为使命，为践行企业"健康、责任、创新、感恩"的核心价值观乐此不疲。

结论：

公司化运作是中国中小企业转型升级的最佳选择。

张国祥，企业规范化管理实战专家、流程管理专家，现任北京越努凌云管理咨询有限公司董事长及首席专家讲师、中国总裁培训网金牌讲师、时代光华等多家培训咨询企业讲师及网站专栏作家，专注于企业流程和规范化管理的研究和实践。

著有《用流程解放管理者》《用流程解放管理者2》等。

HR和企业文化

浅谈培训的响应性与便捷性

陈 锐

一、培训的响应性

培训的响应性，指对于员工和业务的一些关键性的需求要及时响应、及时满足。这个指标实际上说的是你能在多短的时间内满足业务和员工的需求。我们都知道，业务的展开都是有时间节点的，如果你错过了这个时间节点，培训的需求也就不存在了。所以，培训还需要跟得上业务的节拍。我们现在做培训的基本流程是每年末和下年初调查业务培训需求，制定年度培训计划和预算，然后按部就班地实施。殊不知这当中会错掉多少时间节点，造成培训节奏与业务节奏的错位。

在影响培训的响应性方面，有两种情况。笔者在实践中发现，员工提出许多需求并不是基于长远考虑的，而是基于时下的工作痛点来考量的。当培训经理在年底调查出来的痛点在第二年中进行满足时，员工可能因为痛点期已过，在与其他事务的优先级比较时，参训的优先级就会下降，即使他的痛点并没有解决。这就是所谓的好了伤疤忘了疼。由于培训期与痛点期的错位，造成培训后不能得到及时应用，根据艾宾浩斯遗忘曲线，等到他的痛点期再次到来时，他可能已经将所学的内容遗忘得差不多了。这种现象则是培训计划跟不上员工的痛点期。出现这种情况则是你的培训资源不足，满足的方式和手段不够，跟下一个要谈的指标——便捷性有很大关系。

另一种影响培训响应性的是培训计划跟上了业务节拍，但是培训产品迟迟不能设计出来，也就是交付期无法满足。笔者曾经历一个贯彻公司战略计划的培训项目，因为在具体需求界定、与外界的培训资源匹配、项目开展方式上迟迟无法达成共识，造成项目不断延期。最后，业务部门觉得这个项目对其工作已经无意义，不再像刚开始那样积极参与。

解决上述问题，则需要你有多种手段去应对。对于第一个问题，关键就是提升学习便捷性。再就是改变计划制定模式，缩短计划制定周期，不再以年为周期，而是以季度为周期。但是这个改变前提是公司具有丰富的培训资源。需求一旦产生就知道应对资源哪里有，是否调得出。对于第二个问题，关键是你的培训专家队伍是不是够厉害，他们的项目设计与实施能力如何，是否具备良好的人际沟通与关系能力。当然有时候也跟企业的团队文化有关。

同样，响应性问题需要明确谁去响应的问题。是公司培训部门还是职能HR？这一点尤其要明确，不能错位，否则就会产生内部矛盾。一般而言，公司培训部门响应的是基于公司层面的战略性培训问题，而职能HR则相应的是基于业务要求而产生的培训需求。但是实际上很多公司都没有职能HR，因此业务部门的需求响应就落到公司培训部门身上。而公司培训部门由于资源的限制，很难做到及时响应。长此以往，则会变成业务部门忽略培训。在业务的学习需求长期得不到满足的情况下，就会有闭门造车的问题。所以，此时你的培训政策设定上如何设计让业务部门能得到及时的学习机会就很重要。

二、培训的便捷性

培训的便捷性，也就是员工获取培训资源是否足够快捷方便？ 这个会影响到业务部门和员工培训的意愿。企业内部往往由于内部风险管控、资源有限性等因素，对如何举办培训、员工如何参训做了很多流程上的规定。一方面，这些流程确保了企业培训工作能得到有计划、有组织、有重点的开展；另一方面，也降低了员工参训的便捷性，不能及时对培训的需求进行响应。时下流行的员工绩效支持系统、碎片化学习、移动学习、E-LEARNING、社群化学习、知识管理等，都可以说是提升员工参训便捷性的手段，对培训的有效性而言，并不一定有用。其实，要做到最好的培训便捷性，则是要将针对性指标的第三、第四个问题，有效性，相应性三个指标综合起来考虑，用信息化手段来解决，将员工的训练与他们要履行的工作任务嵌套在一起。这些都可以通过人工智能实现。比如我可以通过对一名员工的履历、受训经历分析、完成任务结果等大数据分析可以判断出这个员工在面临一个具体任务时，是否掌握完成该任务所需的知识技能，从而根据企业的课程信息库里面的内容向其推送跟具体任务相关的课程进行学习。这就使培训的便捷性得到保证，而响应速度则会以秒为单位进行计算。

在这些高新技术得到应用之前，我们该如何提升便捷性？这就需要企业制定政策保证员工的自主、自助学习。当前外部学习资源越来越丰富，许多员工会通过百度来搜索自身需要的学习资源，培训部门应该考虑如何利用这些资源的问题。比如笔者所在公司与中国科技期刊网合作，上面有中国各种期刊、各大学院所的博士、硕士论文，当笔者遇到新课题时，就会在上面找寻相关的文章学习、研究。这是企业提供的一种资源形式。但是，当信息以海量的形式呈现在员工面前时，培训部门还要考虑如何方便员工能及时准确搜索到自身所需要的资源，确保体验感。

在企业的流程设计中，也有许多影响员工获取培训资源便捷性因素，最直观的表现就是审核流程漫长，让员工觉得参加一次培训太不容易，此时员工的抱怨就会很多。财务部门怕费用没有用到培训上，或者滥用；培训部门则担心业务部门的培训数据提供不及时，影响对培训执行情况的判断。因此，想要参加培训，员工在本部门走完流程还得到人事部门和财务部门去批准，流程又臭又长。而直线经理出于预算和工作进度的考虑，往往会卡紧预算、优先完成工作，员工想要参加培训是难上加难。所以，企业培训一是要优化流程，二是要强化直线经理的人才培养责任。

陈锐，暨南大学MBA，世界500强汽车集团培训业务主任。10年大型企业集团培训体系建设与规划、人才培养发展、学习项目设计经验，CPP官方认证MBTI施测师、讲师，CIIC职业发展转型教练认证，中科院心理所16PF心理测评师认证。

著有《世界500强资深培训经理人教你做培训管理》等。

企业家要会讲故事

高可为

有一个故事，很多年前就读过。故事的大意是这样的：

普法战争结束，法国打了败仗，很多士兵饥寒交迫，回不了家。有一个法国士兵敲着破烂不堪的钢盔说："我要做一锅鲜美无比的石头汤，做石头汤的宝石是祖上传下来的。"附近的村民很好奇，纷纷表达想喝汤的愿望。士兵说："可以，但是你们得拿点东西做交换。"村民们为了喝上新奇的石头汤，纷纷拿出自己家里的土豆、肉末、大头菜等。故事的结局是：大家都喝上了味道鲜美无比的石头汤，那个法国士兵也用这个办法回到了自己的家乡。

这个故事有好几个版本，内容多少有些出入。不同的人讲这个故事，试图说明不同的道理。我突然发现，那个法国士兵非常具有企业家精神，或者说企业家做企业的道理和他吆喝和贩卖"石头汤"的道理是完全一样的。

首先，他们在起点和结局上是一致的。都是从零起步、无中生有，非常欠缺资源。结局也都是一样的，那就是理想变成了现实。

法国士兵靠讲石头汤的故事达到了自己的目的，企业家靠讲"石头汤"的故事成就自己的事业，只不过石头汤的"石头"不同而已。哈佛大学的肄业生比尔·盖茨讲了一个"石头汤"的故事，地球人相信了，他成了世界首富。比尔·盖茨的那块"石头"叫——每张桌子上和每个家庭里都有一台电脑。曾经三次参加高考的马云也讲了一个"石头汤"的故事，地球人相信了，他成了中国首富。马云的那块"石头"叫——让天下没有难做的生意。石头汤的石头是一个概念，石头汤是一个关于未来的故事。讲故事、卖概念的手法，那个法国士兵在用，企业家也在用。

其次，他们在方法和路径上也是一致的。他们的基本方法都是：勾勒蓝图，赢得信任，获取资源，物化蓝图。蓝图只不过是一张纸，这张纸不重要，这张纸承载的东西非常重要。蓝图承载的东西是什么呢？蓝图承载的自己的承诺和大家的预期。大家相信你的承诺可以兑现，相信自己的预期可以实现，就会甘愿贡献资源、付出牺牲。有人肯付出，资源就会越聚越多，发展也会越来越快，事业也就越做越大，所谓"众人拾柴火焰高"。这种发展一般是滚雪球式的，但也有可能是雪崩式的。

一块石头怎么就煮出一锅鲜美无比的羹汤了呢？关键在于一个字——信。"石头汤"本身有没有滋味不重要，别人相信它鲜美无比才重要。别人相信"石头汤"味道鲜美无比，就会产生尝鲜的愿望。要喝"石头汤"，就得拿资源做交换。有了资源，就真的能做出一锅鲜美无比的"石头汤"。相信的人越多，想喝汤的人越多，这锅汤就会越鲜美。

一个故事怎么就成就了一家叱咤风云的企业了呢？其中的道理也是一样的。马云讲了一个"石头汤"的故事，蔡崇信信了，蔡崇信想喝。蔡崇信是谁？他是瑞典银瑞达（Investor AB）公司的副总裁。为了喝上马云的"石头汤"，他舍弃了年薪70万美元的工作。吴炯信了，吴炯想喝。吴炯是谁？他是世界搜索引擎之王、雅虎搜索引擎专利发明人。高盛公司信了，它也想喝"石头汤"，并为此支付了500万美金。日本的孙正义信了，他也想喝"石头汤",第一次就支付了 2000 万美金,后来还曾连续多次为"喝汤"埋单。最后,美国的股民相信了,也想喝马云的"石头汤",他们为此付出高达 250 亿美金。为了喝上马云的"石头汤",蔡崇信、吴炯等人贡献了自己的才华和心血,高盛、软银则贡献了自己的财务资源。手头拥有这么多资源,马云的这锅"石头汤"不想做好也难。

再进一步说,这也是企业发展的一般逻辑。西方国家资本市场比较发达,这种环境下成长起来的企业家把这一逻辑发挥得淋漓尽致。**他们都很擅长讲一个故事,激发大家对未来的想象和预期。一旦这种预期得到大家的认可,他们便会及时运用金融手段把这种预期资本化、资源化,这些金融手段包括吸收风险投资和股票上市等,这是第一步。第二步是利用变现来的资金、资源,大力实施购并、做大经营规模、优化竞争格局、推动企业发展,进而把当初的预期变成现实。**从预期到预期资本化、资源化,再运用到手的资源推动预期的实现,循环往复、周而复始,企业越做越大。

他们很擅长"花明天的钱办今天的事,花别人的钱办自己的事",资金和资源对他们而言好像从未构成企业发展的障碍。**这种景象用"金融大鳄"乔治·索罗斯的话说就是:"不是现在的预期符合将来的情况,而是现在的预期造成了今后发生的事件。"**这个套路,西方企业家玩得很顺畅、很轻松。这些年,中国企业家也学会了。阿里巴巴是这么走过来的,腾讯、京东、小米也是这么做起来的。

成功的企业家往往都是讲故事的高手。他给自己讲的故事叫使命,给员工讲的故事叫愿景,给投资者讲的故事叫商业模式,给政府讲的故事叫社会责任。讲故事的能力是描绘蓝图的能力,也是整合资源的能力。它是一种想象力、整合力、创造力,也是一种发现、发展生产力的能力。管理大师彼得·德鲁克说:"创新就是赋予资源以新的创造财富的能力。"我们要说:"讲故事的能力实质上是企业家能力,或者说是企业家的创新能力的体现。"

高可为，管理的求道者、证道者、布道者。先后在政府管理部门、知名咨询公司和高校从事管理咨询和研究工作十余年。主攻战略、财务，对于商业模式、资本运营等有着较为深入的研究。培训和咨询以"问题导向、战略高度、系统把握"而独具风格。现任职聊城大学商学院。

著有《使命：驱动企业成长》《理财有大道——写给企业经理人的财务建议书》等。

以文化战略推动企业战略实施

王明胤

企业管理作为一种手段，从管理战略上可分为"软战略"与"硬战略"。企业文化战略属于"软战略"，"软战略"是为"硬战略"服务的。企业文化战略和企业战略本质上是相通的，都是为了实现企业的愿景和使命。两者的关系就像一个人向目标行进的左右腿，相互影响、相互制约，只有相互协调、相互配合才能迈开步子。企业战略确定之后，在实现的过程中会遇到各种问题，如绩效问题、技术问题等，要解决这些问题，仅靠一些"硬管理"不够，还需要用文化战略的"软管理"来推动。

企业管理者要在正确理解和把握企业现有文化的基础上，结合企业战略和阶段性重要任务，分析其与现有企业文化的差距，确立企业文化战略。由于不同的企业发展具有不平衡性，企业文化的进程有先有后，企业不同发展阶段的企业文化战略也不同，有初创阶段、上升阶段、成熟阶段、衰退阶段和变革阶段的文化战略，企业每个发展阶段的文化战略有所不同，功能也有所不同。因此，首先应该分析企业所处的战略阶段和战略的性质，这是确立和发挥企业文化战略功能的前提。

企业战略有以下四种。

第一种，稳定战略。

稳定战略特征是很少发生重大变化，这种战略包括持续地向同类型的顾客提供同样的产品和服务，维持市场份额并保持组织一贯的投资报酬率记录。如一些公共事业性质的国有企业，采用稳定战略的比较多，追求稳定经营。

第二种，增长战略。

增长战略意味着提高组织经营的层次，追求更高的销售额、更多的雇员和更大的规模。增长可以通过直接扩张、合并同类企业或多元化经营的方式实现。如沃尔玛公司和麦当劳公司是以直接扩张的方式追求增长，还有些公司采用合并的方式增长。

第三种，收缩战略。

减小经营规模或者缩减多元化经营的范围。现在有不少企业实行收缩战略，如美孚石油公司、德胜洋楼、芳子美容等。

第四种，组合战略。

同时实行两种或多种前面提到的战略。比如公司的某种事业可能实行增长战略，而另一种事业可能实行转包战略。随着环保要求的提高，电力企业对传统的煤电实行收缩战略，但对风、光、电等清洁能源实行增长战略。

在制定企业战略后，如何使企业文化战略动力方向和企业战略发展方向一致，促动企业战略的实现是企业所要解决的一个重要问题。一般说来，有两种方式进行协调。

一是协调企业战略，适应文化战略。如果企业文化仍能适应企业的经营发展要求，且企业文化根深蒂固，在这种情况下，企业战略做相应的协调，以适应现存的文化。

二是协调文化战略，适应企业战略。协调一个文化战略的定位去适应一个新战略比改变战略去适应公司现存的文化更有效。

协调企业文化战略的定位时，要做好以下两点。

第一点，企业文化战略要与企业战略发展需求相适应。根据对企业内部和外部条件的分析与预测，结合企业战略和不同时期的不同重点，定位企业文化总体战略方案和各部门、各单位的分体战略，定位时要关注文化战略是否与企业战略需求相适应。

第二点，企业文化战略要与自身缔造的需求相适应。企业文化缔造是一个长远的过程，每个阶段的文化战略要有重点，要针对那些对于实现文化战略目标具有关键作用或者需要自身着重加强的方面、环节和部分。对不同的企业来说，不同阶段文化战略的侧重点有所不同，有的重点传播企业理念、有的重点规范企业制度、有的重点塑造企业形象，文化战略定位时要与企业文化自身的需求相适应。

由于各种企业面临的环境不同，企业发展的阶段有所差别，企业职工的文化素质参差不齐，因此企业文化的战略模式也有所不同。

一般而言，企业文化战略模式有以下几种。

（1）先导型：全力以赴追求企业文化的先进性和领导性，如改革型、风险型的战略模式。

（2）探索型：敢于开拓，敢于创新，敢于独树一帜，与众不同。

（3）稳定型：按照自己的运行规律步步为营、稳打稳扎。

（4）追随型：不抢先实施企业文化战略，而是当出现成功经验时立即进行模仿或加以改进。

（5）惰性型：奉行稳妥主义，不冒风险，安于现状。

（6）多元型：没有一成不变的战略模式，坚持实用态度，或综合进行，或任其发展，哪种有用就采用哪种模式。

企业在准确定位企业文化战略之后，为保证企业文化战略有效实施，就要做好以下四种措施。

一是制订文化战略实施计划。通过把战略方案的长期目标分解为各种短期计划、行动方案和操作程序，使各级管理人员和职工明确各自的责任体系和任务网络，以保证各种实施活动与企业文化战略指导思想和战略重点相互一致。

二是建立战略组织机构。企业文化战略的实施，要求建立一个高效率的组织机构，通过相互协调、相互信任和合理授权，以保证企业文化战略的顺利实施。

三是提供必要的资源支持。这既是塑造企业形象的内在要求，也是企业文化战略实施的物质基础。

四是创造实施文化战略的氛围和环境。通过一定的动员和宣贯，大力宣传企业文化战略的具体内容和要求，使全体员工深刻理解企业文化战略的实质。

王明胤，文化导师、管理实践者。"个人文化与品牌"系统理论的创始人、"企业文化金字塔结构"的创建者、深圳市美术家协会会员、作家协会会员、深圳市总工会职工职业核心能力师资班导师、特约专栏撰稿人，著有管理专栏《企业文化定位与聚焦》、艺术评论专栏《艺境》等。

著有《企业文化定位·落地一本通》等。

品牌

2016，中国已全面进入品牌营销时代

刘祖轲

一、中国全面进入品牌营销的快车道

中国经济的持续低迷，企业面临的营销环境十分严峻，市场需求紧缩，企业进入经济寒冬期。在这个过程中，企业倒闭潮频发，深圳的山寨品牌全军覆没，市场停滞，竞争越发激烈。然而市场需求依然存在，企业面对如此紧张的经济形势，想要突破现有格局、赢得市场竞争，就必须快速开展品牌营销。中国企业正全面进入品牌营销的快车道。

二、没有品牌的企业终究没有未来

古时，酒香不怕巷子深，而现代社会，酒香也怕巷子深。人人都有好产品的情况下，没有营销就没有销路，没有品牌，企业就没有出路。

品牌是一个企业的灵魂，企业与企业的竞争，在市场上的表现就是品

牌与品牌之间的竞争。不管你是什么企业，只要参与竞争，就不能忽视品牌的重要性。过去，我们说消费品讲品牌，现在品牌已经延伸到各行各业，不管是快消品、耐用品、工业品，不无例外，都需要品牌支撑。

品牌是一种承诺，一个真正品牌的诞生就是对消费者、客户的承诺和承诺兑现的互动过程。品牌不是一味地做销量，也不是盲目的打广告，也无需有强大的资金。真正的品牌其实就是要与消费者感到共鸣，时刻掌握消费者的心理并一直跟踪下去，为客户、消费者带来价值。

做品牌，不仅能提高产品附加值，还能提高产品的知名度、产品的市场竞争力。没有品牌的企业将无法生存，没有品牌的企业终将没有未来。

三、"互联网+"品牌营销：新时代企业赢得竞争的重要砝码

随着"互联网+"上升到国家战略后，中国经济正步入"互联网+"时代，特别是移动互联网的崛起，中国全面进入新营销时代。

（1）"互联网+"加的是媒体：改变了传播媒介和传播方式。

传统品牌营销时代，工业经济发达，产品新陈代谢周期缓慢，大企业凭借规模优势赢得市场话语权，地位难以撼动。企业给我们的第一印象基本是稳重，做任何事情都求稳，尤其是在做品牌营销的时候，每一轮宣传之前都要经过层层把关，然后再投入市场，品牌传播渠道和路径仅限于少量电视、报纸、广告等，周期长，费时耗力。

而在互联网品牌营销时代，产品更新迭代速度加快，人们的生产生活方式发生了裂变，营销环境变得纷繁芜杂，企业开展品牌营销也遇到了前所未有的挑战。"互联网+"时代，传播格局彻底发生了变化。过去纸媒、广播电视媒体称雄的时代，营销和传播路径是中心式单点传播，信息源头一般都是媒体，从媒体的版面、电波、荧屏向大众空间传播，而现在微

博、微信、朋友圈、自媒体等的崛起，营销和传播途径是立体式网状传播，人人都是自媒体，人人都有话语权。

与传统的"品牌宣传"方式相比，"互联网+"时代的品牌营销转向了"品牌对话"。所谓"品牌宣传"指的是企业以单向的传递方式，由一点到多点，对消费者进行接连不断的强化影响，而"品牌对话"则注重品牌与目标受众的双向交互，让消费者之间形成点到点的经验与体会传递，这种网状的结构能够让信息更加透明化，增强品牌的传播效应。

（2）"互联网+"加的是消费者：改变了消费价值及价值传递方式。

不管是传统品牌营销时代还是互联网品牌营销时代，营销的本质并没有变，还是需要我们发现需求、把握需求、满足需求、控制需求，时刻把握消费者需求并满足需求，要人性化、开放化。但在互联网和移动互联网时代，打造品牌的工具和方法却一直在变化。

传统品牌营销时代，是先做知名度，再做口碑和忠诚度。我们通过大规模的广告运动和推广活动让消费者知晓品牌（知名度），然后再通过缩小范围进行有针对性的告知和推广（认知度），再通过连续的有针对性的推广和活动形成美誉度，直到忠诚度的形成，之后形成良好的品牌联想，最终成为口碑，即消费者帮助我们去传播。

互联网时代的品牌营销，是先做口碑再做忠诚度，直到全面覆盖消费者大众（认知度）。好的产品是好的口碑的保证。好的口碑就是要超出消费者、客户的期望。互联网时代是去中心化、媒体碎片化、没有权威的时代，因为大家自身都是自媒体，都有传播的权利。由铁杆粉丝、"骨灰级"玩家形成的口碑，带动最核心的目标用户，完成最关键的消费群（圈子）建立。这些用户是种子用户，可以不断地向外的辐射和影响其他用户，直到美誉度、忠诚度的形成。比如小米手机的爆发，褚橙的横空出世，产品尚未上市，就已经在互联网上火起来了。最后，需要线上和线下结合，打造成为一个全社会有影响力的品牌。这时需要央视等全国知名的传统电视、杂志、报纸等媒体平台的参与。知名度绝对不是品牌的初级阶段，而是品牌的终极阶段。

未来互联网营销将颠覆传统品牌营销,未来所有的商业都将互联网化,一切品牌将人格化。无论是传统产业还是新兴产业,都必须拥抱互联网,开展互联网品牌营销。一个不会讲营销的企业会很麻烦,所有的企业都应该讲两点:一是创新,二是营销。互联网时代加速了企业的品牌营销进程,每个企业都将参与到品牌营销大潮中,中国跨入全面品牌营销时代。

刘祖轲,南方略咨询董事长,中国系统营销理论创始人,清华大学首届统招全脱产工商管理硕士,《销售与市场》《新营销》《销售与管理》《民营经济报》等顾问。

著有《解决方案营销实战案例》等。

互联网时代，用户更需要品牌

吴 之

一、"爆"思维带来品牌无用论

爆款、爆品、爆点……将产品做到极致，通过互联网渠道"引爆"，从而打造"爆炸性"的"款式""产品"的"思维"引来无数互联网营销大师的追捧，更引得无数企业家追捧。

然后，通过诸如小米手机、三只松鼠等案例引经据典，得出"互联网时代产品为王""互联网时代品牌已经无用"的结论。

难道互联网时代、"爆"思维时代，品牌真的无用吗？

其实，有点品牌营销基础知识的人们就知道，通过放大产品的价值来说品牌的都是掩耳盗铃之语，因为品牌的概念的第一个基础便是产品。如果没有满足用户或超出用户满足的产品，品牌就不能成立。而产品只要——按照互联网营销大师们的说法——做到"极致"或做到"能让用户尖叫"，对用户来讲，其实就拥有了情感体验的部分。意思是说不只是单纯的使用那个产品的机械和物理部分，也使用或感受产品带来的体验甚至享受。这样，便在用户心中印记了超出产品本身的精神价值，也就是说这个产品在用户心中成为"品牌"。

产品做到极致，做爆款其实没有离开，营销的 4P：产品、价格、渠道、促销。产品再做到极致，也需要以合理的价格、合适的渠道和推广卖给用户。渠道就成了电商，价格就算免费赠送也是有价格的，推广只是找到"原点用户"，发展成粉丝了。

二、互联网时代，用户更需要品牌

互联网的特征是去中心化、去中介化，提高了"信息的对称性"——商家不能忽悠用户了，因为用户与商家随时同频了，随时能了解舆论了。实际上，不完全是这样，至少在很多行业不完全是这样。

互联网去中心化和中介化了吗？根本就没有：君不见淘宝、京东，不是整个中国电商领域的寡头中心吗？中国哪几千万家网站或转型平台战略的平台电商死亡率那么高？去中心化了吗？没有。类似于"瓜子二手车网"难道不是"中介化"吗？只是线下的二手车交易市场搬到网上了而已，其实还是中介。

反过来说，这些平台电商、互联网平台不也成了"品牌"了吗？

因为互联网时代的其他特征包括"海量信息"和"大数据"——显而易见的结果就是用户搜索和寻找的盲从症，就是虽然互联网让信息趋于对称，但是海量信息无法瞬间对称，还要参考各方面的意见，才能做出消费的决策。这时，那个"参考的意见"就成了"品牌的指引"。

互联网时代，用户更需要品牌。不承认不行，那些所谓打造了爆品、摈弃了品牌的商家，恰恰是用好的产品打造了好的品牌。

三、回答三句话，打造互联网时代品牌黏性

互联网时代，打造品牌的终极三问其实是：谁？什么时候？为什么消费？

第一，谁？就是找准你的用户。全球的用户70亿、全国的用户13亿、全国的网民7亿，谁才是你的用户？这个要寻找或者细分的理论仍然有道理。你不能满足所有用户的所有需求，你也不能满足所有用户的部分需求，你只能满足部分用户的部分需求。

第二，什么时候？就是所谓的消费场景了。产品分类要从消费场景出发。

很多企业在产品创新上真正面临的问题并非是企业站在自己拥有的资源的角度进行细分或开发。比如做牛羊肉食品的企业，本来牛羊肉是要给消费者吃掉的、要消费的产品，可是没站在消费者（用户）的角度划分，反而站在自己的角度划分产品：产品的分类就是我有什么产品，如牛排、羊脊骨等。

这时要分析消费者（用户）消费食用羊肉产品的场景划分才比较妥当，因为我们在吃的时候总是有不同的食用场景，比如要解决哪里吃、怎么吃的问题。消费者会站在自己角度来考虑购买食用的牛羊肉类产品，可是企业却不能站在自己的角度来划分产品种类。

应该怎么划分呢？我们可以把消费者吃牛羊肉的场景划分为四种，然后再依据四个不同的消费场景来划分产品，消费者就比较容易选择和购买产品了，就是减轻消费者的选择综合征。比如在餐厅吃、在家吃、在外吃、送礼吃等场景。用户也会明白你的产品什么时候消费。

第三，为什么买？就是你给用户一个消费你的产品的理由。为什么选你的产品？那就是企业需要提供的最终的价值。

在餐厅吃是因为做的好吃、离家近、环境好；在家吃是因为这个产品提供了家庭烹饪的一切准备工作，让消费者有大厨的爱的体验；户外休闲吃是因为这个厂家组建了一个"户外驴友吃货团"的微信群，定期郊游分享体验，一起玩、一起开心。

最近比较流行"回归本质"的理论和实战的图书，似乎人们也在回归本质理性时代——因为只有抓住本质，才能结合形式上的、手段上的、策略上的创意或行为，只有这样才能完成企业的使命。

互联网时代，用户的需求有变化、用户的行为有变化、用户的心态有变化、用户的年龄有变化，可是还有不变的，就是"要性价比高的"产品和服务、要放心满意的服务。

这个时代是瞬息万变的，就像人们说的唯一不变的就是变，可是这个世界的很多方面是"万变不离其宗的"，为了应对这个变化的世界，我们不能忘记"以不变应万变"。

互联网时代，用户更需要品牌——回答三问助你成功。

吴之，蒙古族，内蒙古科尔沁右翼前旗人。区域品牌实战专家，中国区域品牌第一人，现任内蒙古先行品牌策略机构高级合伙人、品牌总监，曾任蒙牛乳业集团品牌经理、战略咨询师，中国市场学会品牌委常务理事，中国马铃薯农场主联盟战略顾问，内蒙古品牌建设促进会高级顾问，包头营销策划行业协会高级顾问。

著有《中小企业如何打造区域强势品牌》《品牌蜕变：从区域名牌到全国品牌的九大策略》等。

产品

中小企业新品上市的六个忠告

贾同领　遥　远

在笔者 10 余年的营销咨询生涯中,服务过大量的新品上市企业,因为看到太多的新品不成功的案例,不忍心他们把辛苦赚来的钱打水漂,所以给新品上市企业提出以下几个忠告。

(1) 别对产品太自信。

产品就是企业的孩子,对孩子都会护短。笔者曾接洽一个插在点烟器上的电子产品,自称可以节省燃油 10%~30%,原理是该产品过滤了汽车各种电子元件的杂波,可以使燃油充分燃烧,并且还有上海有关部门的检测报告。我们对市场进行了调研和摸底,发现并没有明显的令人信服的数据,所以建议暂停上市。

曾有一家浙江生产"长寿水"的企业,我们告之现在水产品市场格局基本成形,新品进入很难。即使水的功能是真实的,可如何让消费者相信这款水能长寿?即使消费者相信这种功能,有多少消费者是希望通过喝水获得长寿呢?所以,我们当时建议还是先做区域品牌。

(2) 别对行业太乐观。

新品上市还需要了解该产品所属的行业,看看该行业的机会,针对一个充满竞争的红海行业还是谨慎行之。

当前，比较有潜力或新兴的行业，如健康产业、绿色环保产业、新能源、新农业、新材料、人工智能与机器人、互联网与大数据等。当然，这些行业的进入一定是科技创新型的。不过也不是越前沿的行业机会越大，这里风险也大，"早半步是先驱，早一步是先烈"，时机的把握非常重要。根据产业的生命周期，对一个新上市的产品来说，最好是处于上升期。

对于重大的决策，就需要深入对行业的研究、竞品的研究、消费趋势的研究，"磨刀不误砍柴工"。因为一旦企业判断和方向有偏差，损失的费用就肯定不是前期的小数目，不仅打击了团队的信心，还耽误了市场的时机。

（3）做好充足的困难准备。

新品上市是从 0 到 1，跟从 1 到 2 相比，从 0 到 1 属于无中生有，增幅是无限大，而 1 到 2 只是增加 1 倍而已。

新品上市面临的困难和风险很大，新团队的组建、市场开发的起步、品牌的传播、大量的资金投入、未知的市场表现等，稍有疏忽就可能前功尽弃。有些企业苦于找不到合适的人，产品刚起步，能力强的人家也看不上，能力差的又看不上人家，左右为难。找咨询公司，有的能捆绑合作、托管还好；有的前期交了报告，还是很难有实际工作的推进。

有些新品上市，公司没有计划和预算，做了一段时间因预算不足就停滞。虽然"方法总比困难多"，但在缺少资金时就捉襟见肘了。

贾同领老师在 2014 年接触到一家做功能饮料的企业，自称产品好过红牛，市场竞争不大，高管在百事可乐做过多年，老板很支持，投入也没有问题，一定能做的好。当笔者建议功能饮料市场投入大，比较有难度时，对方有些不以为然。可惜的是，到现在，这款产品还没有上市。信心是需要来自现实的。

（4）别老想着"颠覆"。

有多大能力做多大事，不同新品类型、不同的规模，发起人的目的也不同。有的就是养家糊口、赚点小钱，这就不是我们要讨论的范畴。

另一个极端是想借助强大的资本实力，或者超强的技术研发优势，站在产业前沿，引导产业发展，如无人驾驶汽车、智能机器人等，这些都是"颠覆"性的，一旦成功就将改变产业格局。

但更多的产品介于两者之间，是"前有古人、后有来者"的。做这些产品都有一定的轨迹和产品逻辑，在顺应行业的基础上再进行创新升级。现在到处都谈颠覆，好像没有颠覆就不能吸引眼球似的，企业要脚踏实地，别动辄都想着颠覆，别到最后把自己都颠覆了。

有些是大平台思维，随着互联网产品的红利逐渐消失，一些电商在烧完钱后就纷纷倒下，比如生鲜电商美味七七、神奇百货、餐饮O2O大师之味、汽车电商博湃养车等。

（5）提升企业的格局。

不同的格局有着不同的服务方式，就像郎平所说的，针对不同的队形、人员素质，有着不同的应对策略。有些中小企业比较务实，但也有一些"直言不讳"：我就想几年做到10亿元规模。看看他们的谈吐，一没资源、二无格局，一幅"初生牛犊不怕虎"的轻狂，这样的企业早早敬而远之。

目标想着暴富的人往往暴富不了，因为没有那个格局。只有那些站在产业高度、具有一定民族和国家忧患意识的人，才能成为真正的王者。

企业既要格局高远，又要脚踏实地；既要看成功故事，又要借鉴失败案例，这样的企业才有更远的未来。

（6）做好新品上市的九个一。

麻雀虽小五脏俱全，新品上市要做好九个一。

一个核心卖点：提炼、确定主推产品的核心卖点，不要太复杂、太学术、太艺术，最好结合产品的核心，抓住消费者痛点，与竞品能形成差异化。

一句广告语：根据核心卖点、针对的目标客群，再提取一句朗朗上口的、容易记忆和传播的语句。

一个主推渠道：确定产品在哪里销售，网络、直营、经销还是加盟，确定主推渠道后，准备相应的传播和招商策略。

一套销售话术：准备一套针对渠道客户开发的相应的话术，要包括行业的未来、企业的发展规划、产品的卖点、公司的支持、市场政策等，要能够让客户树立起经销信心。

一个主题活动：为产品的市场推广做准备，至少确定一个主题活动，最好能借事件传播，能有"四两拨千斤"的机会。

一本操作手册：制作一本市场操作和规范的傻瓜式手册，让不了解市场的人员看到这本手册后就知道应该如何去做。

一个广告片：一个集企业及产品宣传于一体的几分钟的广告宣传片，省去了较多的一对一介绍，也能体现企业的"实力"和愿景。

一支高效团队：要组建一支新品上市的队伍，要有相关的国内市场操作经验，同时结合市场拓展时期的特性，给予过程和结果相结合的考核，考核项设计可以突破常规，激发员工的原动力。

一系列培训：包括产品卖点、销售话术、操作技巧、模拟演练等。

贾同领，上海联纵智达营销管理集团合伙人，家居事业部总经理，中国注册咨询工程师。在建材家居、汽车后市场、快销品等行业有十余年的实战经验，曾为50多家企业提供实战咨询和培训服务。邮箱：496311192@qq.com，更多分享请关注"微智管理"公众平台（微信号：wisdom-i）。

著有《企业员工弟子规：用心做小事，成就大事业》《建材家居门店销量提升》等。

每个成功的企业都有超级单品——打造超级单品的四大方法

侯军伟

每个企业都想做一款既能长销又能畅销的产品,这样的产品带给企业的销售和利润都非常丰厚,我们把这样的产品叫作超级单品。我们发现,每一个成功的企业都有超级单品,没有超级单品的企业都很难成功。

如何打造超级单品?睿农咨询总结了四大方法。

一、创造一个品类,并且成为品类的先驱者和领导者

一个企业通过自己的创新创造出一款产品,并成为这个类别的领导者。其他企业的同类别产品都处于跟随状态,那么这款产品就是一款超级单品。

莫斯利安是由光明乳业开发的一款常温酸奶产品,在过去的五年里,莫斯利安从零做起,已经做到了超过 50 亿元的销售规模。随着市场规模的不断扩大,这款产品也得到了广大消费者和同行的认可。于是在市场上相继看到了各种同类型的产品出现,包括乳业巨头蒙牛、伊利等都推出了这

样的单品。

在我们的观念里，饼干是作为休闲零食出现的，而江中集团的猴菇饼干通过创新打破了饼干行业的传统认知，赋予了产品的药用功能，这款产品也成为饼干行业近几年发展最快的品类。暂且不论这种饼干的实际功能，但不得不承认大街小巷都是猴菇饼干，大小企业都在竞相模仿。

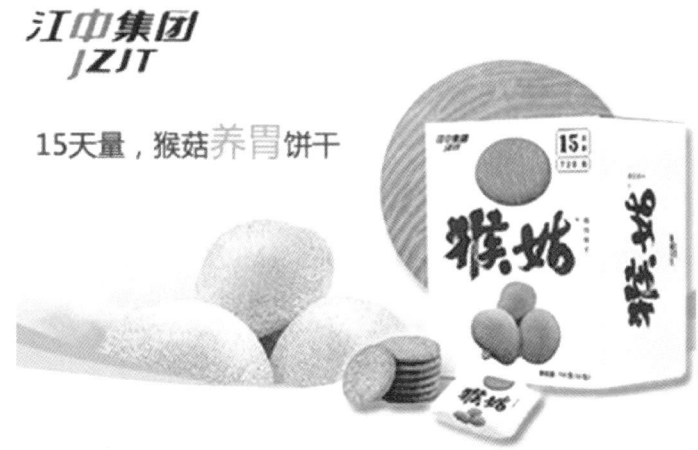

二、在已有的成熟品类中，通过创新成为行业的领导品牌

只有新品类才能出现超级单品吗？显然不是，已经存在的成熟品类中也可以。但是成熟的品类往往竞争激烈，想要成为领导者很不容易，但是并不代表没有机会，如果创新品概念和营销模式，也完全可以打造出超级单品，力压同行。在过去的十年中，有两款产品就是这样打造出来的。

第一个品牌是养元的六个核桃。在这款产品上市之前，同类型的产品已经上市很久，甚至已经有了领航者，比如大寨是较早做核桃乳品牌的，但一直不温不火。而六个核桃通过深度挖掘核桃类饮品的功能特点，并且赋予这个功能一个非常响亮的口号："经常用脑，多喝六个核桃"。使得这款产品找到了自己的卖点并大力宣传，使得消费者将"六个核桃"跟"补脑"联系在一起。通过这种方式，这款产品成为同类型产品的另类产品并脱颖而出。

另一个品牌是娃哈哈的营养快线。这款产品高峰时曾经每年为娃哈哈贡献 200 亿元的销售收入。对娃哈哈来讲,营养快线就是超级单品,这款产品就是通过创新品理念完成对竞品的超越。当蒙牛还以"酸酸甜甜"为口号的时候,娃哈哈推出了"果汁+牛奶"的产品概念,功能性诉求完胜市场上的同类产品。这一切使得它在竞争激烈的乳品市场中脱颖而出,并获得了长久的销售增长。所以,通过已有产品的创新及功能诉求的创新才能使自己在老的品类中脱颖而出。

三、提高产品的价值并成为价值的捍卫者

这类产品在食品饮料中比较常见,如蒙牛的特仑苏,它是我国高端纯牛奶产品中的第一款产品。在十年前,这款产品初次上市时,很多人都认为这款产品定价太高,肯定不好卖。但特仑苏通过"来自中国乳都核心区"和"不是所有牛奶都叫特仑苏"的诉求,不断强化产品价值,随着时间的推移,这款产品不断得到消费者的认可。

正在发生的
转型升级·实践

最近几年在市场上崛起的圣牧有机奶，通过"全程有机"的产品核心概念诉求，完成消费者心目中高端产品的定位。事实上，随着中国民众消费水平的提高，消费观念在转变，消费者会觉得消费品要和自己的身份匹配。当消费者收入提高时，消费者就不会购买那些低价的产品。产品的价格是产品价值的量化体现，只要有相匹配的价值，价格不是问题。互联网时代中的消费者更在意的不是价格，而是这种产品的价值是否和自己的理念相匹配。

当一个社会从物质需求向精神需求转变时，价格不是问题，价值才是重点。

四、细分人群建立品类并成为领导者

通过细分品类建立品牌影响，成为超级单品。旺旺集团的"旺仔牛奶"在市场上流行了十几年，包装从来没有改变，就是铁罐装的牛奶，一款带着标志性笑脸的产品在 2015 年的上半年销售额已经达到了 54 亿元，一年将达到上百亿的销售规模。

旺仔牛仔为何能畅销这么多年，且无人能敌呢？

（1）有精确的消费人群定位，庞大的少年儿童群体。

（2）有非常好的口感，添加炼乳，使之最接近母乳口感，很多小孩在喝了这款产品后都不愿意再喝其他产品。

（3）持续用"旺仔"的形象做市场推广和消费者观念的灌输，估计很多消费者早已被旺旺的广告洗脑了。

打造一款超级单品必须要考虑三个因素：

（1）是不是符合市场消费发展趋势。

（2）是不是真正满足消费者的需求。

（3）产品是不是具有独特个性。

通过这些成功的案例，我们要知道超级单品的打造并不是一朝一夕就能够完成的，它需要企业围绕消费者需求，通过创新、发现机会并持续推广，最终获得成功。

侯军伟，上海睿农企业管理咨询有限公司总经理，本土管理实践与创新论坛理事，新食品杂志专家顾问团成员，餐与厨营销自媒体创始人。所倡导的"超级单品"战略助力多家企业突出重围，完成对竞品的超越。

著有《乳业营销第1书》。

紧紧抓住产品价值的根

王　超

营销的本质就是实现交换。这种交换行为萌芽于人类社会分工开始、有剩余产品的物物交换，有了货币之后，演变为交换行为更为便利、交换内容更为丰富、交换范围更为广阔、交换形式更为多样的商业贸易行为，贯穿在人类文明发展史中。

然而，我们要看到，不管时代如何变迁，交换的外部环境及形式如何嬗变，交换行为产生的驱动力仍旧是需求。没有需求就不会有交换行为的产生，营销也就不复存在。因此，营销的源点在于顾客需求，营销的动能在于把需求转化为价值产品。对顾客而言，只有满足了自身的某个需求，产品才具有交换的价值。非洲部落卖鞋的营销故事正说明了这点。即使是大牌设计师设计的时尚名鞋，不管价格多么昂贵，在不穿鞋的非洲部落里，因为没有需求存在，几乎和没用的废物一样，价值为零。这个故事中，那位高明的营销人员看到的是一个大市场，同样基于营销的需求价值论，他看到的是一个穿鞋需求需挖掘和引导、慢慢培育的未来市场。当然，他所在的企业能不能等到需求形成市场的时候就另当别论了。

移动互联网时代，B2C、C2C、P2C、O2O，新的商业模式不断涌现。互联网开辟了与传统商业格局不一样的新世界，涌现出黄太吉煎饼、雕爷牛腩、西少爷肉夹馍等互联网品牌。这些品牌利用互联网的新资源，采用与传统商业完全不同的游戏规则，快速脱颖而出。外星人大会、美女老板娘、开豪车送煎饼、知名 VC 估价 4 000 万的创业故事、@朋友就会与品牌创始人互动等万花筒般的营销技法，使得 2012 年黄太吉红遍微博，大家纷纷找着去吃这家煎饼。然而，成名后的热销势头很快冷却下来。相对中立的大众点评数据给出了原因：在对建外 SOHO 旗舰店的 1 080 个评价中，差评高达 60%。有食客做出了这样的评价："再多的互联网思维也要回归到产品本质：口味、价格、位置。""口味、价格、位置"，这就是一个餐饮的产品价值。东西不好吃，再炫的营销技法也黏合不住食客的胃。

如果说顾客第一次用钱换来的是盛名之下的新鲜体验，那么，要形成后续的持续交换，必然是食物自身给消费者带来的美好体验，这是餐饮产品的根本价值所在。雕爷牛腩、西少爷肉夹馍同样带着互联网思维的光环，以极具冲击性的话题在网络上打头阵，都以错位矛盾吸引眼球持续营销，都宣传要做到极致的用户体验，都开始被热捧、学习，但最终都被怀疑"热情逝去之后，能走多久"。

另一个现象来自传统商业领域。2012 年，维达新上市产品"超韧系列"被认为是维达这么多年来上市业绩最成功的产品。作为成长于传统商业环境的品牌，维达的营销手法没有互联网品牌那么炫目，产品推广方式也是中规中矩的广告传播，但"湿水不易破"的产品切中消费者对好纸巾的需求，对消费者来说，产品价值凸现，值得交换。因此，在一样的团队操作、一样的经销商队伍、一样的推广方式下，维达的"超韧系列"业绩飘红、动销良好。

互联网创造了商业新模式，也创造了营销新资源，如新的沟通方式、新的传播资源、新的渠道资源、新的商业关系、新的品牌体验等，毋庸置疑，这给传统商业竞争格局下已难插足的新生品牌制造了机会，如三只松鼠、阿芙精油、江小白白酒等。但两种现象表明，无论在充满营销新技法的互联网领域，还是依循传统营销方式的传统商业领域，营销路轨不一致的两个领域，唯一的交集点在于是否抓住了满足需求为先导的产品价值，具备持续达成顾客交换行为的驱动力，这是营销的根。这个根，因循时代环境的变化，可以生长出不同走向的枝条来，但只有根抓得牢，不管哪一个走向的枝条都会开花结果。

王超，尚扬（中国）营销战略咨询有限公司董事长，营销竞争战略专家，中国食品行业十大营销专家，养元六个核桃荣誉员工、首席品牌战略顾问，中国食品行业顶级专家团成员，《销售与市场》专栏作者，行业顾问，湖北工业大学客座教授，中山大学 EMBA 总裁班导师。

著有《像六个核桃一样：打造畅销品的 36 个简明法则》等。

数字化

企业大数据战略规划

葛新红

我们正迎来一个数据爆炸的时代,大数据的理念传播已经如火如荼,然而如何通过大数据应用真正实现商业价值,我们不断听到以下困惑:

"都在谈大数据的概念,但如何将大数据应用和真实的业务场景结合,让大数据真正发挥效用?"

"如何基于云计算/大数据重构企业的商业模式,帮助企业实现互联网+转型升级?"

"企业多年积累了很多数据,这些数据哪些有用,如何用来帮助企业实现业务改进,创造新的商业价值?"

"企业的各种数据散落在不同系统中,要如何清洗整合和挖掘应用?"

"企业实现大数据应用,需要采集哪些过程数据,需要哪些外部数据,如何获取?"

……

AMT基于多年"管理+IT"前沿研究与咨询实践,致力于成为传统企业"互联网+"转型的使能者,综合运用在大数据、云计算、物联网及移动互联等领域的新技术与业务的深度融合,帮助企业实现商业模式创新和价值实现。

在大数据领域，AMT 将为企业提供大数据整体战略规划及基于具体应用场景的落地方案，实现系统规划、重点突破。

一、AMT 大数据战略规划

通过大数据战略规划，帮助客户明晰大数据建设的整体目标、蓝图（包含应用蓝图、数据蓝图、技术蓝图和运营蓝图），并将蓝图的实现分解为可操作、可落地的实施路径和行动计划，有效指导企业大数据战略的落地实施。

（1）应用蓝图：从商业模式创新和业务价值链两个层面识别大数据的应用价值点。

基于大数据的商业模式规划：AMT 将结合企业互联网转型战略规划，从顶层设计层面帮助企业考虑如何构建基于大数据的新型商业模式，使传统企业转型为数据驱动型企业、基于云服务/大数据的互联网平台型企业。

传统企业平台化转型，打造产业平台生态圈，云计算和大数据是基础。产业平台生态圈的各方资源进行有效链接，平台本身一定要具有大数据能力，通过将大数据分析应用转化为平台的增值服务，从而提升平台黏性，以及平台对整个生态圈的控制力。

基于价值链的大数据应用场景规划：AMT 将帮助企业沿着业务价值链，分析不同业务场景中如何应用大数据实现运营优化和改进创新，如在研发环节如何通过大数据促进产品创新，在生产制造环节提升产品质量和设备可用率，在营销环节实现基于大数据的精准营销等。使大数据应用与业务紧密结合，真正产生业务价值。

（2）数据蓝图：建立数据架构，明确不同数据采集策略。

基于大数据的应用蓝图，需要什么样的数据架构支撑？AMT 将帮助企业建立数据分类架构，包含基础数据、行为数据及画像数据等，并明确数据源：企业内部数据、产业链上下游合作伙伴数据、社会化数据等。对于企业内部数据的采集，结合企业业务流程或者工艺过程，识别所有接触点，通过IT工具系统或者物联网采集设备部署，实现"从信息来源地一次性采集信息"。而对于外部数据等，则考虑采取异业联盟、外部购买等不同的数据采集策略。

（3）**技术蓝图**：明确大数据技术架构，指导大数据平台/工具的选型。

结合企业现状需求及技术趋势研究、主流技术对比，从硬件平台、数据存储和管理、计算处理、数据分析、可视化、数据安全等方面帮助企业建立大数据技术架构，并对比相关产品优劣势，指导企业大数据平台/工具的选型。

（4）**运营蓝图**：建立支撑大数据应用的长效治理体系。

通过帮助企业建立支撑大数据应用的长效治理体系，实现大数据采集—分析洞察—改进行动的常态化。包括大数据组织和人才培养，建立大数据分析应用和改进提升的流程、大数据应用持续推进机制等，使大数据运营成为企业的一项可持续的重要日常工作。

二、基于大数据应用场景的落地方案

帮助企业识别大数据优先应用场景，提供大数据应用解决方案，包括业务分析——数据建模——数据获取/整合——数据平台/工具支撑——相关运营管理机制建设等，进行重点突破和速效落地。

通过大数据咨询服务，AMT将帮助企业实现以下价值：

（1）基于大数据应用创新企业商业模式，推动传统产业的转型升级。

（2）通过大数据应用实现产品/服务创新、运营优化、精准营销、风险预警、决策支持等，将大数据有效转化为商业价值。

（3）形成企业可持续积累的数据资产，建立大数据领域的竞争优势。

葛新红，AMT研究院院长、AMT大学执行校长。带领AMT各专业研究团队，长期致力于企业转型升级和战略落地的前沿理论和最佳实践研究与培训推广。

著有《低效会议怎么改：每年节省一半会议成本的秘密》《跟我们做知识管理》《流程革命2.0：让战略落地的流程管理》《用数据决策：构建企业经营分析体系》等。

中国企业数字化转型的若干难题及建议

戴 勇

一、企业数字化转型势在必行和转型的方向

在人类社会的发展进程中，先后经历了农业社会、工业社会，正在大踏步迈进信息化社会。种种趋势表明，信息技术对人类社会的促进作用已经提速，企业配置资源的方式、范围，以及创造价值的方式都与过去大不一样。特别是随着近来的云计算、物联网、移动应用、大数据等新一代信息技术逐渐成熟，信息化社会呼之欲出。

企业在迈向信息化社会的过程中，需要完成的一个重要任务就是数字化转型。

这是因为信息化社会中的经济生态已经开始以个人为中心进行倾斜，新的信息技术以前所未有的互联互通性正不断改变着人们和企业、政府及周边社会的互动互联方式。这种以个人为中心的经济时代必将引发商业模式的转变，企业从过去以产品为中心转向以消费者为中心，消费者的需求

特征也逐渐演变为以满足个性化需求及需求的及时沟通为核心，并在沟通过程中保护个人隐私。消费者需要的产品和服务也越来越多地呈现出数字化的特点，比如以物理形式存在的产品——农业产品、工业产品、金属与矿藏等，这类产品的数字化呈现在知晓和获得的便捷性方面；以数字形式存在的产品——金融产品、游戏、音乐、软件产品、旅游等，这类产品完全是满足人类精神需求的产品，从生产到销售都可通过数字化完成；以数字与物理混合形式存在的产品——汽车、医疗、出版、零售、航空等。所以，信息化社会中的企业必须学会通过信息技术掌握消费者的变化趋势，满足不同客户群体的需求。企业数字化转型势在必行。

企业的数字化转型方向在哪里？有两个主要的方向：一是从外向内重新确定客户价值主张，明确客户到底需要什么、企业应该提供什么；二是从内向外重新规划运营模式，明确产品和服务的提供模式。企业实际运作中，转型方向往往是介于两者之间的中间道路，需要从两个方向思考。

二、中国企业数字化转型的若干难题

中国企业在迈向信息化社会的数字化转型过程中面临的问题比较复杂、多元，而且动态。在此列举中国企业数字化转型中的若干难题：

难题一：在传统管理向现代企业管理模式转型尚未完成的时候，又不断受到企业经营发展与企业重组的冲击，在这种情况下，如何做数字化转型？

难题二：在管理基础尚未牢固的时候，又不断受到外界新观念、新方法的诱惑，在这种情况下，如何做数字化转型？

难题三：在现代管理制度体系尚未健全的时候，又要开展信息化建设，在这种情况下，如何做数字化转型？

难题四：在传统信息系统尚未完全建成的时候，又面临"互联网+"

的转型、升级，而新环境下企业管理面临着更多的管理要素的转变，甚至商业模式的转变，在这种情况下，如何做数字化转型？

三、中国企业数字化转型难题的建议

（1）总体建议。

要破解中国企业数字化转型过程中的难题，破解思路是运用整体思维，把握数字化转型中的"不变因素"，回归常识、回归本质、回归系统，去掌控和管理数字化转型中"变化"的因素和"变化"的节奏。因此，建议中国企业数字化转型分三步走。

第一步，全局思考，给自己定好位，明确自身的核心竞争优势和核心能力，并形成配套的策略。第一步的目标是明确数字化转型的方向，把握数字化转型中第一个"不变因素"——核心竞争优势和核心能力。这个"不变因素"可以通过管理罗盘的方法与企业一起研讨绘制出来。（注：管理罗盘的方法是指借助古代"罗盘"的思想，运用相关的技术手段和企业一起研讨绘制出企业管理罗盘的方法。）

第二步，运用企业架构方法把企业的业务组件化，并满足个性化服务的需求。美国政府、军方及大型企业在打造全球化的组织能力过程中，都用到了这类方法。常用企业架构方法包括 TOGAF、FEAF、DODAF 等。第二步的目标是把企业的业务组件化，把握数字化转型中第二个"不变因素"——企业架构。这个"不变因素"是数字化转型过程中共同的思维和沟通框架。

第三步，运用数字化转型全程管理方法来形成可持续的数字化改进。全程管理方法的过程包括现状梳理、制定转型路线、分析试点需求、设计试点方案、执行试点方案、转型经验总结、新的转型试点……在全程管理方法中，最重要的是要把企业的试点方案和执行过程同步考虑进来。中国企业在工业化程度不深的基础上做数字化转型，需要解决一个信心问题；试点方案的成功不仅有利于总结企业数字化转型的经验教训，最重要的是建立起企业对数字化转型的信心，为数字化转型的全面推进奠定基础。

（2）**具体建议**。

难题一主要存在于快速成长中的企业、变革重组的企业。应对关键是运用管理罗盘和企业架构管理企业经营中的重大变化，降低转型成本。

难题二主要存在于导入各种管理观念、管理模式为常态的企业。应对关键是企业内部要消化导入的管理观念和管理模式，把它融入企业架构，将观念和模式的冲击带来的变化纳入有效管理。

难题三主要存在于正在开展信息化建设的企业。应对关键是运用管理罗盘和企业架构做好业务发展与信息化建设之间的平衡。

难题四存在于信息技术有颠覆性改变的企业。应对关键在于运用管理罗盘研究核心能力，运用企业架构追踪信息技术的发展趋势及其影响。

戴勇，北京科技大学工商管理硕士，国际注册管理咨询师（CMC），十余年管理顾问经验。长期扎根于企业现实问题的研究与改进，以教练式咨询帮助成长型企业的战略研究、组织变革与职能建设等方面的研究，培训课程集中于战略性人力资源管理、商业伦理学及信息化领域。专注于交通运输、快速消费品、工业品制造等传统行业。

趋势观察

小米可能的战略：移动入口布局

刘红明

2015年，小米为8 000万台目标奋斗未果。而华为宣布突破1亿台，其中国内市场7 000万台，并预计2016年将再增长30%，总计1.3亿台。华为厚积薄发，在智能手机的国内和国外市场总销量上都超越了小米，而在国内高端机市场、国外品牌机市场，华为更是将小米甩在后面。2016年，小米更是持续呈现后劲乏力之势，VIVO与OPPO双子星后来据上，超越小米。如果说2015年市场上只是唱衰小米，2016年连小米自己都认为出问题了。小米不能完全像华为一样走技术驱动的道路，它的战略选择必须是结合自己的优势与擅长领域。

在商业环境中，交易入口承担着引流、带来商机的作用。移动互联网的发展，更要求基于移动互联网来考虑新的入口，以及基于入口形成的战略。

移动互联网与传统互联网有很大差异。移动上网主要通过手机或平板无线上网，非固定环境，位置随时变动，多为公共环境或流动场所。同时移动屏幕最大的局限就是无法容纳过多APP应用在屏幕上，因此移动入口屈指可数。

移动入口主要为六大入口，如下图所示：

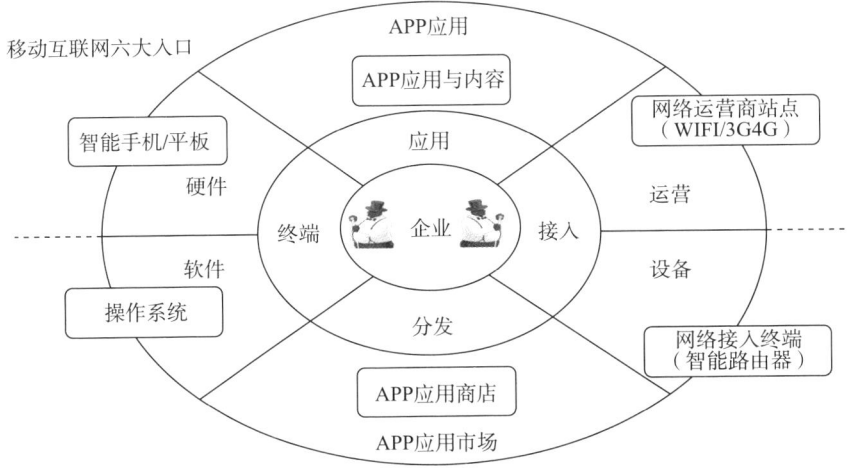

移动六大入口示意图

（1）苹果的移动入口布局。

目前通过智能手机软硬件一体化来作为入口，建立一个闭环式的开放平台仅苹果一家。苹果通过"高端智能终端＋CPU＋IOS＋AppStore"的模式，形成一个闭环，成功锁定了移动互联网用户，如下图所示。

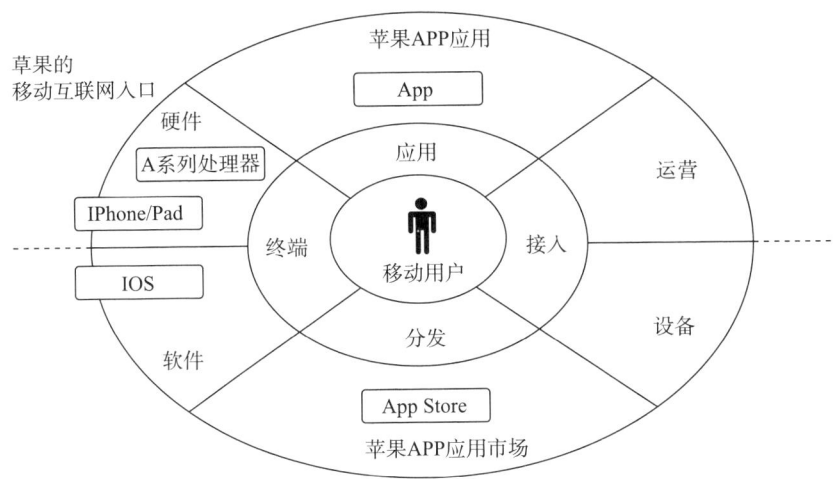

苹果移动入口布局示意图

智能终端软硬件化的核心是 OS 软件系统，其技术含量较高，一般公司无实力推出。因此入口主要为苹果 IOS 与谷歌 Andriod 占据，除此外，还有在 Andriod 基础上进行二次开发的深度优化系统，如小米的 MIUI 系统，魅族的 Flyme 系统，华为的 Emotion UI 等。

（2）华为手机的移动入口布局。

华为公司有着一流的智能终端软硬件研发实力与核心技术，但是，华为的 OS 操作系统仍然受制于 Andriod 系统。华为 Emotion UI 系统拥有情感化用户界面与独创的 Me Widget 整合常用功能，虽然根据安卓系统深度优化定制，但基于 Android 开发的最大特点就是都只提供安卓 App 应用。也就是华为手机再怎么好，也与三星公司一样，手机上的 App 应用商店不过是一个 Google Play 应用商店的翻版，如下图所示。

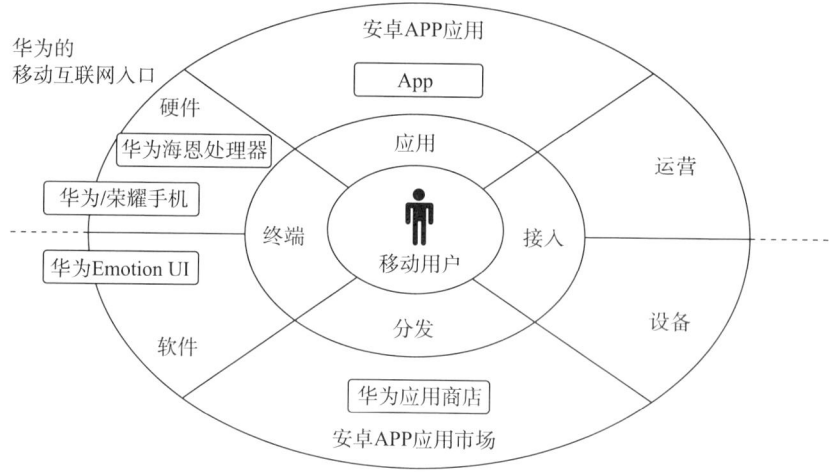

华为移动入口布局示意图

（3）小米公司的移动入口布局。

小米公司在 2010 年 8 月推出 MIUI 内测版操作系统，为安卓手机而推出刷机使用的系统，基于中国人操作习惯在安卓系统上二次开发。小米的战略是：先让用户喜欢上 MIUI 系统，再推出手机。喜欢上了，一个交易入口即形成了。

2010年12月，小米相继推出安卓版米聊APP、苹果版米聊APP。米聊依靠自己的实力发展为当时的第一大移动即时通信APP。又一个交易入口形成。

2011年7月小米宣布进军手机市场，揭秘旗下3款产品：MIUI、米聊、小米手机。而此时，米粉已经有一大群，MIUI、米聊已经存在，小米手机还没推出，网上即引起了很大的反响。显然小米拥有了2个交易入口，很快通过饥饿营销迅速将手机硬件形成第3个交易入口。小米手机成功推出后，其实已注定，小米的饥饿营销模式不过是待发火箭上的助推器而已。没有前面形成的两大交易入口来积累粉丝人群，根本不可能奏效，如下图所示。

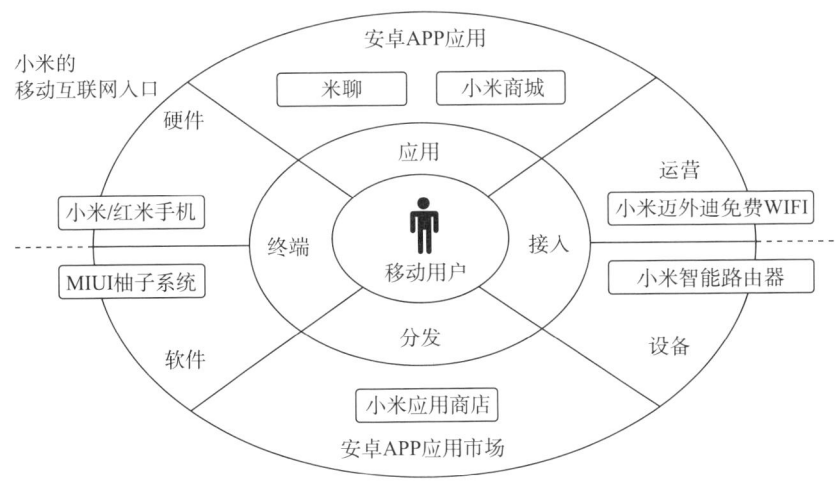

小米移动入口布局示意图

交易入口一形成，下一步的战略选择就是平台化，成为一个综合性大平台，为此小米建立了一个近百人的自媒体营销团队，负责小米论坛、微博、微信、百度、QQ空间等。由此，小米也建立了一个强大的小米粉丝矩阵。通过这个团队，小米运营了"小米社区"论坛集聚用户，开通微博、QQ空间、订阅号。除了王牌的微博、微信，小米将QQ空间、百度贴吧、官方博客增设至70多人运营。除了渠道建设之外，小米还加强了自媒体内容部门建设。这个自媒体内容主要分为品牌和产品两大块，有时还专门增加一个高管模块，提供雷军和黎万强的相关内容。通过这个体系，小米论坛实现用户 2 000 多万名，小米手机、小米盒子等产品的微博粉丝超过 1 000 多万，小米合伙人加员工的微博粉丝接近 1 000 万，微信也有超过 100 万粉丝。这些粉丝和传播途径极大地加强了小米饥饿营销的力量，创造了众多的"口碑"与"病毒"，支撑了小米的营销神话，可以看出，小米在平台型入口战略的建设上是非常成功的。对于目前华为依靠技术驱动市场的战略，完全可以立足自己的长处，以抗衡之。

(4) **小米可行的选择：基于交易入口梳理平台战略。**

根据上述分析，我们可以清晰地看到小米的战略与华为完全不一样，小米的确是在做营销，但是小米并不仅仅是只有营销，更是在建立一个商业生态。但小米 MIUI 系统基于谷歌 Andriod ROM 深度开发，它实际上存在以下一些问题：一是它在软件系统上受谷歌的 Andriod 系统制约，二是它必须要有中高端机、高端机市场的支持，而这由于小米手机——"高性价比的智能手机"——在消费者心智中已锚定，完全依靠小米现有架构去强推很难实现。分割中高端、高端机市场就是苹果、三星、华为三家公司。小米手机很难依靠中低端、低端机市场形成一个交易平台。

米聊 APP、MIUI 米柚论坛作为两个有效的交易入口，拥有不少粉丝，但毕竟还是窄众人群，没有真正的普通大众人群，是很难形成交易平台的。

这样就只余下"小米商城"了。小米商城拥有 www.mi.com 网站及小米商城 APP 交易端，是当前中国第三大 B2C 电子商务平台。

当前中国的电商平台是淘宝、京东的天下，但在移动互联网上，小米商城 APP 有一定市场，小米走这条路的优势在于有软硬件终端及用户支持，劣势在于支付系统。这个可以考虑合作战略，即与腾讯结盟合作，采用微信支付。

还有一种可行的选择是：除了小米手机、小米商城 APP 这两个交易入口外，小米可以从其庞大的生态圈企业中选择某一个终端作为新的交易入口，当然这个终端也必须用户量大，处于移动网络应用的某个中心，同时技术上小米又能够掌控。目前智能汽车、无人机都是一种可能选择，但两者都需要强大的技术积累，可行的选择是以收购有核心技术的公司的方式来解决此问题。

刘红明，绰号互联网猫头鹰，资深的互联网从业人士，现任中国知名品牌营销策划公司互联网部负责人。互联网新媒体《电商报》特约自媒体人，第一届"赢在中国"全国选拔入围者。对于互联网哲学与思维有深刻理解，并在实战中总结出一套行之有效的传统企业转型"互联网+"的策略与措施，得到众多客户认可。

著有《创造增量市场：传统企业互联网转型之道》等。

从动销原点看 "消费升级" 时代的历史性商机

余晓雷

当代经济的两大课题，一是宏观领域供给侧的"三去"：去产能，去库存，去杠杆；二是微观领域的"消费升级"。

一、如何以原点思维看待"消费升级"时代消费品的动销原点

这要从消费者为什么喜欢去日本买马桶说起。

从营销学上看，消费品分为四大类。我们可以看看马桶属于消费品里面的哪一类。

（1）便利品（Convenience goods）：指消费者要经常购买、反复购买、即时购买、就近购买、惯性购买，且购买时不用花时间比较和选择的商品。

（2）选购品（Shopping goods）：指顾客对使用性、质量、价格和式样等基本方面要作认真权衡比较的产品。例如家具、服装、旧汽车和大的器

械等。

（3）特殊品（Specialty goods）：指具有特定品牌或独具特色的商品，或对消费者具有特殊意义、特别价值的商品，如具有收藏价值的收藏品以及结婚戒指等。

（4）非渴求品（Unsought goods）：指消费者不熟悉，或虽然熟悉，但不感兴趣，不主动寻求购买的商品。如环保产品、人寿保险、墓地以及专业性很强的书籍等。

根据上述分类，我们已经知道，日本马桶属于第二类：选购品。

我们就从认知、需求、品类、品牌、价格，5个动销原点去分析，看看消费者为什么不顾"民族大义"，远渡重洋，去买日本马桶。

（1）历史认知：日本电器好。从改革开放开始，日本的彩电、冰箱、洗衣机、收录机、摄像机、音响设备质量好，设计人性化，经久耐用，就已经深入人心。日本的马桶，功能齐全，操控方便，配置先进，当然比中国马桶好，这是历史认知的惯性。

（2）现实需求：随着城市化步伐加快，新的家庭装修方案里面，洗手间的蹲坑式的如厕方式，已经是落后的象征，越来越多的城市家庭，开始采用抽水马桶，并以此为生活升级进步的象征。如果使用日本的多功能马桶，更是生活水平高的标志。

（3）品类发育：在新的设计思潮影响下，厨卫在家装中的地位，已经与客厅、卧室看齐，而卫生间的标志性品类，就是坐式的抽水马桶，特别是人性化的日本马桶。

（4）品牌排名：中国消费者并不知道日本本土人喜欢什么牌子，而是按照历史认知，大多数选购松下、东芝、TOTO等品牌。

（5）心理价格：虽然日本的商店提供了1 000元到5 000元不等的多价位，中国消费者成交量最大的，还是2 000元左右的，因为这个价位的同类产品，在国内同一品牌要贵一倍。

这一分析，对于我们国内企业的启发在哪呢？

二、从动销原点出发，把握消费升级的历史性商机

我们分别从 4 大类消费品与发达国家的差距来看看如何把握消费升级的历史性商机。

（1）便利品（Convenience goods）的消费升级商机。

从牙膏到面膜，从冰激凌到卫生巾，便利品的升级是最简单的。因为这个捷径就是：照抄。

看看中国香港和中国台湾地区以及韩国、新加坡、日本、欧美等国家的厨房、卫生间、客厅在用什么，照抄过来。

因为从认知上看，日常用品如牙膏、面膜、冰激凌、卫生巾的功能性，远远大于文化的差异性，不需要产品功能的认知教育；从需求看，国外同行已经帮我们进行了消费调研，并且销售了多年，我们不需要进行重复的消费需求调研；国外的品牌，不一定在国内有多大影响，我们就直接用自己的牌子好了，价格上一定要比原来国内的品类高 20% 以上，因为升级了嘛。

这类产品，还有 5 年升级机会。这 5 年，谁抢先，谁就领先。

（2）选购品（Shopping goods）的消费升级商机。

其实，以服装为例，优衣库、ZARA，就是很好的先例。这一类产品，要分 3 步走：

第一步：吸收。说白了，大量收集先进国家的产品。

第二步：消化。这是一个本土化的过程，因为选购品是有一定的文化差异的。

第三步：创新。看看我们的高铁，看看华为手机，你就明白了。我国的中产阶级，是有文化消费需求的，是有消费能力的，是为本土的二次创新付出一定的价格的。

这类产品的升级空间，有 10 年左右的商机。

（3）特殊品（Specialty goods）的消费升级商机。

由于特殊的原因，这个市场可能在一定的时间内处于低迷期，但是一些个性化的收藏品市场，会按照市场规律顽固存在下去。

（4）非渴求品（Unsought goods）。

只要我们的经济体制是市场经济，这类产品也是一样，会瞒天过海似的，在不起眼的时候，按照市场规律发展，闷声发大财。

三、新的购物及消费模式对消费升级的影响

随着 PC 电商、移动互联网购物模式的兴起，新的购物方式对消费升级的作用也不可忽视。

对照日本、美国、欧洲最近 5 年的商业业态变化，我们预测未来 10 年新的消费模式必须从原点出发，这个原点就是：购物体验。

在中国市场，无论线上还是线下，购物体验的较量在未来 3 年将达到白热化程度，在 2022 年左右，达到新的均衡状态。以线下实体店为主的日本优衣库成为日本最大的快消品企业，就是一个可以参考的标杆。

从动销原点学说的角度看，消费者的购物体验分为以下三个方面：

（1）产品体验：这一点，线下的实体店要优于线上，尤其是第 2、3、4 类消费品。

（2）环境体验：有文创意义的购物环境是线上虚拟环境所无法比拟的，这一点，即使是第 1 类消费品，线下实体店也要大占上风。在我国沿海城市、内陆的文化名城，新的消费环境设计水平已经直追发达国家。

（3）服务体验：这点各有千秋，线上是通过电脑桌面或者手机信息量选择，通过快递实现远程服务，实现非传统渠道销售。而线下的实体店，则可以面对面实现个性化服务，留住自己的顾客。

因此，基于购物环境而进行的产品升级，其所带动的消费升级，在未来5~8年，将达到一个均衡状态。

线上企业要努力进行"互联网+"。而线下的企业，要进行积极的"+互联网"。

"+"号与互联网位置的差异，折射出企业战略的差异与现实对策的侧重点差别。

总之，无论时代如何变化，只要具备了原点思维，就可以时刻洞察动销原点！

2016年8月13日于首尔

余晓雷，"动销"理论创始人、营销原点问题研究、解决专家，营销竞争及运营体系战略资深咨询师、中国中外名人文化研究会研究员。具有20多年的营销一线实战经验和近10年的集团作战营销竞争战略和运营规划经验，在快速找出企业营销瓶颈问题，提出破局之策方面有独到经验，被业内誉为"老板的后脑"。

著有《动销：产品是如何畅销起来的》《跟老板"偷师"学创业》《不当老板就当金领》等。

解决业绩问题新范式——用手机经营企业

谭长春

一、新经济下,业绩问题在哪里产生

在新经济下,企业业绩问题主要是由哪些方面产生的呢?我们从现实中总结出结论:首先,经营方面包括战略规划、目标实施、营销、销售等;其次,管理方面包括制度管理、人员管理、客户管理、销售管理、考核、激励、企业文化、办公等;最后,电商所带来的各种影响与变化。

二、新经济下的企业经营

在经营上,战略显然是第一位的。可是在传统经济时代,战略是由上层制定后,由科层制下的各层级员工来执行。由于移动互联需要承载战略实现的企业组织都从原来科层式逐步转变为各种内部平台、外部联盟、自组织、小型内部组织等，所以战略目标要完成，还采用原来的落地实施方式，业绩就要打大大的问号了。并且由于在移动互联时代，移动工作，移动办公，个人的目标达成直接汇总成企业目标的实现，这样，目标分解、执行、策略推进、赋能实现都成了比传统经济下更重要的工作。

另外，当然就是营销与销售这两大最重要职能了。营销用广告将产品铺到消费者的心里，销售用渠道将产品销到消费者的手上，企业基本都不直面消费者。在传统经济时代，基于信息的不对称，基于"认知大于事实"，广告大行其道，企业创造各种"认知"来轻松获利。

而在新经济下，信息是对称的，消费者能够一眼识破真假或是否与己有关，并且他们在网络中的互动评价等，能够直接形成"认知"；在销售方面，移动互联进行了重新的资源共享、整合、连接，价格更透明了，在购买上他们不再是被动的，而是有主见的选择。

可以说，所有新经济下的经营努力，如果不开放、打通、链接、共享、互动、分解、细化、跨界、精准等，都会受到一定的客户与用户的排斥与不认同，从而影响业绩的产生。

三、新经济下的企业管理

管理即沟通。移动互联首先改变的就是人与人之间的沟通及关系，所以管理也面临新形势下的巨大改变。

原来的管理是单向、封闭、从上到下、滞后，甚至是强权控制的；移动互联时代，管理已经是互通、开放、多边、即时、民主的。如果管理不做改变，那么管理不只是在效率、效果、效益上大打折扣，更重要的可能是越来越走不通，进入死胡同！

原来的制度管理是基于事的，新经济下主要是基于人的，人是根本。原来是对人员进行管理，现在是"赋能"。原来的管理，首推制度、流程、标准化管理，考核与激励都基本滞后，决策与会议内容的上传下达依靠行政来实施；计划靠安排、指挥靠通知、协调靠相关部门积极性、控制靠死板的规章制度，等等。传统经济下主要是管事，通过管事来将人管住。

客户管理，传统经济下喊了多少年的合作伙伴，在移动互联条件下，基本的沟通协同条件是具备了，就看企业能不能去真正实现了。

销售管理，原来就可能是一套数据存储系统，基本为内勤后台人员所用，现在可真的是销售人员自己解决业绩问题的工具了。

……

总之，新经济下的管理可能只有一条，即：即时互动的沟通，通过人与人之间的沟通，来将事情办好，来做出业绩！

四、电商——新经济下的新话题

传统的电商，只是将线下的批发市场搬到线上而已。PC 时代的电商大归一统，基本是淘宝、京东等平台独霸，所以，企业在淘宝、天猫、其他电商平台上的经营，也基本都是一部部的血泪史，为流量倾其所有，为低价掏空利润。

在新经济时代，移动电商又颠覆了 PC 电商。移动电商或者是在便利性，或者是在交互性上，已经成为主流，用手机下单基本成了购买的首选方式，所有企业商业人员也都还在对如何在手机终端进行更深入的销售虎视眈眈，力求突破。有比喻说：人体共有 206 块骨头，现在手机不离手，俨然人体第 207 块骨头！移动生活已经有机地融合到了我们的肌体！

所以，移动电商如何做？又成了新经济下最让人揪心的话题！

五、新范式——用手机经营管理企业！

各种不断在手机上实施的经营管理事实证明：以上这三个方面所涉及的业绩问题，或许都可以通过手机管理企业来进行改善与升级。

在经营上，基于人手一机，可在每个人的手机上通过技术手段植入自己的工作细化目标，并且对过程、细节、策略、资源、合作伙伴、政策支持等进行精准推送与督导帮扶，从而实现个人目标与企业目标对接之外，还能实现目标的有效达成。手机端使每个人成了企业经营管理的"阿米巴"，围绕目标进行目标——执行——策略——能力的一体化运作，实现业绩多快好省的达成。

在营销与销售上，手机端已经具备良好的营销销售能力，能够通过移动互联的方式进行无边界无障碍的营销与销售，能够与消费者及粉丝进行随时随地的亲密互动，能够较早利用移动互联手段来规避竞争，能够削减中间费用，实现企业微利时代的转型。如与客户用户一起进行产品开发、销售人员目标过程实施、客户资源利用、渠道开发、无边界无障碍推广与链式宣传、网上招商、社群销售，等等，实现每个节点的业绩突破！

在管理上，基于移动互联的强大沟通功能，能够进行企业即时有效便利的沟通与管理，员工也可实现良好的自我管理，后台工作人员与领导干部能实现良好的监督与控制及帮助，部门墙容易打开，产供销协同能更好实现，原来烦琐的流程现在能够在移动互联上实现更快速的运转与打通，考核与激励能实现即时性、针对性，管理信息能够更快更好的传达与回馈……管理即沟通，将手机的沟通协同互动功能做好，管理工作就基本做到了！

在电商上，移动端的有利开发与应用、有效的无边界链接、红包的吸引、渠道资源的打通、自由业务员的应用、三级分销的实施、异业联盟的利用、事件营销与商机营销等，都可实现企业电商的升级与转型。

当然，用手机管企业，并不一定是说将企业完全交到手机上。而是要利用移动的方式，将不适应的电商经营管理问题进行改善与提升。

六、第四种力量与第一种变革力量

在工商发展史上，机器代替手工、电力的广泛应用、各类科学技术的兴起是前三种力量。现在移动互联被冠以第四种力量——连接力。这种连接力，正在全力渗透到组织的经营管理当中。或许，你的业绩问题需要解决，你的企业需要拥抱移动互联进行升级转型，缺的正是这样一种变革力量！

谭长春，华夏基石管理咨询高级合伙人，营销咨询首席顾问、总经理，非法营销、跨位营销、整合整益营销体系及73新创意咨询体系创始人。现从事企业管理咨询工作，一直专注于企业营销及战略的研究、发展、推广、整合。

著有《快消品营销与渠道管理》等。

正在发生的
转型升级·实践

虚拟直播如何让现实埋单

熊亚柱

网络直播如雨后春笋一般遍地开花,以YY为首的直播平台大受追捧,不禁让人遐想,凭什么弄一间卧室、一个话筒、一台电脑,靠着说说话、聊聊天、唱唱歌,就能让人送礼物,让成千上万的人消费?到底他们的消费动力在哪里?是什么在虚拟与现实之间做了恰如其分的转化,让他们具有商业价值?

带着各种疑问,笔者开始去体验各种直播平台,寻找自己喜欢的主播。从我心理讲,我先充88元玩玩,偶尔也送一点小花花,这样的我出发了。然而,很快我的88元没有了,过几天我喜欢上了一名主播,她说话的口气、风格、举手投足的气质我都很喜欢,后来我又充了100元,没想到的是一晚上就花掉了,还是谨慎花费的。当我还想再充费时,我把YY果断地删除了,因为我发现自己有充值几千元的冲动,已经进入了他们构建的世界——一个虚拟与现实转换的边疆。理性的思考告诉我:那个世界,我只能远观,不能亵玩焉!

或许看到这里,你想知道到底发生了什么,列位看官,听我道来,我是如何"被埋单"的?

(1)旁观者阶段:开始时自己认为花钱的人都有病,为了虚荣,为了讨人欢心，送点虚拟的礼品，都是活在套子中的人，肯定是不务正业，没有事情闲着的富二代干的事情。我是一个有正常职业、有理性思考的人，我再喜欢也就是跟看电视一样，不花钱，花钱也就是玩玩意思一下，等于缴有线电视费用。当你遇上一名你喜欢的主播，能够与她从情感上产生共鸣，你觉得人家辛苦地直播，坚持展示自己的才艺，真的不容易，关键是你还从中收获了快乐，只送免费的花朵、打卡、点心就显得太不尽情意了，于是乎你开始了消费旅程。

（2）看电影阶段：一部好的电影一定能够激起观众的同感，电影中的某个角色一定能够与你产生某种情感的共鸣，你受到启发，颇有感悟，并收获喜怒哀乐，所有的情感和情绪被调动起来，这个阶段的你感觉自己还是理性的。我喜欢这位主播说话、聊天、唱歌就像是演电影，我愿意为她花费一张电影票钱，观看她120分钟的演出。我送出的花，送出的礼物，送出的66、520都是一张电影票，为的是自己的心理平衡，不然觉得天天来看人家的表演，不给钱实在不合适，也看不下去，感觉像做贼一样。这个阶段会产生意想不到的收获，就是主播的回馈与感动，并且能够在10 000多人的线上频繁的听见主播对你的感谢，并且给你上会员、卡黄马等。你感觉到一丝丝的满足和光荣。

（3）小粉丝阶段：不知不觉你成了主播的一位小粉丝，你开通了"珍爱团"，愿意为她每个月花费1元钱，也会不经意的想起她该直播了，你要快点把手头的事情做完，然后去"看电影"。实际上这时你不只是看电影这么简单了，你的情感已经被捆绑，你会发现主播什么时候有困难，当所有人都没有出手送礼物时，当主播说了好几次大家把礼物走一走，都半个小时没有看见礼物了时，你会感觉一丝痛感，你会鄙视那些来"看电影"不给钱的人。这时你出手了，你想自己带领一下，牵引一下，就送几个，不要让主播太尴尬。你并没有钱，但是本着能帮多少帮多少的心态送上了你真诚的礼物，同时，听到主播对你的感谢，你感觉自己做的十分正确。你就觉得，有点Y币应该帮助一下，出于怜爱，出于引领，出于尽微薄之力的心理，刷上一点点，这时候主播会很感动，你很欣慰，心想自己做了好事情，帮助一位弱者解围了一个尴尬的场面。

（4）当大哥阶段：很多时候YY平台会设置一些任务，要求主播完成，完成后有更多的提成，更好的推荐，等等，还会设计一些特别的礼物。大部分的主播都会遇到困难，完不成任务，很着急，很委屈。10 000多人在线，每个人10元钱就能完成所有的任务，而往往多很多人不出手。主播很着急，还有几分钟时间就到了，这时候突然有位大哥出手刷了几组"1314"，在最后的几分钟之内，主播任务完成了，过关了，全场嗨爆，主播十分激动，全场情绪完全共鸣，惊讶惊喜惊呆，感觉不可能的事情做到了。这时候你完全融入其中，所有人开始刷一毛钱的礼物，占满整个屏幕，这是你发现，你不是一个人在战斗，你们是一个团队。

（5）荣誉体阶段：当你经历了这样一场嗨爆的过程，你自动成为团队中的一员，而团队的任务就是帮助主播完成任务，就是送礼物。每次劲爆的音乐响起，你就有刷礼物的冲动，你不满足于刷几块钱，你想象着刷几组"1314"，或是能够放飞一个"气球"（价值1 500元），得到全场的赞许，得到主播的倾慕。而这些也不是做不到的事情，并不是遥不可及，你起码拥有了一时的能够独占鳌头的机会，你可以把握，你能够把握，你应该去把握一次，哪怕只有一次！OK，到此为止，虚拟彻底征服了现实，变成你中有我，我中有你。

（6）编导演阶段：没有实力的可以找好时机编导演一场小电影，有实力的可以编导演一场震撼的好莱坞大片，主角是你自己，主播和在线人员都是配角，你的道具是飞机、气球、游艇、"1314""520"等。让主播、在线的人员都纷纷侧目，你成为那时那刻的主角，充分地实现自我，展现自我，你才是真正的王者。或许所有的虚拟游戏、虚拟互动都是走的这个路线，让人沉浸其中，为虚拟埋单，实际是每个人满足自己需求的一个过程而已。

最后，你感觉自己主宰了虚拟的场面，你PK、你秒榜、你竞赛，都是在支配这个虚拟的社区。你社交，你演节目，有快乐，有悲伤，有恩仇，一切都是那么的真实，你觉得他或她是你生活的一部分，是你的一种生活方式。

实际上你是 YY 平台，是主播世界的一个小插曲而已，正如主播说的一句话："关上电脑谁认识谁啊"。对于生活在当下的我们来说，认知到自己的角色和位置，才能理性的对待周围的一切。到底谁为谁埋单，在于你的心在哪里？

（注：本文仅从个人消费角度解读直播平台，至于财团式的商业运作，在此未涉及。）

熊亚柱，国际职业在线联盟 TTT 认证培训师，联纵智达咨询集团培训总监、高级培训师，多家企业机构特聘高级顾问。熊亚柱深入研究终端营业力提升之道，通过"知行合一"的训练模式，引导学员自然学习，帮助学员实现快速成长，使数十万学员受益，为百余家企业提供服务。

著有《手把手帮建材家居导购业绩倍增：成为顶尖的门店店员》《手把手教你做顶尖企业内训师：TTT 培训师宝典》等。

> 正在发生的
> 转型升级·实践

经销商如何引爆产品话题

秦国伟

引爆是指一种物质的瞬间改变，它的分子式一瞬间的裂变，也就是说在平静的状态下，突然发生了巨大的变化。而我们在这里指的是：看似平静的互联网，人们由于怀有不同的目的而制造出热点，引起人的关注、讨论、传播等，从而发生了变化。随着移动互联网的兴起与发展，人们的生活已经发生了改变，而在瞬间，引爆话题引起人们的关注已经越来越困难。为什么这样说呢？我举个简单的例子就可以说明。以前，互联网特别是移动互联网没有兴起之时，晚饭后一般一家人都围坐在电视机前，有时候还会制造不愉快。丈夫要看故事片，妻子要看韩剧，孩子要看动画片，为了一只遥控器争来争去，不停地调台换频道。而我们现在来看，一家人晚上休闲之时，平板电脑、手机、电视都可以成为人们追逐信息和娱乐的方式，似乎大家互不干涉。当一家人围坐在一起接受一个媒体信息源时，也就是同时在接受同一种信息，引爆相对容易一点，而现在彻底地碎片化。所以移动互联网的今天，引爆是非常困难的。

但是，移动互联网的今天，虽然引爆话题非常难，仍然有优秀的公司创造出经典的案例。苹果公司、小米公司，它们都是通过互联网的传播引爆话题，产生了销售奇迹。通过体验后的文字描述、产品的经典海量图片和数以万计的粉丝评论转发，在网上传播而赢得销量．

经销商要想引爆自己的产品话题，首先要积极关注自己区域发生的一切事情和社会动态。热点越高的话题或关注度越大的事件越要积极参与。节日营销、事件营销是切入产品营销最佳的时机，经销商自己也要力所能及地制造话题。笔者曾经见过一位调味品经销商利用移动互联网直接切入了本地区的一系列活动，他所在的地区有一个厨房用品的家电促销活动，这位经销商立刻把握机会积极参与。别人是为厨房用家电品宣传，他提供了一系列调味品，当厨房用品的家电活动成功举办，他的调味品也得到了网友的广泛认可。比如说，举办一次"最好的炒菜妈妈"比赛、寻找城市里的"最佳烧饭爸爸"等，都是利用节日营销和事件营销制造和引爆话题。

经销商如何在网上制造和引爆话题，引起人们的关注呢？

我们来看一个实验。我们做的实验是引爆一个爆竹，五人一组，同等的距离，每人前面放一个，同样的点火器。当听到指令点火时，五个爆竹发出的爆炸声前后有细微的差别。为什么会这样？因为五个人不可能在同一个时间段一模一样地完成任务。人的大脑接到指令，传递到肢体再动作，是有轻微差异的，也就是我们说的反应速度，它是有先天的、文化的、身体的手臂长短等因素影响，都不可能完全一样。所以说经销商上网引爆话题，每个人引爆互联网的话题是有差异的，这就是有的人做得很好，有的人做得不行的原因。那么我们如何让大家做得更好，缩小差异呢？下面介绍三个方法。

稳，准，狠。

所谓的稳，也就是说一个显示屏上的互联网看似平静简单，但是这是无数人在奋斗的战场；也就是经销商为推广自己的产品而做的全方位准备；也就是说产品的内容一定要结合热点，结合主题，这样才能紧跟形势，引爆自己的产品让人关注。包括后期的引导，一定要有连贯性，千万不要虎头蛇尾。

准确。对热点事件和热点话题准确的切入，这一点非常重要。就像我在前面所说的，一个区域的调味品经销商经销的是酱油产品，当他看到他所在的地区举办一场厨艺大赛。立刻在网上联系并参与了这场大赛。虽然主办方是为了推销厨房用品锅，但是锅的功能演示和选手的炒菜却少不了调味品酱油，所以说他选择的切入时机非常准确。换句话说，如果是一场摩托车比赛。你用酱油去切入那就会闹出笑话。准确的时机，也就是经销商要掌握时效、关联、关键时刻，就是我们说的机会。

狠，也就是说出手要果断有力度。因为在互联网上寻找到引爆的机会非常难得，一旦引爆了一个话题，就一定要把握机会重拳出击。也就是我们说的加大促销的力度，扩大影响与提升传播速度，让更多的人参与进来，让更多的人有实惠的收获。千万不要半途而废，要有持续性，这样经销的产品在区域的影响才会越来越大。

移动互联网时代的到来，对经销商的销售来讲是有影响的，有的可能还影响很大。其实在这里我想告诉经销商的朋友们：移动互联网时代的到来，对经销商来讲是一个好时代。一个事实就是，营销随着移动互联网发生了变化，要积极地面对。在做传统生意的同时，加入到互联网销售时代并融入其中，会使生意锦上添花。但要注意的是：不是每一款产品都可以引爆互联网话题。这里就需要细心地去发现、研究和策划，打造一款最优势的产品，也就是我们说得提升区域经销商的竞争力。

引爆产品的话题，其实是经销商网上销售的刚刚开始，在线下必须积极配合，要特别强调的是销售流程的衔接。值得注意的是：网上引爆的产品话题，如果在线下，经销部销售配合出了问题。那将会导致前功尽弃甚至产生负面影响。

总而言之，引爆产品是开头，线下的销售跟进与服务，才是经销商重之又重的事情。移动互联网时代的到来，经销商应该从多视角、多方切入，让你的销售团队在做传统生意的同时，活跃到移动互联网上。

秦国伟，快消品营销专家，拥有二十余年中国市场本土操作经验，中国市场营销区域市场首位独创三角形理论设计者。历任厦门惠尔康集团公司业务员、跨国公司URC百宜食品大区域经理、凯信（Malaysia）有限公司南中国销售经理等。《销售与市场》培训联盟专家讲师，《新食品》中国食品评价专家点评团成员，第一营销网推荐作者。

著有《销售轨迹：一位快消品营销总监的拼搏之路》等。

京东我将要离开你

陆和平

我是刘强东的粉丝，也是京东的钻石会员，曾经对淘宝、天猫不屑一顾，不过最近我慢慢也在天猫上买点东西了。先讲点京东的好处吧，否则我也不会成为它的钻石会员。第一是快，上午下单下午就到，下午下单第二天上午肯定到，这个天猫绝对做不到；第二是真，不担心在京东上买到假货；第三是好，快递小哥的态度很好，送货还能唠唠家常，有点像邻家兄弟的感觉，这个其他快递公司的送货员做不到，他们大都一副欠他钱没还的神态。但是，我要说说对京东太不满意的地方了：产品价格比天猫贵点就不说了，这是快的代价。最不满意的是送货费，要买完一定金额送货费才免，前几天我买了两本书不到99元，不能免运费，只能又多买了一本不太满意的书，如果不是钻石会员的话免单金额会更高。我自我感觉不是属于对价格特别敏感的一类客户，长此以往，当我买价值不高又不急用的东西时，就会去天猫上看看。但以后呢？慢慢习惯在天猫上购物是不是会成为马云的粉丝呢？

强哥一拖三的经营理念把零售行业的成功秘诀总结得相当到位——团队、客户体验、成本、效率。体验、成本、效率三者不能偏颇，要维持一定的平衡，不能为了体验牺牲太大成本。例如：上门洗车，客户体验是不错，但成本太高，这种模式不可持续，也不能为了成本而牺牲体验。那么问题来了，好的体验是由谁决定的？不是强哥而是客户，也就是说京东的目标客户才能决定什么是好的客户体验。快、真、好都是很好的客户体验，而送货费就不是好的客户体验，但是京东又要强调成本和效率，送货费也免不了，这是一个矛盾。如果不解决，连我这样的钻石级客户都有可能慢慢流失，未来强哥的麻烦是不是就大了呢？

客户体验如果一刀切的话，很难让所有的客户满意。每个人定义的体验是不同的，最好针对不同的细分市场制定不同的客户体验，同时又能平衡成本。假如有的客户很喜欢在京东购物，只是因为京东快递小哥的笑脸，那么也许他会接受不需要当天到货，第三天也行，对他来说购物的体验也很好。同样的理由，在京东上我只想买到真货，东西不急着用，那么送货费可不可以免呢？当我第一次使用京东购物的时候，不是因为快、真、好，最主要的原因是那时候我还不懂得线上支付，而京东可以货到付款，我不在天猫上购物是因为我没有用支付宝。又或者，是否可以收一笔固定的年费，送货免费？或者1个月内累计消费一定金额可以免送货费？

我是东方航空的金牌会员，但偶尔坐过一两次春秋航空。我发现春秋航空机上餐的质量不错，虽然是要乘客自己花钱买，但比不花钱的东航机上餐要好吃多了，我宁愿花钱，我的客户体验也不错，同时春秋航空也解决了成本的问题。我想说的是：体验和成本效率是可以达到完美平衡的，关键是企业是否用心来探究客户的需求，而不是想当然设计让客户满意的服务。防止客户流失需要好的客户体验，但同时每个人对客户体验的定义是不同的。我们有些企业设计的客户体验是否过度了？其实只要一两个体验的亮点就能打动客户，因此最好能先听听客户的意见，这样也少花了许多冤枉钱。

最后，作为京东的忠实会员，给强哥提个建议：其实不需要你自己想象什么才是好的客户体验，大数据时代可以让市场细分从一群人细分到一个人，分析每位消费者的消费水平、消费特点、消费决策、消费场景，数据可以告诉你每位客户理想的客户体验是什么，再通过消费者标签和产品服务的精确匹配，实现私人定制和精确化的营销。京东应该比任何传统型零售企业有更大的数据优势，通过目标消费者互动及行为数据收集，实现消费者识别、消费者数据挖掘，完全有条件同时实现既提高客户体验又降低成功、提高效率的目的。

陆和平，绩效顾问、培训导师，超过20年工业品行业营销研究、实战、咨询和培训经验，擅长情境工作坊、量身定制课程、提供版权课程。

著有《销售是个专业活：B2B、工业品》《成为资深的销售经理：B2B、工业品》等。

趋势观察

从传统渠道到全渠道的转型

耿鸿武

"物竞天择，适者生存"是自然界永久不变的生存法则。在互联网和移动互联网的全线冲击下，中国的传统渠道将面临转型。"渠道为王"无论是对于传统商业模式还是电子商务模式来说，依然是竞争取胜的真理。在这个时代，提前拥抱全渠道管理的企业必将是各行各业未来的主导者。

一、传统渠道管理经历了三个阶段

从渠道的结构研究到渠道的行为研究，再到渠道的关系研究，以年代为坐标，渠道管理的发展历史大体可以划分为三个阶段。第一阶段（20世纪初至20世纪60年代），此阶段营销学者建立了对渠道结构研究的理论并快速发展。第二阶段（20世纪七八十年代），此阶段营销学者以渠道冲突和权利为研究重点，认为渠道成员间既有合作又有竞争，重点从渠道结构转移到了渠道行为。第三阶段（20世纪90年代至21世纪初），人们对渠道的认识和管理逐渐深入，重点过渡到以渠道关系和联盟为重心的研究，认为由于利益之争组织间合作常以失败而告终，渠道战略联盟等关系形式应运而生。

20世纪80年代，渠道管理的概念逐渐在国内被认识和利用。近年来，随着全球经济一体化的进程加快，我国逐渐与国际接轨。由于我国应用渠道管理较晚，目前很多企业仍然把渠道管理仅仅看作是"商务上的发货和回款"。现阶段渠道有了全新的定义，它包括产品从生产出来到消失的全过程，即生产企业→商业企业→终端（商场、专卖店等）→销售员（店员、促销员）→消费者。

二、"互联网+"下的全渠道时代已来临

随着电子商务的兴起，新兴渠道展现出强大的生命力，使现有传统渠道受到了巨大挑战。但是，现有渠道仍有着新兴渠道不可替代的优势和作用。现有渠道和新兴渠道两者彼此融合，相互借力，形成了新的渠道模式——"全渠道"。

全渠道就是指同一个品牌围绕多个渠道，同时提供线上和线下的各种产品或服务，而且能够融为一体，为同一个品牌的消费者服务。即生产厂家为了实现公司分销的目标，对现有的多渠道进行管理，以确保线上及线下渠道成员之间、厂家和渠道成员之间能够相互协调、合作的一切活动。

现阶段全渠道管理的难点不在技术上，而是在理念上。如果没有正确的全渠道管理理念和对未来渠道变革的深刻认识，就不会未雨绸缪，赢取未来。随着互联网尤其是移动互联网的普及，全渠道管理将成为企业未来的机遇和挑战。

全渠道推动之下产生的现代物流同传统物流有很大的不同。现代物流和传统物流最大的区别是传统物流各个环节是割裂的，而现代物流的各个环节是一个联系紧密的整体。这就在一定程度上提高了物流的运作效率，缩短了整个物流的时间，降低了物流成本，如下图所示。

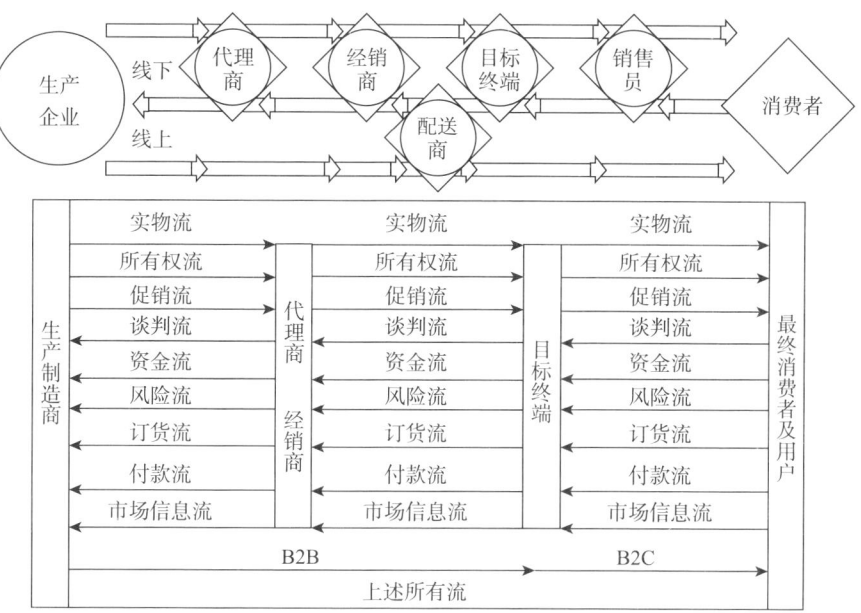

全渠道管理的路径和内容图

生态化是全渠道时代的一种新的企业经营哲学；生态化是一种新的企业发展方式；生态化是一种新的企业商业模式；生态化是一种新的企业管理范式。

三、全渠道转型中的管理新逻辑

现代企业强调"渠道为王"，独特而高度优化的渠道是企业制胜商场的法宝。渠道管理在今天的全渠道时代是非常必要的，我们把全渠道管理的新逻辑框架总结为：**S. M. O. P 规则**。这是一个动态的调整过程，是从一个 PDCA（Plan - Do - Check - Act）到另一个 PDCA 的无限往复上升的过程。没有一成不变的渠道结构，也没有一成不变的渠道政策，只有动态的调整才会使渠道优化而充满活力。

S：渠道的结构管理

渠道的结构管理即 SM（structure management），它是渠道管理的基础。渠道的长度、宽度、广度是渠道结构的三个要素。渠道的长度也就是企业从产品生产到最终消费者经过的层级；渠道的宽度就是渠道中同一层级中相同职能的渠道数量；渠道广度则指的是不同特征的渠道数量。企业的渠道结构决定了企业的分销效率、成本和分销目标的达成。一个良好的渠道结构总是与企业的营销体系相符合，并符合企业的营销发展战略。

企业渠道结构的设计需要以企业自身的销售模式、产品特点、人力资源等为基础。企业在规划渠道结构之前，首先需要对渠道的状况进行盘点，通过盘点的结果设计出符合企业实际情况的渠道结构；其次，根据设计出来的渠道结构实施渠道布局；最后，企业要进行渠道的整合以使渠道结构趋于稳定。

M：渠道的成员管理

渠道的成员管理，即 MM（members management）。由于企业的渠道本身就是一个供应的链条，因此，企业对渠道成员的管理是渠道优化的重要工作。而成员管理也是商务人员的日常工作，此工作将贯穿于渠道管理的全过程，并为渠道的结构管理提供依据。在渠道的成员管理中，经销商（代理商）是其中最主要的管理对象，其管理内容主要包括经销商选择、经销商评价、经销商调整、经销商培训、经销商沟通、冲突的管理等。

O：渠道的运营管理

渠道的运营管理即 OM（operation management）。渠道的运营管理主要指的是对渠道机制的规划和管理，它是渠道工作顺利展开并高效运转的润滑剂。渠道运营管理的水平反映了一家企业在渠道管理中的经验和水平。渠道的运营管理需要以制度、流程为前提，以执行、落实为根本，以有效、通畅为标准。管理的内容主要包括物流管理、信用管理、价格管理、促销管理、回款管理、信息管理（流程管理）等。

P：渠道的绩效管理

渠道的绩效管理为 PM（performance management）。渠道的绩效管理在渠道管理中必不可少。渠道的结构、运营等是否有效需要通过绩效的评价来实现。通过绩效评价企业可以提出渠道管理修正的方案，制定下一步的渠道方案，使企业的经济活动顺利进行。企业对渠道绩效的考评可分为阶段性评价和总结性评价两种，它分为四步，即确定评估对象、选择评估内容、应用评估方法、做出相应的分析和调整。

耿鸿武，清华大学老科协医疗健康研究中心执行副主任（客座教授），九州通医药集团营销总顾问（原业务总裁），清华、北大和人民大学EMBA特约讲师，中国药招联盟发起人，中国药商讲堂讲师，广州国际康复论坛2016国际学术委员会特聘专家，《输血服务蓝皮书》（社科院）执行主编。

著有《渠道管理就这么简单》《新电商：做剩下的3%》等。

颠覆互联网思维的人

仲昭川

互联网思维的一字诀,就是"玩"。

在网上创业,别太严肃。项目简单化、游戏化,玩的人多了,就有故事去融资。

把互联网思维变成知识,很荒唐。所以臭得快。

知识爆炸,遍地都是。想靠知识在网上赚钱,途径很少。

互联网正在把知识变成免费的,随时可以搜索。

然而,有个叫"分答"的问答社区,曾经挺火,号称问答双方都能赚钱。

这是利益驱动?不。还是悬赏,这个没变。

新颖的一招,是自动衍生后续收入。问答交易结束后,提问还在那里,谁想看答案就掏钱,归问答双方平分。

看到里面挂出了名人名家,不明就里的网友也都加入。不为钱,只为好玩。

这是兴趣驱动。众人一窝蜂都来,大不了扭头就走,无需思量。

分答的用心,在于让你来了就不想走。

能聚人气的,都是游戏。不好玩,可以调整玩法。

这帮玩家，自诩是知识问答，却不带知识分子玩。所有提问，都围绕隐私和秘密。这才是最好的商品，没有物流制约，微信随时支付。

知识的定义，已经由不得学者，玩家说了算。玩法中，好奇心大于求知欲。

在互联网社交里面，有个经典的网络提问：是你本人吗？

你没法证明自己是自己。无论怎么回复，答案都不值钱。可是，你的时间值钱。

分答的前身，是一个叫"在行"的问答社区，把一些专家挂在那里，满足大家的翻牌欲。提问者就像皇帝临幸那样，任选专家。

真正的专家，时间不会轻易卖给你。学员无所谓，不跟你玩就是。

从在行到分答，实现了对自己的颠覆。它更换了知识的参照系体，不再是专家对学员，而是玩家对玩家。

都是分享经济。大面积分享，就是晒。

晒收入，别人羡慕嫉妒恨，是利益驱动。

晒答案，是兴趣驱动。玩的是好奇心。你忍不住点一下，问答双方就白赚一笔。

还有一招更厉害：粉丝们呼朋引类，进去作弊，说白了就是淘宝的刷钻。

谁是最大赢家？分答老板。他不在乎玩家作弊，只靠大量的活跃用户向投资商炫耀，出售关于未来的故事。专业术语叫"卖预期"。

把牛吹大了再量化，就不断有投资人跑来兑现"估值"。这是一条击鼓传花的食物链。

都是套路。

庄严和荒诞，一体两面。商业可以让荒诞变得庄严。

满足了好奇，谁管你真假。

问答游戏，简单、好玩，又能赚点小钱，足矣。

颠覆互联网思维，就是颠覆自己的思维。

仲昭川，中国互联网学创始人，国务院信息办原特别合作专家。1986年毕业于北京大学信息管理系情报检索专业；法国巴黎高等商业管理学院MBA。1998年参与当当网创业。2009年加入新加坡淡马锡集团，负责中国区商务搜索网站经营，任总经理。2013年，正式注册中华讲师网，专心传道、授业、解惑。

著有《互联网黑洞——史无前例的互联网忧虑》《互联网博弈》《互联网哲学》等。

本土管理实践与创新论坛　专家名单

（以年龄为序，以示传承之意）

常务理事：

彭志雄　曾　伟　施　炜　杨　涛　张学军　郭　晓　程绍珊
胡八一　王祥伍　李志华　陈立云　杨永华

理　　事：

卢根鑫　王铁仁　周荣辉　曾令同　陆和平　宋杼宸　张国祥
刘承元　曹子祥　宋新宇　吴越舟　吴　坚　戴欣明　仲昭川
刘春雄　刘祖轲　段继东　何　慕　秦国伟　贺兵一　张小虎
郭　剑　余晓雷　黄中强　朱玉童　沈　坤　阎立忠　张　进
丁兴良　朱仁健　薛宝峰　史贤龙　卢　强　史幼波　叶敦明
王明胤　陈　明　岑立聪　方　刚　何足奇　周　俊　杨　奕
孙行健　孙嘉晖　张东利　郭富才　叶　宁　何　屹　沈　奎
王　超　马宝琳　谭长春　夏惊鸣　张　博　李洪道　胡浪球
孙　波　唐江华　程　翔　刘红明　杨鸿贵　伯建新　高可为
李　蓓　王春强　孔祥云　贾同领　罗宏文　史立臣　李政权
余　盛　陈小龙　尚　锋　邢　雷　余伟辉　李小勇　全怀周
初勇钢　陈　锐　高继中　聂志新　黄　屹　沈　拓　徐伟泽
谭洪华　崔自三　王玉荣　蒋　军　侯军伟　黄润霖　金国华
吴　之　葛新红　周　剑　崔海鹏　柏　龑　唐道明　朱志明
曲宗恺　杜　忠　远　鸣　范月明　刘文新　赵晓萌　张　伟
韩　旭　韩友诚　熊亚柱　孙彩军　刘　雷　王庆云　李少星
俞士耀　丁　昀　黄　磊　罗晓慧　伏泓霖　梁小平　鄢圣安

本土管理实践与创新论坛专家邮箱

常务理事			
彭志雄	pengzx@chnstone.com.cn	曾　伟	ouxbo@vip.163.com
施　炜	sw1350@163.com	杨　涛	yangtao@bjsanzhong.com
张学军	903431678@qq.com	郭　晓	3050154971@qq.com
程绍珊	a.shan@263.net	胡八一	huby@pmt.net.cn
王祥伍	wangxw@chnstone.com.cn	李志华	lizh@chnstone.com.cn
陈立云	195748619@qq.com	杨永华	2219232183@qq.com
理事			
卢根鑫	1322059346@qq.com	王铁仁	1076662734@qq.com
周荣辉	1922089354@qq.com	曾令同	davidzeng0505@vip.sina.com
陆和平	972392225@qq.com	宋梓宸	songzc@chnstone.com.cn
张国祥	702398889@qq.com	刘承元	liuchengyuan@sz-3a.com
曹子祥	100266845@qq.com	宋新宇	songxy@izhong.com
吴越舟	wujack09@163.com	吴　坚	615694999@qq.com
戴欣明	dxmgzs@qq.com	仲昭川	enginezzc@163.com
刘春雄	2368713308@qq.com	刘祖轲	liuzuke@cmc.com.cn
段继东	jidong_duan@126.com	何　慕	1270288568@qq.com
秦国伟	rexchin999@163.com	贺兵一	robertho@126.com
张小虎	z8323@126.com	郭　剑	guojian@hjcn.com.cn
余晓雷	622002966@qq.com	黄中强	hzq@bjhxsd.com
朱玉童	315291321@qq.com	沈　坤	524634186@qq.com
阎立忠	yanlizhong@sina.com	张　进	tianli4006@163.com
丁兴良	787400415@qq.com	朱仁健	546350935@qq.com
薛宝峰	2946448449@qq.com	史贤龙	jessenlong@vip.163.com
卢　强	lutr@sohu.com	史幼波	world_668@126.com
叶敦明	934594925@qq.com	王明胤	975742846@qq.com
陈　明	chenm@chnstone.com.cn	岑立聪	cenab123@163.com

续表

方 刚	784882391@qq.com	张东利	422238846@qq.com
郭富才	guofucai@higet.com.cn	叶 宁	yn20000yn@vip.sina.com
何 屹	samheyi@126.com	何足奇	myjinhua@qq.com
周 俊	jonychouhyl 微信	杨 奕	yiyang65@126.com
孙行健	596812000@qq.com	孙嘉晖	dennissun70@gmail.com
沈 奎	yirenloving@163.com	王 超	sunrise_gz@163.net
马宝琳	510385711@qq.com	谭长春	t13910184418@vip.sina.com
夏惊鸣	xiajm@chnstone.com.cn	张 博	zhangb@chnstone.com.cn
李洪道	1595482624@qq.com	胡浪球	hulangqiu@hejun.com
孙 波	kwsun@sina.com	唐江华	tjh7374@163.com
程 翔	2785358027@qq.com	刘红明	1493386801@qq.com
杨鸿贵	yanghg@chnstone.com.cn	伯建新	bjx719178@126.com
高可为	gaokewei2016@sina.com	李 倍	bettyli@hotmail.com
王春强	wangchunqiang@helpudo.cn	孔祥云	rose.ge@amt.com.cn
贾同领	496311192@qq.com	罗宏文	Xksmlhw@163.com
史立臣	slcfw@sina.com	李政权	jingquezhidao@126.com
余 盛	eyusheng@sina.com	陈小龙	35806627@qq.com
尚 锋	shangfeng190@sina.com	邢 雷	12375764@qq.com
余伟辉	188333627@qq.cm	李小勇	lixy@chnstone.com.cn
全怀周	quanhz@chnstone.com.cn	初勇钢	865902509@qq.com
陈 锐	chenrui0719@163.com	高继中	gjz111@126.com
聂志新	22534339@qq.com	黄 屹	crossing_boat@163.com
沈 拓	shentuo2011@126.com	徐伟泽	462742153@qq.com
谭洪华	451596847@qq.com	崔自三	cuizisan@sina.com
王玉荣	luna.wang@amt.com.cn	蒋 军	jj001001@126.com
侯军伟	494593998@qq.com	黄润霖	hrlandhyx@163.com
金国华	630011134@qq.com	吴 之	360024535@qq.com
葛新红	rose.ge@amt.com.cn	周 剑	84848910@qq.com
崔海鹏	cuihp@chnstone.com.cn	柏 龑	baiyan0109@163.com
唐道明	etang31@163.com	朱志明	250047902@qq.com
曲宗恺	122484362@qq.com	杜 忠	dominicdu@126.com

续表

远 鸣	342812398@qq.com	范月明	450236975@qq.com
刘文新	lwxcmo@qq.com	赵晓萌	838817848@qq.com
张 伟	wayshan.z@gmail.com	韩 旭	25399975@qq.com
韩友诚	chad08@163.com	熊亚柱	x_yazhu@163.com
孙彩军	625520680@qq.com	刘 雷	manliulei@163.cm
王庆云	world_668@126.com	李少星	273659337@qq.com
俞士耀	yushiyao818@163.com	丁 昀	dingyun@hejun.com
黄 磊	leon189@foxmail.com	罗晓慧	20269730@qq.com
伏泓霖	fuxihouren@qq.com	梁小平	goleman@126.com
鄢圣安	292584171@qq.com		

1120 本土管理实践与创新论坛

这是由 100 多位本土管理专家联合创立的企业管理实践学术交流组织,旨在孵化本土管理思想、促进企业管理实践、加强专家间交流与协作。

论坛每年集中力量办好两件大事:第一,"出一本书",汇聚一年的思考和实践,把最原创、最前沿、最实战的内容集结成册,贡献给读者;第二,"办一次会",每年 11 月 20 日本土管理专家们汇聚一堂,碰撞思想、研讨案例、交流切磋、回馈社会。

论坛理事名单(以年龄为序,以示传承之意)

首届常务理事:

| 彭志雄 | 曾　伟 | 施　炜 | 杨　涛 | 张学军 | 郭　晓 |
| 程绍珊 | 胡八一 | 王祥伍 | 李志华 | 陈立云 | 杨永华 |

理　事:

卢根鑫	王铁仁	周荣辉	曾令同	陆和平	宋杼宸	张国祥	刘承元
曹子祥	宋新宇	吴越舟	吴　坚	戴欣明	仲昭川	刘春雄	刘祖轲
段继东	何　慕	秦国伟	贺兵一	张小虎	郭　剑	余晓雷	黄中强
朱玉童	沈　坤	阎立忠	张　进	丁兴良	朱仁健	薛宝峰	史贤龙
卢　强	史幼波	叶敦明	王明胤	陈　明	岑立聪	方　刚	何足奇
周　俊	杨　奕	孙行健	孙嘉晖	张东利	郭富才	叶　宁	何　屹
沈　奎	王　超	马宝琳	谭长春	夏惊鸣	张　博	李洪道	胡浪球
孙　波	唐江华	程　翔	刘红明	杨鸿贵	伯建新	高可为	李　蓓
王春强	孔祥云	贾同领	罗宏文	史立臣	李政权	余　盛	陈小龙
尚　锋	邢　雷	余伟辉	李小勇	全怀周	初勇钢	陈　锐	高继中
聂志新	黄　屹	沈　拓	徐伟泽	谭洪华	崔自三	王玉荣	蒋　军
侯军伟	黄润霖	金国华	吴　之	葛新红	周　剑	崔海鹏	柏　奡
唐道明	朱志明	曲宗恺	杜　忠	远　鸣	范月明	刘文新	赵晓萌
张　伟	韩　旭	韩友诚	熊亚柱	孙彩军	刘　雷	王庆云	李少星
俞士耀	丁　昀	黄　磊	罗晓慧	伏泓霖	梁小平	鄢圣安	

企业案例·老板传记

	书名．作者	内容/特色	读者价值
企业案例·老板传记	娃哈哈区域标杆：豫北市场营销实录 罗宏文 赵晓萌 等著	本书从区域的角度来写娃哈哈河南分公司豫北市场是怎么进行区域市场营销，成为娃哈哈全国第一大市场、全国增量第一高市场的一些操作方法	参考性、指导性，一线真实资料
	像六个核桃一样：打造畅销品的36个简明法则 王超 范萍 著	本书分上下两篇：包括"六个核桃"的营销战略历程和36条畅销法则	知名企业的战略历程极具参考价值，36条法则提供操作方法
	六个核桃凭什么：从0过100亿 张学军 著	首部全面揭秘养元六个核桃裂式成长的巨著	学习优秀企业的成长路径，了解其背后的理论体系
	借力咨询：德邦成长背后的秘密 官同良 王祥伍 著	讲述德邦是如何借助咨询公司的力量进行自身 与发展的	来自德邦内部的第一线资料，真实、珍贵，令人受益匪浅
	解决方案营销实战案例 刘祖轲 著	用10个真案例讲明白什么是工业品的解决方案式营销，实战、实用	有干货，真正操作过的才能写得出来
	招招见销量的营销常识 刘文新 著	如何让每一个营销动作都直指销量	适合中小企业，看了就能用
	我们的营销真案例 联纵智达研究院 著	五芳斋粽子从区域到全国/诺贝尔瓷砖门店销量提升/利豪家具出口转内销/汤臣倍健的营销模式	选择的案例都很有代表性，实在、实操！
	中国营销战实录：令人拍案叫绝的营销真案例 联纵智达 著	51个案例，42家企业，38万字，18年，累计2000余人次参与……	最真实的营销案例，全是一线记录，开阔眼界
	双剑破局：沈坤营销策划案例集 沈坤 著	双剑公司多年来的精选案例解析集，阐述了项目策划中每一个营销策略的诞生过程、策划角度和方法	一线真实案例，与众不同的策划角度令人拍案叫绝、受益匪浅
	宗：一位制造业企业家的思考 杨涛 著	1993年创业，引领企业平稳发展20多年，分享独到的心得体会	难得的一本老板分享经验的书
	简单思考：AMT咨询创始人自述 孔祥云 著	著名咨询公司（AMT）的CEO创业历程中点点滴滴的经验与思考	每一位咨询人、每一位创业者和管理经营者，都值得一读
	边干边学做老板 黄中强 著	创业20多年的老板，有经验、能写、又愿意分享，这样的书很少	处处共鸣，帮助中小企业老板少走弯路
	三四线城市超市如何快速成长：解密甘雨亭 IBMG国际商业管理集团 著	国内外标杆企业的经验+本土实践量化数据+操作步骤、方法	通俗易懂，行业经验丰富，宝贵的行业量化数据，关键思路和步骤
	中国首家未来超市：解密安徽乐城 IBMG国际商业管理集团 著	本书深入挖掘了安徽乐城超市的试验案例，为零售企业未来的发展提供了一条可借鉴之路	通俗易懂，行业经验丰富，宝贵的行业量化数据，关键思路和步骤

互联网+

	书名．作者	内容/特色	读者价值
互联网+	互联网时代的银行转型 韩友诚 著	以大量案例形式为读者全面展示和分析了银行的互联网金融转型应对之道	结合本土银行转型发展案例的书籍
	正在发生的转型升级·实践 本土管理实践与创新论坛 著	企业在快速变革期所展现出的管理变革新成果、新方法、新案例	重点突出对于未来企业管理相关领域的趋势研判
	触发需求：互联网新营销样本·水产 何足奇 著	传统产业都在苦闷中挣扎前行，本书通过鲜活的案例告诉你如何以需求链整合供应链，从而把大家熟知的传统行业打碎了重构、重做一遍	全是干货，值得细读学习，并且作者的理论已经经过了他亲自操刀的实践检验，效果惊人，就在书中全景展示
	移动互联新玩法：未来商业的格局和趋势 史贤龙 著	传统商业、电商、移动互联，三个世界并存，这种新格局的玩法一定要懂	看清热点的本质，把握行业先机，一本书搞定移动互联网

续表

	书名·作者	内容/特色	读者价值
互联网+	微商生意经:真实再现33个成功案例操作全程 伏泓霖 罗晓慧 著	本书为33个真实案例,分享案例主人公在做微商过程中的经验教训	案例真实,有借鉴意义
	阿里巴巴实战运营——14招玩转诚信通 聂志新 著	本书主要介绍阿里巴巴诚信通的十四个基本推广操作,从而帮助使用诚信通的用户及企业更好地提升业绩	基本操作,很多可以边学边用,简单易学
	今后这样做品牌:移动互联时代的品牌营销策略 蒋军 著	与移动互联紧密结合,告诉你老方法还能不能用,新方法怎么用	今后这样做品牌就对了
	互联网+"变"与"不变":本土管理实践与创新论坛集萃.2016 本土管理实践与创新论坛 著	本土管理领域正在产生自己独特的理论和模式,尤其在移动互联时代,有很多新课题需要本土专家们一起研究	帮助读者拓宽眼界、突破思维
	创造增量市场:传统企业互联网转型之道 刘红明 著	传统企业需要用互联网思维去创造增量,而不是用电子商务去转移传统业务的存量	教你怎么在"互联网+"的海洋中创造实实在在的增量
	重生战略:移动互联网和大数据时代的转型法则 沈拓 著	在移动互联网和大数据时代,传统企业转型如同生命体打算与再造,称之为"重生战略"	帮助企业认清移动互联网环境下的变化和应对之道
	画出公司的互联网进化路线图:用互联网思维重塑产品、客户和价值 李蓓 著	18个问题帮助企业一步步梳理出互联网转型思路	思路清晰、案例丰富,非常有启发性
	7个转变,让公司3年胜出 李蓓 著	消费者主权时代,企业该怎么办	这就是互联网思维,老板有能这样想,肯定倒不了
	跳出同质思维,从跟随到领先 郭剑 著	66个精彩案例剖析,帮助老板突破行业长期思维惯性	做企业竟然有这么多玩法,开眼界

行业类:零售、白酒、食品/快消品、农业、医药、建材家居等

	书名·作者	内容/特色	读者价值
零售·超市·餐饮·服装·汽车	1. 总部有多强大,门店就能走多远 2. 超市卖场定价策略与品类管理 3. 连锁零售企业招聘与培训破解之道 4. 中国首家未来超市:解密安徽乐城 5. 三四线城市超市如何快速成长:解密甘雨亭 IBMG国际商业管理集团 著	国内外标杆企业的经验+本土实践量化数据+操作步骤、方法	通俗易懂,行业经验丰富,宝贵的行业量化数据,关键思路和步骤
	涨价也能卖到翻 村松达夫 【日】	提升客单价的15种实用、有效的方法	日本企业在这方面非常值得学习和借鉴
	移动互联时代的超市升级 联商网 著	深度解析超市转型升级重点	帮助零售企业把握全局、看清方向
	手把手教你做专业督导:专卖店、连锁店 熊亚柱 著	从督导的职能、作用,在工作中需要的专业技能、方法,都提供了详细的解读和训练办法,同时附有大量的表单工具	无论是店铺需要统一培训,还是个人想成为优秀的督导,有这一本就够了
	零售:把客流变成购买力 丁昀 著	如何通过不断升级产品和体验式服务来经营客流	如何进行体验营销,国外的好经营,这方面有启发
	餐饮企业经营策略第一书 吴坚 著	分别从产品、顾客、市场、盈利模式等几个方面,对现阶段餐饮企业的发展提出策略和思路	第一本专业的、高端的餐饮企业经营指导书
	赚不赚钱靠店长:从懂管理到会经营 孙彩军 著	通过生动的案例来进行剖析,注重门店管理细节方面的能力提升	帮助终端门店店长在管理门店的过程中实现经营思路的拓展与突破

续表

分类	书名/作者	简介	推荐语
耐消品	汽车配件这样卖:汽车后市场销售秘诀100条 俞士耀 著	汽配销售业务员必读,手把手教授最实用的方法,轻松得来好业绩	快速上岗,专业实效,业绩无忧
	跟行业老手学经销商开发与管理:家电、耐消品、建材家居 黄润霖 著	全部来源于经销商管理的一线问题,作者用丰富的经验将每一个问题落实到最便捷快速的操作方法上去	书中每一个问题都是普通营销人亲口提出的,这些问题你也会遇到,作者进行的解答则精彩实用
白酒	变局下的白酒企业重构 杨永华 著	帮助白酒企业从产业视角看清趋势,找准位置,实现弯道超车的书	行业内企业要减少90%,自己在什么位置,怎么做,都清楚了
	1. 白酒营销的第一本书(升级版) 2. 白酒经销商的第一本书 唐江华 著	华泽集团湖南开口笑公司品牌部长,擅长酒类新品推广、新市场拓展	扎根一线,实战
	区域型白酒企业营销必胜法则 朱志明 著	为区域型白酒企业提供35条必胜法则,在竞争中赢销的葵花宝典	丰富的一线经验和深厚积累,实操实用
	10步成功运作白酒区域市场 朱志明 著	白酒区域操盘者必备,掌握区域市场运作的战略、战术、兵法	在区域市场的攻伐防守中运筹帷幄,立于不败之地
	酒业转型大时代:微酒精选2014-2015 微酒 主编	本书分为五个部分:当年大事件、那些酒业营销工具、微酒独立策划、业内大调查和十大经典案例	了解行业新动态、新观点,学习营销方法
快消品·食品	乳业营销第一书 侯军伟 著	对区域乳品企业生存发展关键性问题的梳理	唯一的区域乳业营销书,区域乳品企业一定要看
	食用油营销第一书 余盛 著	10多年油脂企业工作经验,从行业到具体实操	食用油行业第一书,当之无愧
	中国茶叶营销第一书 柏龑 著	如何跳出茶行业"大文化小产业"的困境,作者给出了自己的观察和思考	不是传统做茶的思路,而是现在商业做茶的思路
	调味品营销第一书 陈小龙 著	国内唯一一本调味品营销的书	唯一的调味品营销书,调味品的从业者一定要看
	快消品营销人的第一本书:从入门到精通 刘雷 伯建新 著	快消行业必读书,从入门到专业	深入细致,易学易懂
	变局下的快消品营销实战策略 杨永华 著	通胀了,成本增加,如何从被动应战变成主动的"系统战"	作者对快消品行业非常熟悉、非常实战
	快消品经销商如何快速做大 杨永华 著	本书完全从实战的角度,评述现象,解析误区,揭示原理,传授方法	为转型期的经销商提供了解决思路,指出了发展方向
	一位销售经理的工作心得 蒋军 著	一线营销管理人员想提升业绩却无从下手时,可以看看这本书	一线的真实感悟
	快消品营销:一位销售经理的工作心得2 蒋军 著	快消品、食品饮料营销的经验之谈,重点图书	来源与实战的精华总结
	快消品营销与渠道管理 谭长春 著	将快消品标杆企业渠道管理的经验和方法分享出来	可口可乐、华润的一些具体的渠道管理经验,实战
	成为优秀的快消品区域经理 伯建新 著	37个"怎么办"分析区域经理的工作关键点	可以作为区域经理的'速成催化器'
	销售轨迹:一位快消品营销总监的拼搏之路 秦国伟 著	本书讲述了一个普通销售员打拼成为跨国企业营销总监的真实奋斗历程	激励人心,给广大销售员以力量和鼓舞
	快消老手都在这样做:区域经理操盘锦囊 方刚 著	非常接地气,全是多年沉淀下来的干货,丰富的一线经验和实操方法不可多得	在市场摸爬滚打的"老油条",那些独家绝招妙招一般你都是问不来的
	动销四维:全程辅导与新品上市 高继中 著	从产品、渠道、促销和新品上市详细讲解提高动销的具体方法,总结作者18年的快消品行业经验,方法实操	内容全面系统,方法实操

续表

农业	中小农业企业品牌战法 韩　旭　著	将中小农业企业品牌建设的方法，从理论讲到实践，具有指导性	全面把握品牌规划，传播推广，落地执行的具体措施
	农资营销实战全指导 张　博　著	农资如何向"深度营销"转型，从理论到实践进行系统剖析，经验资深	朴实、使用！不可多得的农资营销实战指导
	农产品营销第一书 胡浪球　著	从农业企业战略到市场开拓、营销、品牌、模式等	来源于实践中的思考，有启发
	变局下的农牧企业9大成长策略 彭志雄　著	食品安全、纵向延伸、横向联合、品牌建设……	唯一的农牧企业经营实操的书，农牧企业一定要看
医药	新医改下的医药营销与团队管理 史立臣　著	探讨新医改对医药行业的系列影响和医药团队管理	帮助理清思路，有一个框架
	医药营销与处方药学术推广 马宝琳　著	如何用医学策划把"平民产品"变成"明星产品"	有真货、讲真话的作者，堪称处方药营销的经典！
	新医改了，药店就要这样开 尚　锋　著	药店经营、管理、营销全攻略	有很强的实战性和可操作性
	电商来了，实体药店如何突围 尚　锋　著	电商崛起，药店该如何突围？本书从促销、会员服务、专业性、客单价等多重角度给出了指导方向	实战攻略，拿来就能用
	在中国，医药营销这样做：时代方略精选文集 段继东　主编	专注于医药营销咨询15年，将医药营销方法的精华文章合编，深入全面	可谓医药营销领域的顶尖著作，医药界读者的必读书
	OTC医药代表药店销售36计 鄢圣安　著	以《三十六计》为线，写OTC医药代表向药店销售的一些技巧与策略	案例丰富，生动真实，实操性强
	OTC医药代表药店开发与维护 鄢圣安　著	要做到一名专业的医药代表，需要做什么、准备什么、知识储备、操作技巧等	医药代表药店拜访的指导手册，手把手教你快速上手
	引爆药店成交率1：店员导购实战 范月明　著	一本书解决药店导购所有难题	情景化、真实化、实战化
	引爆药店成交率2：经营落地实战 范月明　著	最接地气的经营方法全指导	揭示了药店经营的几类关键问题
	医药企业转型升级战略 史立臣　著	药企转型升级有5大途径，并给出落地步骤及风险控制方法	实操性强，有作者个人经验总结及分析
建材家居	建材家居营销实务 程绍珊　杨鸿贵　主编	价值营销运用到建材家居，每一步都让客户增值	有自己的系统、实战
	建材家居门店销量提升 贾同领　著	店面选址、广告投放、推广助销、空间布局、生动展示、店面运营等	门店销量提升是一个系统工程，非常系统、实战
	10步成为最棒的建材家居门店店长 徐伟泽　著	实际方法易学易用，让员工能够迅速成长，成为独当一面的好店长	只要坚持这样干，一定能成为好店长
	手把手帮建材家居导购业绩倍增：成为顶尖的门店店员 熊亚柱　著	生动的表现形式，让普通人也能成为优秀的导购员，让门店业绩长红	读着有趣，用着简单，一本在手，业绩无忧
	建材家居经销商实战42章经 王庆云　著	告诉经销商：老板怎么当、团队怎么带、生意怎么做	忠言逆耳，看着不舒服就对了，实战总结，用一招半式就值了
工业品	销售是门专业活：B2B、工业品 陆和平　著	销售流程就应该跟着客户的采购流程和关注点的变化向前推进，将一个完整的销售过程分成十个阶段，提供具体方法	销售不是请客吃饭拉关系，是个专业的活计！方法在手，走遍天下不愁
	解决方案营销实战案例 刘祖轲　著	用10个真案例讲明白什么是工业品的解决方案式营销，实战、实用	有干货，真正操作过的才能写得出来

续表

分类	书名·作者	内容/特色	读者价值
工业品	变局下的工业品企业7大机遇 叶敦明 著	产业链条的整合机会、盈利模式的复制机会、营销红利的机会、工业服务商转型机会……	工业品企业还可以这样做,思维大突破
工业品	工业品市场部实战全指导 杜忠 著	工业品市场部经理工作内容全指导	系统、全面、有理论、有方法,帮助工业品市场部经理更快提升专业能力
工业品	工业品营销管理实务 李洪道 著	中国特色工业品营销体系的全面深化、工业品营销管理体系优化升级	工具更实战,案例更鲜活,内容更深化
工业品	工业品企业如何做品牌 张东利 著	为工业品企业提供最全面的品牌建设思路	有策略、有方法、有思路、有工具
工业品	丁兴良讲工业4.0 丁兴良 著	没有枯燥的理论和说教,用朴实直白的语言告诉你工业4.0的全貌	工业4.0是什么?本书告诉你答案
工业品	资深大客户经理:策略准,执行狠 叶敦明 著	从业务开发、发起攻势、关系培育、职业成长四个方面,详述了大客户营销的精髓	满满的全是干货
工业品	一切为了订单:订单驱动下的工业品营销实战 唐道明 著	其实,所有的企业都在围绕着两个字在开展全部的经营和管理工作,那就是"订单"	开发订单、满足订单、扩大订单。本书全是实操方法,字字珠玑、句句干货,教你获得营销的胜利
金融	交易心理分析 (美)马克·道格拉斯 著 刘真如 译	作者一语道破赢家的思考方式,并提供了具体的训练方法	不愧是投资心理的第一书,绝对经典
金融	精品银行管理之道 崔海鹏 何屹 主编	中小银行转型的实战经验总结	中小银行的教材很多,实战类的书很少,可以看看
金融	支付战争 Eric M. Jackson 著 徐彬 王晓 译	PayPal创业期营销官,亲身讲述PayPal从诞生到壮大到成功出售的整个历史	激烈、有趣的内幕商战故事!了解美国支付市场的风云巨变
房地产	产业园区/产业地产规划、招商、运营实战 阎立忠 著	目前中国第一本系统解读产业园区和产业地产建设运营的实战宝典	从认知、策划、招商到运营全面了解地产策划
房地产	人文商业地产策划 戴欣明 著	城市与商业地产战略定位的关键是不可复制性,要发现独一无二的"味道"	突破千城一面的策划困局
房地产	电影院的下一个黄金十年:开发·差异化·案例 李保煜 著	对目前电影院市场存大的问题及如何解决进行了探讨与解读	多角度了解电影院运营方式及代表性案例

经营类:企业如何赚钱,如何抓机会,如何突破,如何"开源"

分类	书名·作者	内容/特色	读者价值
抓方向	让经营回归简单.升级版 宋新宇 著	化繁为简抓住经营本质:战略、客户、产品、员工、成长	经典,做企业就这几个关键点!
抓方向	活系统:跟任正非学当老板 孙行健 尹贤 著	以任正非的独到视角,教企业老板如何经营公司	看透公司经营本质,激活企业活力
抓方向	公司由小到大要过哪些坎 卢强 著	老板手里的一张"企业成长路线图"	现在我在哪儿,未来还要走哪些路,都清楚了
抓方向	企业二次创业成功路线图 夏惊鸣 著	企业曾经抓住机会成功了,但下一步该怎么办?	企业怎样获得第二次成功,心里有个大框架了
抓方向	老板经理人双赢之道 陈明 著	经理人怎样选平台、怎么开局,老板怎样选/育/用/留	老板生闷气,经理人牢骚大,这次知道该怎么办了
抓方向	简单思考:AMT咨询创始人自述 孔祥云 著	著名咨询公司(AMT)的CEO创业历程中点点滴滴的经验与思考	每一位咨询人、每一位创业者和管理经营者,都值得一读
抓方向	企业文化的逻辑 王祥伍 黄健江 著	为什么企业绩效如此不同,解开绩效背后的文化密码	少有的深刻,有品质,读起来很流畅
抓方向	使命驱动企业成长 高可为 著	钱能让一个人今天努力,使命能让一群人长期努力	对于想做事业的人,'使命'是绕不过去的

续表

	书名·作者	内容/特色	读者价值
思维突破	移动互联新玩法：未来商业的格局和趋势 史贤龙 著	传统商业、电商、移动互联，三个世界并存，这种新格局的玩法一定要懂	看清热点的本质，把握行业先机，一本书搞定移动互联网
	画出公司的互联网进化路线图：用互联网思维重塑产品、客户和价值 李 蓓 著	18个问题帮助企业一步一步梳理出互联网转型思路	思路清晰、案例丰富，非常有启发性
	重生战略：移动互联网和大数据时代的转型法则 沈 拓 著	在移动互联网和大数据时代，传统企业转型如同生命体打算与再造，称之为"重生战略"	帮助企业认清移动互联网环境下的变化和应对之道
	创造增量市场：传统企业互联网转型之道 刘红明 著	传统企业需要用互联网思维去创造增量，而不是用电子商务去转移传统业务的存量	教你怎么在"互联网+"的海洋中创造实实在在的增量
	7个转变，让公司3年胜出 李 蓓 著	消费者主权时代，企业该怎么办	这就是互联网思维，老板有能这样想，肯定倒不了
	跳出同质思维，从跟随到领先 郭 剑 著	66个精彩案例剖析，帮助老板突破行业长期思维惯性	做企业竟然有这么多玩法，开眼界
	麻烦就是需求 难题就是商机 卢根鑫 著	如何借助客户的眼睛发现商机	什么是真商机，怎么判断、怎么抓，有借鉴
	互联网+"变"与"不变"：本土管理实践与创新论坛集萃·2016 本土管理实践与创新论坛 著	加速本土管理思想的孕育诞生，促进本土管理创新成果更好地服务企业、贡献社会	各个作者本年度最新思想，帮助读者拓宽眼界、突破思维
财务	写给企业家的公司与家庭财务规划——从创业成功到富足退休 周荣辉 著	本书以企业的发展周期为主线，写各阶段企业与企业主家庭的财务规划	为读者处理人生各阶段企业与家庭的财务问题提供建议及方法，让家庭成员真正享受财富带来的益处
	互联网时代的成本观 程 翔 著	本书结合互联网时代提出了成本的多维观，揭示了多维组合成本的互联网精神和大数据特征，论述了其产生背景、实现思路及应用价值	在传统成本观下为盈利的业务，在新环境下也许就成为亏损业务。帮助管理者从新的角度来看待成本，进一步做好精益管理

管理类：效率如何提升，如何实现经营目标，如何"节流"

	书名·作者	内容/特色	读者价值
通用管理	1. 让管理回归简单.升级版 2. 让经营回归简单.升级版 3. 让用人回归简单 宋新宇 著	宋博士的"简单"三部曲，影响20万读者，非常经典	被读者热情地称作"中小企业的管理圣经"
	员工心理学超级漫画版 邢 雷 著	以漫画的形式深度剖析员工心理	帮助管理者更了解员工，从而更轻松地管理员工
	分股合心：股权激励这样做 段 磊 周 剑 著	通过丰富的案例，详细介绍了股权激励的知识和实行方法	内容丰富全面、易读易懂，了解股权激励，有这一本就够了
	边干边学做老板 黄中强 著	创业20多年的老板，有经验、能写、又愿意分享，这样的书很少	处处共鸣，帮助中小企业老板少走弯路
	中国式阿米巴落地实践之从交付到交易 胡八一 著	本书主要讲述阿米巴经营会计，"从交付到交易"，这是成功实施了阿米巴的标志	阿米巴经营会计的工作是有逻辑关联的，一本书就能搞定
	阿米巴经营的中国模式 李志华 著	让员工从"要我干"到"我要干"，价值量化出来	阿米巴在企业如何落地，明白思路
	中国式阿米巴落地实践之激活组织 胡八一 著	重点讲解如何科学划分阿米巴单元，阐述划分的实操要领、思路、方法、技术与工具	最大限度减少"推行风险"和"摸索成本"，利于公司成功搭建适合自身的个性化阿米巴经营体系
	欧博心法：好管理靠修行 曾 伟 著	用佛家的智慧，深刻剖析管理问题，见解独到	如果真的有'中国式管理'，曾老师是其中标志性人物

续表

分类	书名	简介	特点
流程管理	1. 用流程解放管理者 2. 用流程解放管理者2 张国祥 著	中小企业阅读的流程管理、企业规范化的书	通俗易懂,理论和实践的结合恰到好处
	跟我们学建流程体系 陈立云 著	畅销书《跟我们学做流程管理》系列,更实操,更细致,更深入	更多地分享实践,分享感悟,从实践总结出来的方法论
质量管理	五大质量工具详解及运用案例:APQP/FMEA/PPAP/MSA/SPC 谭洪华 著	对制造业必备的五大质量工具中每个文件的制作要求、注意事项、制作流程、成功案例等进行了解读	通俗易懂、简便易行,能真正实现学以致用
	1. ISO9001:2015新版质量管理体系详解与案例文件汇编 2. ISO14001:2015新版环境管理体系详解与案例文件汇编 谭洪华 著	紧密围绕2015新版,逐条详细解读,工具也可以直接套用,易学易上手	企业认证、内审必备
战略落地	重生——中国企业的战略转型 施炜 著	从前瞻和适用的角度,对中国企业战略转型的方向、路径及策略性举措提出了一些概要性的建议和意见	对企业有战略指导意义
	公司大了怎么管:从靠英雄到靠组织 AMT 金国华 著	第一次详尽阐释中国快速成长型企业的特点、问题及解决之道	帮助快速成长型企业领导及管理团队理清思路,突破瓶颈
	低效会议怎么改:每年节省一半会议成本的秘密 AMT 王玉荣 著	教你如何系统规划公司的各级会议,一本工具书	教会你科学管理会议的办法
战略落地	年初订计划,年尾有结果:战略落地七步成诗 AMT 郭晓 著	7个步骤教会你怎么让公司制定的战略转变为行动	系统规划,有效指导计划实现
人力资源	回归本源看绩效 孙波 著	让绩效回顾"改进工具"的本源,真正为企业所用	确实是来源于实践的思考,有共鸣
	世界500强资深培训经理人教你做培训管理 陈锐 著	从7大角度具体细致地讲解了培训管理的核心内容	专业、实用、接地气
	曹子祥教你做激励性薪酬设计 曹子祥 著	以激励性为指导,系统性地介绍了薪酬体系及关键岗位的薪酬设计模式	深入浅出,一本书学会薪酬设计
	曹子祥教你做绩效管理 曹子祥 著	复杂的理论通俗化,专业的知识简单化,企业绩效管理共性问题的解决方案	轻松掌握绩效管理
人力资源	把招聘做到极致 远鸣 著	作为世界500强高级招聘经理,作者数十年招聘经验的总结分享	带来职场思考境界的提升和具体招聘方法的学习
	人才评价中心.超级漫画版 邢雷 著	专业的主题,漫画的形式,只此一本	没想到一本专业的书,能写成这效果
	走出薪酬管理误区 全怀周 著	剖析薪酬管理的8大误区,真正发挥好枢纽作用	值得企业深读的实用教案
	集团化人力资源管理实践 李小勇 著	对搭建集团化的企业很有帮助,务实,实用	最大的亮点不是理论,而是结合实际的深入剖析
	我的人力资源咨询笔记 张伟 著	管理咨询师的视角,思考企业的HR管理	通过咨询师的眼睛对比很多企业,有启发
	本土化人力资源管理8大思维 周剑 著	成熟HR理论,在本土中小企业实践中的探索和思考	对企业的现实困境有真切体会,有启发

续表

企业文化	HRBP是这样炼成的之"菜鸟起飞" 新海 著	以小说的形式,具体解析HRBP的职责,应该如何操作,如何为业务服务	实践者的经验分享,内容实务具体,形式有趣
	华夏基石方法:企业文化落地本土实践 王祥伍 谭俊峰 著	十年积累、原创方法、一线资料,和盘托出	在文化落地方面真正有洞察,有实操价值的书
	企业文化的逻辑 王祥伍 著	为什么企业之间如此不同,解开绩效背后的文化密码	少有的深刻,有品质,读起来很流畅
	企业文化激活沟通 宋杼宸 安琪 著	透过新任HR总经理的眼睛,揭示出沟通与企业文化的关系	有实际指导作用的文化落地读本
	在组织中绽放自我:从专业化到职业化 朱仁健 王祥伍 著	个人如何融入组织,组织如何助力个人成长	帮助企业员工快速认同并投入到组织中去,为企业发展贡献力量
	企业文化定位·落地一本通 王明胤 著	把高深枯燥的专业理论创建成一套系统化、实操化、简单化的企业文化缔造方法	对企业文化不了解,不会做?有这一本从概念到实操,就够了
生产管理	高员工流失率下的精益生产 余伟辉 著	中国的精益生产必须面对和解决高员工流失率问题	确实来源于本土的工厂车间,很务实
	车间人员管理那些事儿 岑立聪 著	车间人员管理中处理各种"疑难杂症"的经验和方法	基层车间管理者最闹心、头疼的事,'打包'解决
	1. 欧博心法:好管理靠修行 2. 欧博心法:好工厂这样管 曾伟 著	他是本土最大的制造业管理咨询机构创始人,他从400多个项目、上万家企业实践中锤炼出的欧博心法	中小制造型企业,一定会有很强的共鸣
生产管理	欧博工厂案例1:生产计划管控对话录 欧博工厂案例2:品质技术改善对话录 欧博工厂案例3:员工执行力提升对话录 曾伟 著	最典型的问题、最详尽的解析,工厂管理9大问题27个经典案例	没想到说得这么细,超出想象,案例很典型,照搬都可以了
	苦中得乐:管理者的第一堂必修课 曾伟 编著	曾伟与师傅大愿法师的对话,佛学与管理实践的碰撞,管理禅的修行之道	用佛学最高智慧看透管理
	比日本工厂更高效1:管理提升无极限 刘承元 著	指出制造型企业管理的六大积弊;颠覆流行的错误认知;掌握精益管理的精髓	每一个企业都有自己不同的问题,管理没有一剑封喉的秘笈,要从现场、现物、现实出发
	比日本工厂更高效2:超强经营力 刘承元 著	企业要获得持续盈利,就要开源和节流,即实现销售最大化,费用最小化	掌握提升工厂效率的全新方法
	比日本工厂更高效3:精益改善力的成功实践 刘承元 著	工厂全面改善系统有其独特的目的取向特征,着眼于企业经营体质(持续竞争力)的建设与提升	用持续改善力来飞速提升工厂的效率,高效率能够带来意想不到的高效益
	3A顾问精益实践1:IE与效率提升 党新民 苏迎斌 蓝旭日 著	系统的阐述了IE技术的来龙去脉以及操作方法	使员工与企业持续获利
	3A顾问精益实践2:JIT与精益改善 肖志军 党新民 著	只在需要的时候,按需要的量,生产所需的产品	提升工厂效率

续表

类别	书名．作者	内容/特色	读者价值
员工素质提升	手把手教你做专业督导：专卖店、连锁店 熊亚柱　著	从督导的职能、作用，在工作中需要的专业技能、方法，都提供了详细的解读和训练办法，同时附有大量的表单工具	无论是店铺需要统一培训，还是个人想成为优秀的督导，有这一本就够了
	跟老板"偷师"学创业 吴江萍　余晓雷　著	边学边干，边观察边成长，你也可以当老板	不同于其他类型的创业书，让你在工作中积累创业经验，一举成功
	销售轨迹：一位快消品营销总监的拼搏之路 秦国伟　著	本书讲述了一个普通销售员打拼成为跨国企业营销总监的真实奋斗历程	激励人心，给广大销售员以力量和鼓舞
	在组织中绽放自我：从专业化到职业化 朱仁健　王祥伍　著	个人如何融入组织，组织如何助力个人成长	帮助企业员工快速认同并投入到组织中去，为企业发展贡献力量
	企业员工弟子规：用心做小事，成就大事业 贾同领　著	从传统文化《弟子规》中学习企业中为人处事的办法，从自身做起	点滴小事，修养自身，从自身的改善得到事业的提升
	手把手教你做顶尖企业内训师：TTT培训师宝典 熊亚柱　著	从课程研发到现场把控、个人提升都有涉及，易读易懂，内容丰富全面	想要做企业内训师的员工有福了，本书教你如何抓住关键，从入门到精通

营销类：把客户需求融入企业各环节，提供"客户认为"有价值的东西

类别	书名．作者	内容/特色	读者价值
营销模式	动销操盘：节奏掌控与社群时代新战法 朱志明　著	在社群时代把握好产品生产销售的节奏，解析动销的症结，寻找动销的规律与方法	都是易读易懂的干货！对动销方法的全面解析和操盘
	变局下的营销模式升级 程绍珊　叶宁　著	客户驱动模式、技术驱动模式、资源驱动模式	很多行业的营销模式被颠覆，调整的思路有了！
	卖轮子 科克斯【美】	小说版的营销学！营销理念巧妙贯穿其中，贵在既有趣，又有深度	经典、有趣！一个故事读懂营销精髓
	弱势品牌如何做营销 李政权　著	中小企业虽有品牌但没名气，营销照样能做的有声有色	没有丰富的实操经验，写不出这么具体、详实的案例和步骤，很有启发
营销模式	老板如何管营销 史贤龙　著	高段位营销16招，好学好用	老板能看，营销人也能看
	动销：产品是如何畅销起来的 吴江萍　余晓雷　著	真真切切告诉你，产品究竟怎么才能卖出去	击中痛点，提供方法，你值得拥有
销售	资深大客户经理：策略准，执行狠 叶敦明　著	从业务开发、发起攻势、关系培育、职业成长四个方面，详述了大客户营销的精髓	满满的全是干货
	成为资深的销售经理：B2B、工业品 陆和平　著	围绕"销售管理的六个关键控制点"一一展开，提供销售管理的专业、高效方法	方法和技术接地气，拿来就用，从销售员成长为经理不再犯难
	销售是门专业活：B2B、工业品 陆和平　著	销售流程就应该跟着客户的采购流程和关注点的变化向前推进，将一个完整的销售过程分成十个阶段，提供具体方法	销售不是请客吃饭拉关系，是个专业的活计！方法在手，走遍天下不愁
	向高层销售：与决策者有效打交道 贺兵一　著	一套完整有效的销售策略	有工具，有方法，有案例，通俗易懂
	卖轮子 科克斯【美】	小说版的营销学！营销理念巧妙贯穿其中，贵在既有趣，又有深度	经典、有趣！一个故事读懂营销精髓
	学话术　卖产品 张小虎　著	分析常见的顾客异议，将优秀的话术模块化	让普通导购员也能成为销售精英

续表

组织和团队	升级你的营销组织 程绍珊 吴越舟 著	用"有机性"的营销组织替代"营销能人",营销团队变成"铁营盘"	营销队伍最难营,程老师不愧是营销第1操盘手,步骤方法都很成熟
	用数字解放营销人 黄润霖 著	通过量化帮助营销人员提高工作效率	作者很用心,很好的常备工具书
	成为优秀的快消品区域经理 伯建新 著	37个"怎么办"分析区域经理的工作关键点	可以作为区域经理的'速成催化器'
	一位销售经理的工作心得 蒋 军 著	一线营销管理人员想提升业绩却无从下手时,可以看看这本书	一线的真实感悟
	快消品营销:一位销售经理的工作心得2 蒋 军 著	快消品、食品饮料营销的经验之谈,重点突出	来源于实战的精华总结
	销售轨迹:一位快消品营销总监的拼搏之路 秦国伟 著	本书讲述了一个普通销售员打拼成为跨国企业营销总监的真实奋斗历程	激励人心,给广大销售员以力量和鼓舞
组织和团队	用营销计划锁定胜局:用数字解放营销人2 黄润霖 著	全方位教你怎么做好营销计划,好学好用真简单	照搬套用就行,做营销计划再也不头痛
	快消品营销人的第一本书:从入门到精通 刘 雷 伯建新 著	快消行业必读书,从入门到专业	深入细致,易学易懂
产品	产品炼金术Ⅰ:如何打造畅销产品 史贤龙 著	满足不同阶段、不同体量、不同行业企业对产品的完整需求	必须具备的思维和方法,避免在产品问题上走弯路
	产品炼金术Ⅱ:如何用产品驱动企业成长 史贤龙 著	做好产品、关注产品的品质,就是企业成功的第一步	必须具备的思维和方法,避免在产品问题上走弯路
	新产品开发管理,就用IPD 郭富才 著	10年IPD研发管理咨询总结,国内首部IPD专业著作	一本书掌握IPD管理精髓
品牌	中小企业如何建品牌 梁小平 著	中小企业建品牌的入门读本,通俗、易懂	对建品牌有了一个整体框架
	采纳方法:破解本土营销8大难题 朱玉童 编著	全面、系统、案例丰富、图文并茂	希望在品牌营销方面有所突破的人,应该看看
	中国品牌营销十三战法 朱玉童 编著	采纳20年来的品牌策划方法,同时配有大量的案例	众包方式写作,丰富案例给人启发,极具价值
	今后这样做品牌:移动互联时代的品牌营销策略 蒋军 著	与移动互联紧密结合,告诉你老方法还能不能用,新方法怎么用	今后这样做品牌就对了
	中小企业如何打造区域强势品牌 吴之 著	帮助区域的中小企业打造自身品牌,如何在强壮自身的基础上往外拓展	梳理误区,系统思考品牌问题,切实符合中小区域品牌的自身特点进行阐述
渠道通路	快消品营销与渠道管理 谭长春 著	将快消品标杆企业渠道管理的经验和方法分享出来	可口可乐、华润的一些具体的渠道管理经验,实战
	传统行业如何用网络拿订单 张 进 著	给老板看的第一本网络营销书	适合不懂网络技术的经营决策者看
	采纳方法:化解渠道冲突 朱玉童 编著	系统剖析渠道冲突,21个渠道冲突案例、情景式讲解,37篇讲义	系统、全面
	学话术 卖产品 张小虎 著	分析常见的顾客异议,将优秀的话术模块化	让普通导购员也能成为销售精英
	向高层销售:与决策者有效打交道 贺兵一 著	一套完整有效的销售策略	有工具,有方法,有案例,通俗易懂

	书名．作者	内容/特色	读者价值
	通路精耕操作全解：快消品20年实战精华 周俊 陈小龙 著	通路精耕的详细全解，每一步的具体操作方法和表单全部无保留提供	康师傅二十年的经验和精华，实践证明的最有效方法，教你如何主宰通路

管理者读的文史哲·生活

	书名．作者	内容/特色	读者价值
思想·文化	每个中国人身上的春秋基因 史贤龙 著	春秋368年（公元前770－公元前403年），每一个中国人都可以在这段时期的历史中找到自己的祖先，看到真实发生的事件，同时也看到自己	长情商、识人心
	内功太极拳训练教程 王铁仁 编著	杨式（内功）太极拳（俗称老六路）的详细介绍及具体修炼方法，身心的一次升华	书中含有大量图解并有相关视频供读者同步学习
	中医治心脏病 马宝琳 著	引用众多真实案例，客观真实地讲述了中西医对于心脏病的认识及治疗方法	看完这本书，能为您节约10万元医药费
	易经系辞大义 史幼波 著	结合人类社会的各种现象和人与人之间的复杂关系，系统阐述了《系辞》中蕴含的丰富思想	轻松掌握传统智慧精髓，从而达到修身养性的目的
	史幼波中庸讲记（上下册） 史幼波 著	全面、深入浅出地揭示儒家中庸文化的真谛	儒释道三家思想融汇贯通
	史幼波心经讲记（上下册） 史幼波 著	句句精讲，句句透彻，佛法经典的多角度阐释	通俗易懂，将深刻的教理以浅显的语言讲出来
	史幼波大学讲记 史幼波 著	用儒释道的观点阐释大学的深刻思想	一本书读懂传统文化经典
	史幼波《周子通书》《太极图说》讲记 史幼波 著	把形而上的宇宙、天地，与形而下的社会、人生、经济、文化等融合在一起	将儒家的一整套学修系统融合起来